行业风险与信贷案例

顾 剑 编著

机 械 工 业 出 版 社

行业的兴衰决定了行业内部企业的生存条件和发展状况，对行业风险的研究和识别是判断企业潜在风险的重要依据。本书建立了从宏观到微观的风险分析框架，提炼了十余个重点行业的风险评审原则，并对经济“新常态”下各行业的走势进行了分析。

本书可供金融从业者，特别是市场营销部门、风险管理部门人员阅读，也可供项目投资评估人员、股市投资者参考。

图书在版编目（CIP）数据

行业风险与信贷案例／顾剑编著．—北京：机械工业出版社，2016.4
（2023.1重印）
ISBN 978-7-111-53168-5

Ⅰ．①行… Ⅱ．①顾… Ⅲ．①信用－风险管理－案例 Ⅳ．①F830.5

中国版本图书馆CIP数据核字（2016）第044545号

机械工业出版社（北京市百万庄大街22号 邮政编码 100037）
策划编辑：杨 源 责任编辑：杨 源
责任校对：张艳霞 责任印制：李 昂

北京捷迅佳彩印刷有限公司印刷

2023年1月第1版·第9次印刷
169mm×239mm·19印张·305千字
标准书号：ISBN 978-7-111-53168-5
定价：59.00元

凡购本书，如有缺页、倒页、脱页，由本社发行部调换

电话服务	网络服务
服务咨询热线：(010)88361066	机 工 官 网：www.cmpbook.com
读者购书热线：(010)68326294	机 工 官 博：weibo.com/cmp1952
(010)88379203	教育服务网：www.cmpedu.com
封面无防伪标均为盗版	金 书 网：www.golden-book.com

推 荐 序

从任何角度而言，中国银行业在改革开放以来取得的成就堪称奇迹。

仅仅在本世纪初，中国的银行还处于“技术上已经破产”的局面，但只用了不到20年的时间，全世界最大和最能赚钱的银行都在中国。无疑，作为“百业总枢”的银行，一方面引领了中国经济的发展，另一方面也在成长大潮中分享了成绩和荣耀。

人口红利和传统制造业的转移使得中国经济维持了多年的高速增长，在这一背景下，中国银行业的运营可谓顺风顺水，并未真正经受过经济长期波动和下行的考验。而当宏观经济步入“新常态”、需要进行转型升级时，银行业也面临着同样严峻的任务：同质化大发展的时代，已经一去不复返了。

当前，商业银行经营发展的分水岭已日渐显现，风险管控能力将决定银行未来的核心竞争力。如果说以往谁更能积极营销、抢占市场，谁就能在角逐中成为执牛耳者；从现在开始，那些更能识别大势、把控风险的银行才会在这场业绩长跑中赢得胜利。

虽然互联网和金融市场的发展催生了众多新的业务模式，但信贷的本质并没有发生变化。从这点上来讲，银行业实质的创新只体现在风控层面。产生风险的根本原因是信息不对称，大数据的运用能够帮助银行更好地识别具体客户的情况，但若想在市场整体波动前及时预判，从行业分析入手是目前最为现实的手段之一。

在谈到实体经济和金融的关系时，目前多数论述都是从金融支持产业结构升级的角度展开，却很少有站在金融机构的立场上，探讨商业银行应该如何了解行业、辨析风险。本书为该领域的研究做了一些基础性的工作，具备一定的实用价值。

华夏银行南京分行行长 何 羽

前　言

风险管理是银行业的永恒命题，而信用风险评审无疑是风险管理的核心。从目前银行的信贷评审工作来看，绝大多数分析还是将重心放在了借款人身上，却忽略了行业风险是信用风险管理重要的研究对象之一。这里最直接的原因是所谓隔行如隔山，金融业从业人员对其他行业的发展脉络、认知重点缺乏了解，自然谈不上进行行业分析。而进入新世纪后，我国几乎所有的行业领域，在世界上都有了一席之地，与此同时，金融的触角已伸及社会生活的各个角落；因此，掌握重点行业的基础知识、研究各行业的风险把控原则，对金融从业人员来说有着极为重要的意义。

信用风险评审究竟是一门艺术还是一种技术，这也许永远得不出一个公认的答案。但此项工作需要宽广的知识面、“功夫在诗外”的性质，应该能得到多数从业者的认同。遗憾的是，国内很少有书籍能跳出传统的财务视角对此进行较为完整、全面的阐述。本书试图填补这一空缺，专门从“诗外”看风险评审：各章节中，基本不涉及经济、会计领域，谈的是金融以外的各个行业的基础知识。而掌握了这些内容后，回到具体的信贷项目上，可大大提高评审人员的风险识别水平。需要强调的是，本书各章并非是独立、完整的行业分析报告，段落之间并没有非常明显的逻辑关系，而是在讲究实用的基础上，对可能涉及信用风险的部分信息进行了梳理，并做了一定的延伸，从行业角度提炼出风险评审原则，以供相关人员参考。

由于侧重点不同，本书对财务报表分析基本未涉及，但这并不说明财务分析不重要。事实上，财务分析在很多场合是最直接也是最便利的风险评审手段。但财务报表分析的缺点是其局限于单个企业，使用的都是已过期的数据，很难让评审人员建立大局观和风险预测能力，而这两点，在经济步入“新常态”之后变得非常关键。这时，行业分析就成了非常锐利的武器。换言之，本书所述，是比“行业常识”更深入一点、比“企业报表分析”层面更高一点的内容。

作为银行风险部门的工作者，笔者曾在多家银行担任过信贷审批委员会委员，这本书籍算是日常工作中的一个总结。“银行为百业总枢”，一个强盛的国家必须拥有世界一流的银行，当伟大的银行在中国诞生的时候，“中国梦”就不仅是梦想。谨以本书，献给金融战线的同行们。你们个人些微的奋斗汇集成的伟力，改变了银行业，也深刻地改变了中国。

本书在写作过程中得到了不少行内专家和同事们的支持，提出了许多宝贵意见，在此致以诚挚的谢意。谬误之处，敬请读者批评指正。

目录

第一章　船舶行业风险研究和授信评审案例

关键词：三大指标、付款方式、船型

第一部分　行业分析

一、综述

造船产业属于劳动密集型和资金密集型行业，同时受一个国家工业发展综合水平、资金实力及岸线资源的限制较大。从20世纪末开始，由于劳动力成本因素，国际造船行业逐渐由日本、韩国向我国转移，我国造船行业分享了国际产业分工带来的机会，抓住了难得的历史发展机遇，迅速成长为世界船舶生产第一大国。

从技术关联来看，船舶制造业的核心技术包括大型结构件的加工装配技术和多科学多门类的复杂系统的综合集成技术，这两种技术具有高度的产业扩展性，除了制造各种船舶及船用设备外，还可以向其他非船舶制造领域扩展，满足国民经济其他诸方面的需要。历史上，英国、日本、新加坡和韩国等国在各自工业化的过程中都选择了船舶制造业作为支柱产业，**其中最重要的原因就是船舶制造业能够带动国民经济诸多相关产业的发展，对一个国家工业经济的发展起到支柱作用。**

经济全球一体化使得产品生产的诸多工序分布在世界各地，从而加大了原材料产地、中间品产地及最终产品加工地之间的距离，导致远程运输的大量需求。而船舶运输因为载量大、单价低，一直是远程运输最主要的

方式。因此，国际分工细化带来的远洋运输需求，仍将派生出船舶需求。

船舶制造工期较长，一般在1~3年，合同签订后历经材料及设备采购、分段制造、船台舾装、下水安装及试航等阶段，直至最后向船东交船，合同才算履行完毕。船舶产品的单位价值较高，资金、劳动、技术密集，并有以单定产的特点。船厂往往是根据船东发出的订单来安排生产的，产品具有一定的个性化特征，因此，产品的设计是否成熟、船厂的建造经验是否丰富等因素，直接影响到产品能否顺利地被船东所接受。由于各类船舶产品技术含量不一，单船价值相差很大。在船舶的生产链条中，船舶设计及关键配件生产的环节利润较高，这些技术目前基本由欧美和日韩等国家控制，因此，对于我国船舶制造企业，虽然消耗大量的资金及劳动力，但是最终的整体盈利水平却相对较低。

注：我国船舶产业综合技术水平和韩国的差距

船舶产业综合技术水平包括设计技术、制造技术和管理技术3个方面。

据2010年初韩国产业经济与贸易协会报告，如果以韩国的水平为100，则我国在设计技术、制造技术和管理技术的分值分别为75、75和62.5，与韩国相比仍有较大差距，尤其是在管理技术方面。

在设计技术方面，韩国船舶产业目前实行CIMS数字化造船系统，生产设计可以实现按区域、阶段或类型出图，且设计系统能为生产和管理提供详尽、准确的信息。而我国才初步建立面向造船过程的计算机辅助数字化设计系统，生产设计仅能按区域出图；我国大型核心软件系统基本从国外引进，然而国外的造船软件在关键功能上均不开放，因此难以实现船舶设计、制造、管理3个方面的信息集成。

在船舶制造方面，韩国普遍应用成组技术，并全面应用船舶先进制造技术，擅长建造高技术高附加值船舶，船台利用率、造船效率均明显高于我国。在管理方面，韩国船舶产业拥有完整的管理基础信息和较强的安全、质量、成本可控能力，实行精细计划管理并严格管理工时。而我国船舶产业的管理基础信息薄弱，生产技术准备和生产计划管理在很大程度上依赖现场协调，同时产品的质量、成本和安全的可控性较差。

此外，在技术引进上，我国部分船舶企业存在针对性不强、盲目引进、部分引进技术的生命周期已快完结或尚未完全开发且存在漏洞等问题。总之，虽然我国船舶企业自改革开放以后就开始广泛引进国外先进技术，且引进规模不断扩大，但由于长期停留在“拿来主义”，技术引进未能与技术创新有效地结合起来，所以我国船舶企业的自主创新能力仍然不强，在船舶制造技术尤其是高端船舶制造技术方面仍与世界先进水平存在较大差距。

注：行业热点：中国、日本、韩国优秀船企盈利能力比较

当前，中国的整体船舶制造技术低于日韩，但因下游需求、子行业波动等因素（如油价下跌严重影响了高技术海工船舶的收益），技术水平和盈利能力不一定能画等号。日本海事协会统计了30家世界主要造船企业的盈利情况。这30家企业包括10家韩国造船企业、11家日本造船企业和6家中国造船集团，以及另外其他地区的3家披露了营业收入和利润的船厂。由于这30家造船集团里有多家船厂，因此该统计实际上覆盖了50多家船厂。以总吨计，这50多家船厂的产量占全球总建造吨位的近70%，具备一定的代表性。

计算结果显示，2014年，各船企平均营业收入利润率为0.3%，比2013年下降了0.9%。这主要是由于韩国船厂在海工项目上的失利导致了盈利能力急剧恶化，从而拉低了平均水平。与此相对照，专业化的日本船厂尽管也略有下滑，但却仍然保持了高于10%的利润率水平，最高的是日本的新来岛船厂，利润率高达18%，在全球造船业盈利总体水平几乎接近于零的情况下显得格外突出。2013年，大岛船厂的利润率曾达到近20%的水平，2014年虽略有下滑，但仍保持超过10%的利润率水平。日本7家中型专业化船厂的平均利润率达到了12.2%，虽然从2013年的15.6%下降了3%，但在全球造船企业中仍然光彩夺目。日本4家重工企业下属船厂的平均利润率是2.4%，比2013财年上升了1.8%，主要原因是日元的贬值。其中，日本海事联合公司（JMU）最高，达到3.3%。因为三菱重工没有披露造船部门的收益情况，因此统计中没有包含这家赫赫有名的企业。5家韩国船厂（实际是7家，现代三湖和现代尾浦的数据合并到了现代重工）的利润率水平是-3.7%，说明韩国造船企业发生了一定的亏损。主要拖后腿的企业是现代重工，它的海工业务出现了巨额亏损，现代三湖和现代尾浦也陷入了亏损。中国造船企业的造船平均利润率比2013年有一定的改善。尽管民营船企有较好的利润率水平，但是两大造船集团CSIC和CSSC下属船厂的糟糕表现拉低了总体水平。**实际上，中国优秀的民营船企的利润率并不逊色于日本。**如新扬子造船的税前利润保守估计达到10%以上，考虑退税和近期人民币汇率因素，单船税前利润起码超过15%。

根据船舶的用途，可以将船舶产品分为运输船舶、工程船舶、工作船舶、渔业船舶和特种船舶5大类别，最主要的为运输船舶。根据装载对象的不同，运输船舶又分为客船和货船，我国目前建造的远洋运输船舶以货船为主。

货船又主要分为干货船和液货船。干货船主要有杂货船、散装船、集装箱船、滚装船等。液货船主要有油轮、液体化学品船、液化天然气船、液化石油气船。其中载重量在 20 ~ 30 万 t 的巨型油轮又称为超大型油轮（Very Large Crude Oil Carrier，VLCC）。

货船中，最主要的为 4 类：散货船、集装箱船、油轮和液化天然气船，它们分别对应着远洋运输中的 4 大类物资：原材料、产成品、石油和液化气。

二、船舶制造的工序流程

船舶制造从签订合同到最终的交船完成，一般经历以下 8 个阶段：

（1）签订合同、合同生效。

（2）开工。即下料，从船厂切下第一块钢板时计算。一般在合同生效时船舶技术设计已经完成，船厂经过入库备料，合同签订 3 个月后可开工。

（3）分段制造。船舶从开工到上船台，要经过加工预制（构件、自动焊拼板、铸造、热处理）、分段组装、焊接、火工矫正、预栖装（机械装置、管系和通风装置、电缆托架安装）、涂装等阶段。这一过程大约要花费 3 个月时间。**分段的储备影响生产速度，也影响企业对资金的需求量。**

（4）上船台。即合拢，就是部分设备进仓，船体大分段在船台上或船坞中合拢，完成船体建造。

（5）下水。这是船舶制造过程中的一个大节点。按船上安装设备的完整程度，下水船舶分为 4 类标准：1A——对应船上设备已安装 25%；2A——对应船上设备已安装 50%；3A——对应船上设备已安装 75%；4A——对应船上设备已安装 100%。对应不同标准完整度，船舶制造工期是不同的，所需的资金也不同。**对于 4A 标准船只下水，其制造工期为 4 ~ 6 个月。**

（6）码头舾装。完成预栖装以外的所有船上安装项目。

（7）系泊试验。大约需要一个月，并且要进行海上试航。

（8）交船。造船项目有其特殊性，出口船舶的制造必须严格按照国际规范进行项目管理。建造的船舶必须先申请加入船级社，船级社是专门的验船机构，制定详细的船舶制造标准，对船舶制造中图纸设计、船用产品和材料质量、施工和安装、人员设备、过程参数认可等方面进行监控，按照项目进程进行管理。船舶制造的每个节点必须通过船级社的验收才能进入下一个环节，船舶制造全过程验收通过后才签发船级证书。

三、船舶制造项目的付款方式

按照国际惯例，船东付款一般采用按建造节点付款的形式，即按船舶生产过程中几个大节点支付一定的款项。在2008年金融危机爆发前，船东预付款一般分为4～5期支付，具体节点为合同签订、开工、上船台、下水、交船。但金融危机爆发后，船市景气度大为下降，2012年起，船东预付款一般分两期支付，合同签订时支付20%～30%，其余在交船时才能到位。

船东出于预付款的安全考虑，一般会要求造船企业提供银行开立的预付款还款保函。

2008年金融危机以后，**船舶行业集中度提升很重要的一个因素是国有企业尤其是大型国有企业的资金获取能力要远远高于民营企业。**资金成本高昂、难以获得银行的保函、贷款成为民营船企甚至包括部分中型国有船企获取订单的重要障碍。**在今后一段时期内，资金依旧是本行业的关键问题。**

四、行业政策

当前船舶行业的主要政策有《船舶工业“十二五”发展规划》《船舶工业加快结构调整促进转型升级实施方案（2013—2015年）》《船舶行业规范条件》等。

《船舶工业“十二五”发展规划》提出如下4大发展目标：

（1）主流船型综合竞争力显著提升，形成50个以上国际知名品牌产品，具备主要高新技术船舶和深水海洋工程装备的设计能力，海洋工程装备设计制造能力进入世界前列。

（2）产业结构优化升级，培育环渤海湾、长三角和珠三角3大造船产业集聚区，提升产业集聚度，前10家造船量占全国70%以上，2015年船舶工业销售收入达到12 000亿元，出口总额超过800亿美元。

（3）效率效益显著提升，工业增加值率较“十一五”提高3%，全员劳动生产率年均提高15%。

（4）配套能力和水平大幅提高。船舶配套业销售收入达到3 000亿元，船舶动力和甲板机械领域形成5～10家销售收入超百亿元的综合集成供应商；平均装船率达到80%以上，品牌船用设备装船率达到30%以上；海洋油气开发装备关键系统和设备的配套率达到30%以上。

《船舶工业加快结构调整促进转型升级实施方案》则主要涉及以下政策：支持行政执法、公务船舶建造和渔船更新改造；鼓励开展船舶买方信贷业务；加大信贷融资支持和创新金融支持；加强企业技术进步和技术改造；控制新增产能，支持产能结构调整；鼓励老旧远洋、沿海运输船舶提前报废并建造符合国际新规范、新公约、新标准要求的绿色环保型船舶。

2013年，为引导船舶工业持续健康发展，工信部发布了《船舶行业规范条件》，对钢制一般船舶生产企业的主要生产技术、节能环保、安全生产等指标做出了硬性规定。2013年至2014年，公布了两批共60家"符合规范的标准船舶企业"。

要了解造船行业宏观情况，可关注中国新造船价格指数、克拉克森研究公司公布的新船价格指数。也要注意波罗的海干散货运价指数（BDI），航运业和造船业关系紧密，但景气度变化并不完全一致，造船业相对滞后。

五、行业评审技术指引

（1）在行业风险高企的前提下，银行支持的船舶制造企业应该在工信部的"符合规范的标准船舶企业"名单之内。**但应该强调的是，"白名单"内的企业也未必能够在本次行业下行周期中幸存。**例如明德重工、东方重工等已出现了严重的经营问题。

要特别把握新客户的准入，优先支持手持订单充足、经营状况良好、产品技术含量和附加值高、综合竞争力强的大型造船龙头企业集团及其核心控股子公司等优质企业。**具体来说，年造船完工量应在100万载重t以上（最好200万载重t），具备LNG船、大型集装箱船、节能环保船等高附加值船型生产能力**；特种船、专业船、作业船等非货运船舶生产企业在国内所属细分船型领域应具有行业领先水平，产能利用率在80%以上。

（2）**关注造船企业三大指标情况。要掌握船企的造船完工量、手持订单量、新接订单量。**一般情况下，手持订单应该能持续到两年以后。不过在当前（2015年）环境下，手持订单量较高未必有利，因为前期船价很低，单船甚至可能亏损。

由于船舶建造周期通常会超过一个会计年度，因此，按照会计准则，船厂一般采用完工百分比法核算收入及成本，收入按照完工百分比结转。

同理，**财务报表只能反映早先签订合同的利润情况，而不是当期签署合同的利润率。**

（3）关注船企的区域位置和拥有的岸线资源。船台、船坞、码头等大型设备建造地的选择相当关键，**优越的地理位置能降低企业的单位产品的生产成本，提高生产效率。**

了解造船周期，**在中型船舶建造过程中，船台周期一般不超过4个月。**在建造技术环节，**要关注涂层新标准（PSPC）的落实情况。**从2012年7月1日起，涂层新标准正式生效，之后交付使用的船舶无一例外地将接受PSPC检验。如果船企缺少钢材预处理流水线、分段喷丸房、先进的涂装工具、设备，将面临被淘汰的命运。应关注造船企业是否具有必要的表面处理设施和先进的涂装设备，以评判企业是否通过硬件设施和技术软实力全面应对PSPC标准。

船厂生产能力可以通过船坞、船台、塔吊、起重机的数量和规模来衡量，例如**最好配备单机200t以上的龙门式起重设备。**对比中国、日本、韩国三国的基础设施规模，我国造船基础规模相对较小。据统计，韩国主要造船企业中大型设备的比例为59.3%，日本的比例在60%以上，而我国的比例仅为22.6%。此外，我国船坞、船台的利用率比较低，目前仅为韩国的25%左右。

（4）船企应具备较强的组织管理能力，已通过各大船级社认证，并取得经国家有关部门认可的权威认证机构颁发的质量体系认证证书；没有因船舶质量原因被船东弃船的历史记录。

对国内船企而言，除硬件设施外，对图纸的二次设计、现场管理水平同样重要。这些可根据船企历史交船记录是否良好来评判。

（5）在行业处于低谷期时，财务不稳健、获取订单能力不足是船企陷于困境的主要原因。因此在对船厂的订单进行评审时，**应保持合理的怀疑态度，从严审查企业订单的真实性和可靠性。**

在2008年金融危机爆发前，船东预付款一般分为4～5期支付，具体节点为合同签订、铺设龙骨、上船台、下水、交船。但金融危机爆发后，船市景气度大为下降，从2012年起，船东预付款一般分两期支付，合同签订时支付20%～30%，其余在交船时才能到位，给船企带来了较大的资金压力，特别是那些未能在2008年之前把握发展机遇或手持高价订单较少的船企更是如此。

如果船东预付款过高的话，则与造船业现状明显不符。要特别警惕关联企业的、不具备贸易背景真实性的订单。

在钢铁价格大幅下降的背景下，**较好的船企单船售价结构大致为钢材占25%、人工占20%、设备占30%（主要为机械设备，主机占60%）、管理费用占20%，利润占5%左右。对于特别优秀的船厂，管理费用能控制在10%~15%，相应利润率也会提高。**

注：我国船舶钢材和船用配套设备生产情况

船用钢材主要是钢板、型材（包括角钢、H型钢、T型钢、工字钢、球扁钢）以及钢管，其中钢板占85%以上，型材约占10%。

我国造船业于2010年达到峰值后进入调整期，近期我国船舶行业用钢材消费需求不会有大幅度的提高，但在钢材品种上会有变化。高强度、高韧性、易焊接性、良好的耐腐蚀性，以及大厚度、大规格化是船舶及海洋工程用钢的发展方向。另外，为了推进绿色船舶建造，国际造船界把开发环保、轻量化的船用钢材作为切入点，展开相关研究。

目前，我国钢铁企业基本上能够满足我国造船用钢材的基本需求。但有些品种需要进口，如12 mm以下高强度船板、70~80 mm的超高强度E30~E40等。

长期以来我国在船用设备领域的研发投入严重不足，远洋船舶的导航、通信、自动化设备及电机等关键部件大多需要进口。目前，我国三大主流船型的本土设备平均装船率为50%（2012年我国三大主力船型的本土化船用设备装船率达到49.5%，其中散货船本土化装船率为63%，油船本土化装船率为50%，集装箱船本土化装船率为38%），高附加值船舶的国产设备装船率更低，而日本产品的整体国产化率在95%以上，韩国的也在85%左右。

总体上来说，欧洲占据了全球船舶配套产业的绝对领先地位，日本和韩国配套产业的发展各有千秋，并与欧洲逐渐形成三足鼎立之势：欧洲的优势在于高端产品的设计及新技术与新产品的设计推出；日本优势产品集中在船舶动力装置和操作装置方面；韩国优势产品则集中在甲板机械和舱室机械方面；而我国的船舶配套业和欧洲、日本、韩国之间有较大的差距，其优势产品集中在低附加值、低技术含量产品方面。

（6）**要注意订单中的具体船型，并不是越先进越好，最安全的是借款人已有过多次交付记录的船型。**已有船企因对所接船型不熟悉，最后无法交船导致破产重组的记录。

三大常规船型、高技术、特种船型简要说明如表1-1和表1-2所示。其中，LNG船是国际公认的高技术、高难度、高附加值的“三高”产品，是一种“海上超级冷冻库”，被誉为世界造船“皇冠上的明珠”。**而游轮特**

别是豪华游轮很可能是未来国内造船业一个新的增长点。

表 1-1　三大常规船型情况表

船型		载重量（载箱量）	特征
散货船	超大型	30 万 t 以上	吃水 23 m 左右，用于巴西、澳大利亚进口矿石
		20 万 t 以上	吃水 20 m 以内，能过马六甲海峡
	好望角型	17.5 万 t 左右	进入法国敦克尔克港、B = 45 m
	T - MAX	9 万 ~ 10 万 t	吃水 12.75 m，B≤41 m
	巴拿马型	7.5 万 ~ 8 万 t	能过巴拿马运河，B≤32.26 m
	大灵便型	5 万 t 左右	L≤190 m，B≤32.26 m
	小灵便型（大湖型）	2.7 万 ~ 3 万 t	能过圣劳伦斯运河，进入北美五大湖区，B≤23.8m
油船	ULCC	35 万 t 左右	
	VLCC	25 万 ~ 32.5 万 t	多数为 30 万 t，L≥332 m，B = 58 ~ 60 m，能过马六甲海峡
	苏伊士型	16 万 t 左右	能过苏伊士运河，L≥270 m
	阿芙拉型	10 万 ~ 11 万 t	吃水约 15 m
	巴拿马型	7.5 万 t 左右	能过巴拿马运河，B≤32.26 m
	灵便型	4.5 万 t 左右	L≤190 m
集装箱船	按发展历史分		
	第一代	1 000TEU 以下	B = 22.5 m，舱内 4 层 7 列
	第二代	2 000TEU 左右	B = 30 m，6 层 10 列
	第三代	3 000TEU 左右	B≤32.26 m，7 层 11 列
	第四代	4 000TEU 左右	B≤32.26 m，巴拿马型，8 层 11 列
	第五代	5 000TEU 左右	B > 32.26 m，超巴拿马型、8 层 13 列
		6 000TEU 左右	B = 40 m，超巴拿马型、9 层 14 列
	第六代	7 000 TEU ~ 12 000 TEU	B 约 42.8 m，9 层 15 列，B 约 45.6 m，10 层 16 列，B = 51.2 m，11 层 18 列，B = 51.2 m，11 层 19 列
	按载重量分		
	超巴拿马型	大型超巴拿马型 9 000 TEU ~ 12 000 TEU；中型超巴拿马型 7 000 TEU ~ 8 000 TEU；小型超巴拿马型 5 000 TEU ~ 6 500 TEU	
	巴拿马型	巴拿马极限型 4 200 TEU ~ 5 000 TEU；巴拿马型 3 000 TEU ~ 4 200 TEU	
	支线型	大型支线船 1 700 TEU ~ 3 000 TEU；小型支线船 500 TEU ~ 1 700 TEU	

表 1-2 高技术船舶情况表

序号	船舶种类	分类、用途
1	化学品船	按用途分有专用、兼用、多功能化学品船3类； 按船型分有IMO Ⅰ、Ⅱ、Ⅲ3型；载重t为3万~6万载重t。
2	滚装船	可分为货运滚装船、客滚船、专用滚装船、汽车运输船、火车渡船等。 按吨位可分>15 000 dwt、10 000~15 000 dwt、7 500~10 000 dwt、5 000~7 500 dwt、2 000~5 000 dwt、<2 000 dwt
3	液化石油气（LPG）船	可分为全压式（常温、高压，6 000 m^3 以下）、半冷半压式（低温，低压，30 000 m^3 以下）、全冷式（低温、常压，最大容量达84 000 m^3）
4	液化天然气（LNG）船	分为球罐型（MOSS）、薄膜型（GTT）。按吨位可分：>100 000 cbm、60 000 cbm~100 000 cbm、40 000 cbm~60 000 cbm、<40 000 cbm。
5	多用途船	按用途可分：以载运集装箱为主的，以运输重大件、特长件为主的，兼运集装箱及重件货的，兼运集装箱及重货、滚装货的。
6	冷藏船	按吨位可分：>550 000 cu ft、450 000 cu ft~550 000 cu ft、300 000 cu ft~450 000 cu ft、200 000 cu ft~300 000 cu ft、100 000 cu ft~200 000 cu ft、<100 000 cu ft
7	游轮	按类型可分为：普通型、豪华型； 按吨位分：几万t~10万t。载客量：上千至几千人
8	游艇	按类型可分为：运动型、休闲型、商务型

（7）**管理人员和技术人员的来源相当重要，特别是民营船厂，要关注其高管团队是否有足够的经营管理经验。此外，随着用工成本的提高，能否招到合格的用工人员也是目前的焦点问题之一**（以造船大市江苏省南通市为例，船企5 000元/月左右的薪酬已难以招到合适和足够规模的人员）。

（8）关注船东情况，选择主流船东，了解船东资质、财务实力、经营作风、弃船历史、融资渠道等。

注：各国船东实力排名

据克拉克森研究公司报告，2014年全球最大船东国为希腊，拥有4 894艘船合计1.64亿总t的船队规模，日本排名第二，8 537艘船合计1.594亿总t，中国以6 427艘船合计1.167亿总t位居第三，德国以9 510万总t名列第四。前10名的其余国家为韩国、美国、挪威、新加坡、意大利和丹麦。

（9）由于造船行业近期景气度差，所以船企一般不会选择新建船台，故项目贷款需求较少。对银行而言，比较好的合作方式是根据造船合同出具各类保函，但因各家金融机构竞争激烈，取得不易。采用常规授信品种，比如流动资金贷款介入也是常见的选择。

六、趋势展望

近年来，受全球经济复苏缓慢等因素影响，国际航运市场需求持续减少，运力过剩加剧，船队运输效率进一步下降，航运市场运力供求关系趋于恶化；在三大主力船型中，散货船市场运力供求关系形势较集装箱船和油船更为严峻。2014 年油船、散货船、集装箱船拆解量均有下降；前几年老旧船舶拆解一定程度上得以释放，更新需求对新造船市场的带动作用已明显趋缓。由于航运市场基本面仍没改善，银行对船舶融资业务保持谨慎，全球船舶融资依然偏紧。

2015 年，国际原油供求基本面包括世界经济进入增速放缓的新常态，需求增长减缓；美国页岩油产量持续增长，利比亚、伊拉克等中东战乱国产能恢复，OPEC（尤其是产油大国沙特）为保住市场份额并打击美国页岩油开发，仍然维持产量稳定，共同导致石油供应相对过剩。此外，原油价格还受到其他方面因素的影响：美元持续走强、石油期货市场做空、美俄博弈、OPEC 与美国博弈等，加剧了油价下行之势。原油价格大幅下跌对国际航运市场带来了多面影响，不仅将导致成本对油价敏感性降低，航速将进一步提升，而且将引起国际航运运力过剩加剧，推动船型研发方向新变化。

当前国际造船市场处于短周期、中周期和长周期下行叠加阶段；新造船市场需求不足和产能过剩仍将是全行业不可回避的长期挑战。船舶工业竞争要素包括：产业规模、资金投入、科技研发创新、生产效率、造船技术与管理、劳动力 6 个方面。**展望未来，决定船舶工业竞争成败的关键不再是设施规模、劳动力成本等因素，而是技术、管理等软实力，以及造船、配套等全产业链的协同，技术创新能力对竞争力的贡献更为突出。**多领域技术群体突破和交叉融合推动制造业生产方式深刻变革，制造业数字化网络化智能化已成为未来技术变革的重要趋势。一方面，制造模式加快向数字化、网络化、智能化转变，柔性制造、智能制造、虚拟制造等日益成为世界先进制造业发展的重要方向；另一方面，船舶制造也正朝着设计智能化、产品智能化、管理精细化和信息集成化等方向发展，世界造船强国提出打造智能船厂的目标。国际海事安全与环保技术规则日趋严格，船舶排放、船体生物污染、安全风险防范等船舶节能环保安全技术要求不断提升，船舶产品技术升级步伐将进一步加快。

第二部分 案例分析

一、授信申报情况

授信申报日：2014 年 1 月

申请人：HD 市 SG 船舶制造有限公司

申请事由：出具预付款保函

授信申请方案：预付款保函额度人民币 13 000 万元，保证金比例 10%

（一）客户基本情况

HD 市 SG 船舶制造有限公司始建于 20 世纪 80 年代，原为国有企业，于 2000 年改制为自然人控股，当前注册资本两亿元，均为货币出资。主营造船、修船，生产船舶，是国内较大的民营船企。实际控制人在国企时代就在该厂工作，有丰富的行业经验。

申请人位于长三角地区，所在市为国家船舶行业重要基地，造船人才集中，行业配套企业齐全。申请人通过钢质造船企业“一级Ⅰ类”企业认证，公司硬件设施和软件条件符合现代化造船企业的标准；名列工信部发布的“符合《船舶行业规范条件》企业名单”之中。申请人先后通过 ISO9001 质量管理体系、ISO4001 环境管理体系、ISO8001 职业健康安全管理体系认证；美国 ABS、德国 GL、日本 NK、韩国 KR、挪威 DNV、法国 BV 等国际及国内船级社认证。

公司现有职工 3 500 名，其中各类工程技术人员 200 人、中高级技术人员 60 人、国内外船级社认可发证焊工 200 人。

申请人具备一定的研发实力。2009 年成立了省级技术中心和省级企业院士工作站，共申请实用新型专利 27 项，其中已授权专利 17 项、软件著作权 3 项。自 2011 年起，公司先后投入近 6 亿元，增加等离子切割机、交换机、服务器等各类设备 211 台（套），提高了数字化造船技术和生产效率，降低了生产成本。

申请人现有两个造船基地，总占地面积 1 750 亩，拥有长江岸线 3 500 m、7 座万 t 级船台，包括并联的 8 万 t 级船台 2 座、5 万 t 级船台 2 座、2 万 t 级船台 3 座。舾装码头 1 座总长 1 400 m，建有下料、预处理、涂装、中合拢等 8 个车间，拥有 10 t 和 20 t 门式起重机、20 t 和 65 t 塔式起重机，以及 100 t、200 t、600 t 门吊等大型起吊设备 48 台。具备年产船舶 100 万载重 t

的生产能力。

公司机动船中的主导产品为12 000DWT、57 000DWT散货船。

借款人从事机动船生产10多年，已交机动船70余艘，2011年交船16艘，2012年交船11艘。另每年驳船、工程船年交船30~40艘。机动船的生产周期为1.5~2年，由于该公司为ABS免检单位，驳船船台期为15天，造船周期为2~3个月。

2008年下半年国际金融危机以来，航运价格下跌，造船厂面临船东撤单和弃船的巨大压力，申请人通过采取调整工程款支付进度或比例，配合更改船型或同意船东在办妥船舶完工接船手续后，将船舶停泊在工厂码头一段时间，为船东节省接船后船舶闲置所产生的费用；加大技术改造和技术升级降低成本等多种应变措施，缓解船东的资金压力，与船东共渡难关。申请人在建船舶全部按期完工出厂，得到了船东及船检社的一致认可，未发生一起船东弃船或质量事故。

当前申请人手持订单总数为95艘，其中机动船69艘（主要是12 000DWT、57 000DWT散货船）、海洋驳船26艘，生产计划已排到两年后。

目前公司全部自行接单。在结算方式方面，公司主要采用按照工程节点的预收款方式，将船款收取的时点按照合同生效、开工、上船台、交船的流程划分为4个节点，前3个节点收取船款全额的10%，70%余款交船时付讫。公司主要采用远期结汇方式收款。

公司的钢材主要从长三角、华东地区的大中型钢铁生产企业采购，主机等机电设备从国外进口。

公司船舶产品主要销往德国、丹麦、泰国、新加坡等地，也有部分出售给中国内地船东。

公司近年造船完工量、新增订单量和手持订单量情况如表1-3所示。

表1-3　公司近年造船完工量、新增订单量和手持订单量情况

（单位：万载重t）

指　　标	2013年	2012年	2011年
产能	100	100	100
造船完工量	63.65	68.82	91.70
新增订单量	88.38	81	90.9
期末手持订单量	159.08	134.35	122.17

（二）财务简表和财务指标说明

公司近年财务简表如表1-4所示。

表1-4 公司近年财务简表 （单位：万元人民币）

序　号	项　　目	2011年	2012年	2013年
1	总资产	606 618	698 581	668 878
1.1	流动资产	464 521	424 417	412 569
	其中：货币资金	222 224	219 061	208 258
	预付账款	116 630	35 885	52 378
	其他应收款	11 235	8 644	7 327
	存货	74 924	160 826	133 285
1.2	长期投资	3 000	81 746	79 746
1.3	固定资产净值	114 810	174 398	159 760
1.4	在建工程	2 786	2 786	2 786
2	负债总额	379 405	364 132	306 479
	其中：短期借款	73 352	144 062	57 329
	应付票据	45 737	36 100	18 126
	预收账款	123 097	87 386	105 688
	应付账款	47 226	25 277	35 543
	应付债券		30 731	73 757
2.2	长期借款	22 494	0	0
3	所有者权益	227 212	334 448	362 398
	其中：实收资本	24 007	24 007	24 007
4	主营业务收入	565 580	507 120	421 195
5	主营业务利润	46 888	32 375	31 203
6	投资收益	0	0	0
7	利润总额	47 802	33 443	32 868
8	净利润	40 631	28 395	27 950
9	经营活动现金流入量	607 991	546 232	508 665
10	经营活动现金净流量	3 327	24 291	58 381
11	投资活动现金净流量	-22 781	-68 106	1 775
12	筹资活动现金净流量	51 037	29 774	-73 936

1. 财务报表重点科目明细说明

（1）货币资金：主要为银行存款，其中有部分票据保证金。

（2）预付账款：主要为预付的原材料和设备采购款项，2012年和

2013 年该项变化较大。2012 年由于订单较往年减少，该科目余额下降明显；2013 年订单数有所恢复，因此申请人订购配套机械设备而预付的款项有所增加。

（3）其他应收款：主要是融资租赁保证金。

（4）存货：主要是产品、原材料等，因结转为销售收入时间不一致，所以波动比较明显。

（5）固定资产：主要是船舶生产设备和房屋建筑。

（6）短期借款：当期余额减少的主要原因是其他银行的美元借款（全额保证金低风险业务）到期还贷所致，如果排除此项，则波动较小。

（7）应付票据：当期余额下降的主要原因为银票和信用证到期。

（8）应付账款、预收账款：余额增长的原因均是订单增加导致应付材料款、预收船款增加所致。

（9）应付债券：余额增加主要原因为发行了企业债，期限 6 年，利率 6.9%，按年付息，一次还本。用途是实施船舶生产技术升级改造和船舶生产数字信息化升级改造。

（10）收入和利润：近 3 年申请人经营收入虽有下降，但保持了一定规模；2011 年至 2013 年，分别实现营业收入 56.56 亿元、50.71 亿元和 42.12 亿元，其中 2012 年下降 10.34%，2013 年下降 16.94%，2011 年至 2013 年，公司分别实现净利润 4.06 亿元、2.84 亿元、2.79 亿元，保持着持续盈利的能力。

（11）现金流情况：2011 年至 2013 年，经营性现金流入分别为 60.80 亿元、54.62 亿元、50.87 亿元；经营性现金净流量分别为 0.33 亿元、2.43 亿元、5.84 亿元，总体而言，保持了一定的流动性。

2. 基本财务指标情况

基本财务指标情况如表 1-5 所示。

表 1-5　基本财务指标情况　　（单位：%）

项目名称	2011 年 12 月	2012 年 12 月	2013 年 12 月
资产负债率	57.64	52.12	45.82
流动比率	164.2	138.84	195.63
总资产周转率	0.77	0.78	0.62
销售净利率	5.26	5.60	6.64

从基本财务指标看，申请人总体运营比较平稳。

（三）申请用途和还款来源

申请人申请预付款保函额度，用于建造12 000DWT散货船4艘，船东为ABC公司，母公司是上市公司ABC Group（互联网上有公司网站，可进行信息查询）。4艘12 000DWT，每艘定价1 865万美元，约30%部分申请预付款保函额度，约13 000万元人民币，保证金比例10%，敞口采用保证方式。该船型满足国际船级社协会（IACS）船舶结构共同规范（CSR）、IMO船舶专用海水压载舱和散货船双舷侧处所保护涂层性能标准（PSPC）。

（四）担保状况

本次提供了银行认可的担保人提供保证。

二、风险评估

（一）申请人行业优势分析

（1）申请人在工信部的“符合规范的标准船舶企业”名单之内，说明其硬件条件和管理水平在国内处于较好的水平；所在城市为国内知名的造船基地，附近配套企业较多，有利于原料采购；申请人有一定经营历史，在上一轮造船业大跃进中把握住了历史机遇，积累了较为丰富的从业经验。

（2）申请人通过多家船级社认证，并取得经国家有关部门认可的权威认证机构颁发的质量体系认证证书，说明有较强的组织管理能力。

（3）申请人拥有长江岸线，这是较为稀缺的资源，对控制造船成本非常有利。有7座万t级船台和配套的200 t、600 t门吊等各类设备，年造船能力100万载重t，其中大部分为机动船，在民营船厂中，生产能力和固定资产规模都位于前列。

（4）申请人近年手持订单和新接订单量都维持了一定的数量，手持订单可以持续到两年以后，总体而言有一定的市场开拓能力，后续工作量较为饱满。

（5）申请人已交机动船73条，从业经验比较丰富。没有因船舶质量原因被船东弃船的历史记录，说明质量控制能力、生产管理能力较好。

（6）从财务报表来看，财务数据基本符合2011年至2013年造船行业的波动情况。由于订单船价下降明显，故船企收入普遍下滑，利润也有所降低。因为在手订单充足，申请人总体经营规模比较稳定，主要财务指标正常，经营活动现金流为净流入，资金链情况尚可。

（7）从贷款规模和应付债券规模来看，申请人具有一定的融资能力，公司发行的企业债大大改善了公司的负债结构，缓解了短期还债压力。

（8）本次授信用于4艘12 000DWT，为公司主导船型，以往交船从未发生过问题。且该船型符合PSPC标准，就船只而言可以接受。船企收款方式是按前3个节点收取船款全额的10%、70%余款交船时付讫的方式，符合当前的实际情况。

（9）从互联网查询看，船东的资质可以接受。

（二）行业风险分析

（1）造船行业的总体产能过剩，船舶预付款比例下降，交船期延长，给借款人经营带来了不确定性，盈利能力的下降使得申请人抗风险能力降低。

（2）从三大指标分析，从2012年起，由于行业景气度大幅下降，申请人产能利用率偏低；虽然订单比较饱满，但因为前期船价很低，所以预计未来几年申请人的盈利能力仍不会好转。

（3）申请人产品以散货船和多用途船为主，为标准的常规船型，所以利润率一般。

（4）从财务报表上看，公司预收账款在2013年有所回升，但仍未达到2011年的水平。这也符合企业垫资建船的现状（预收船款仅有合同金额的20%～30%，交船时再收取余款），使得申请人资金占用比例加大，营运资金趋紧。

（5）因为钢材等原料价格还在下行通道，所以建设周期长、单位产品造价高的订单，可能存在船东违约和弃船风险，需要补充申请人在建船舶的合同明细及在银行开立保函的情况。

三、评审结论

申请人在民营船企中实力较为雄厚，公司接单能力较强，在手订单比较多，近期出现经营风险的概率较低。

从融资情况看，企业融资渠道较广，发行企业债后改善了负债结构，即期资金压力有所降低。

本次融资是为建造12 000DWT散货船4艘，为申请人熟悉的常规船型，总体方案是可行的。当然银行若从降低风险角度出发，压降部分额度、只针对2～3艘船融资也是正常结果。

第二章　房地产行业风险研究和授信评审案例

关键词：开发商资质、地段、房型

第一部分　行业分析

一、综述

房地产行业在目前中国国民经济发展中，占据非常重要的战略地位，肩负着国民经济发展及解决住房的民生问题这双重责任和要务。多年来，中国的房地产行业一直在市场发展机制和宏观调控政策中蹒跚前进，行业变化起伏不定，最终形成相对稳健的行业走势。而房地产行业本身所具有的经济属性，以及其带动的衍生行业较多的属性，使得其成为目前中国经济发展链条中最不能缺失的部分。

房地产业在整个国民经济体系中属于先导性、基础性产业，它的产业关联度强、带动系数大，被带动的直接相关或间接相关的产业有几十个，所以说它是促进国民经济增长的支柱产业。**短期内，房地产业在国民经济中的地位还无法撼动。**因为其管理和所涉及的产业太庞杂，关联到社会消费机构调整、城市现代化建设、城市建设规划、地方财政收入、改善人民生活水平、解决就业等方面的核心问题，同时还将对其关联的上下游40多个行业产生影响。房地产行业的每一次较大的波动，都必将涉及到其他的关联行业。过去近20年，房地产业有力支撑了经济发展。1998年以来，房地产行业增加值占GDP的比例一直保持在4%以上，房地产开发投资占城镇固定资产投资的比例多年保持在20%左右，直接来源于房地产的税收收入占全国税收收入的比例约为18%。国家住建部的数据显示：房地产业每减少100万m^2建筑量，就会减少钢材需求两万t，减少门窗需求8万套，减少卫生洁具需求两万套。

对于多数地方政府而言，房地产甚至是其财政收入中的核心产业。房地产行业内的任何一点变化，都会影响到地方财政收入，影响到地方政府后续持续的市政、城市配套等方面的建设及投入。房地产开发商和地方政府所形成的博弈关系，甚至成为了一个利益共同体。众多土地财政收入突出的城市，房地产行业已经成为其城市发展最主要的推动力。

2010年，中国房价出现了一次反弹性暴涨，造成这一现象最重要的原因就是2008年底，为应对次贷危机给中国带来的负面影响，中国政府出台了一系列刺激经济的政策，这其中只有房地产最为见效。2009年，房地产投资带动中国经济领先全球走向复苏。这是继1998年，面对东南亚金融危机时，中国政府首次通过房地产来带动经济快速发展外，又一次借用房地产这个具有经济带动效应的行业，引领经济的整体提升。由此可见房地产业在中国国民经济中的重要地位。

当前拉动中国经济增长的仍然是投资、进出口贸易和扩大内需三大引擎。西方经济不景气导致贸易保护主义抬头，出口现状并不理想。中央政府一直想通过扩大内需来拉动经济的发展，也因此做了大量的舆论和引导工作，实际效果并不明显。目前来看，只有投资是推动经济快速发展的主要手段。**在所有的投资中，参与性最为广泛的就是房地产。房地产具有投资和居住双重属性，因为目前中国投资渠道单一，只有房地产的投资最被看好。**现在城市居民的家庭资产中主要包括现金、金融（有价证券）、房产三大部分，其中房产又占居民资产的比率最高。当然从世界范围看，城市居民的财富中，房产的比例都超过一半。

房地产开发项目按照物业类型可分为住宅开发、商业用房开发、工业用房开发。本章主要研究住房开发项目。

二、热点分析：中国房地产行业需求拐点

一般认为，影响房地产市场最重要的因素是人口和城镇化率。如果对此加以分析，不难得出结论：**中国房地产行业的最高潮已经结束了。**房地产行业将由过去全面快速增长，开始逐步呈现行业分化和地区差异。

(1) 老龄化进程加快，影响房地产需求的释放。我国执行的长达数十年的计划生育政策使得出生率持续下降，从1952年的37‰降至2013年的12.08‰，已经低于美国、法国和英国等发达国家。此外，由于建国后我国在经济发展、医疗卫生、食品安全等方面的大幅改善，我国民众的预期寿命持续上升，平均预期寿命由1960年的43岁提升至2012年的75岁。根据联合国《2012年世界人口展望》的预测，我国人均期望寿命在未来100年内将会持续上升，在2095—2100年突破80岁，达到85.3岁。

由于我国出生率的大幅下降和预期寿命的不断增加，我国人口红利逐步消失，并且老龄化进程有加快趋势。我国65岁以上人口抚养比加速上涨，1964年至1990年年均增长0.0007%，1990年至2010年年均增长0.002%。根据联合国统计，我国60岁以上人口抚养比增速明显超过美国及世界平均水平。根据预测，2050年我国60岁以上人口抚养比将超过2013年的日本。人口老龄化已经成为不得不面对的问题。

老年人口的快速增长对房地产需求的负面影响是显而易见的。老年人对居住面积的要求和青壮年人群明显不同，便捷、舒适、易打理的小户型公寓是大部分老年人的首选，老年人口占比的快速增长将影响房地产市场需求的释放速度。从日本的经验看，1990年之后，日本老龄化进程明显加速。1903年至1990年，日本65岁以上人口抚养比年均增长0.11%；1990年至2010年，日本65岁以上人口抚养比年均增长0.96%，2010年抚养比已接近40%。同期，日本城市土地价格在1991年达到历史高点，此后持续下滑，至2013年累计下跌64%。

(2) 城镇化对房地产行业的促进作用将减弱。国际上将城市化进程大体分为3个阶段：第一阶段为城市化初期，城市人口增长较为缓慢，超过10%以后逐渐加快；当城市人口比重超过30%时进入第二阶段，城市化进程出现加快的趋势，这种趋势一直持续到城市人口超过70%以后才有所减缓；第三阶段，城市化进程将出现停滞或略有下降的趋势。

中国的城镇化进程与此大致相同。我国的城镇化率从1949年的10.64%提升至1981年的20.16%，城镇化率年均提高0.3%。城镇化率超过20%之后，城镇化进程加快。从1981年的20.16%提升至1996年的30.48%，城镇化率年均提高0.69%。城镇化率达到30%以后，城镇化进入加速发展期。从1996年的30.48%提升至2013年的53.73%，城镇化率年均提高1.37%。2013年，我国的城镇化率为53.73%，比照发达国家平均80%的城市化率及发展趋势，理论上我国依然处于城镇化快速发展阶段。

但问题是，**我国城镇化率存在低估的可能。这里重要的原因是我国存在户籍制度。**长期以来，城市中常住非户籍人口并没有享受到相应的社会福利和待遇，在统计上也未列入城镇人口。我们以人均国民收入和第三产业在GDP占比两个指标进行对比分析。2013年，我国人均国民收入6 560美元，城镇化率53.73%；美国、英国、德国等发达国家人均国民收入在6 000美元左右时，城镇化率均在70%以上。2013年，我国第三产业GDP占比为46.8%；主要发达国家第三产业占比在50%左右时，城镇化率基本都在70%以上。

户籍制度改革将取消农业和非农业户口的区别，使得原来的这些常住非户籍人口将逐步获得城市户籍。**因此从统计数据来看，城镇化率将会保持增长，但这种增长对房地产市场和经济的带动作用或将减弱。**

三、房地产项目开发流程

商品房项目开发的整体流程大体包括8个阶段。

(1) 可行性调研。开发商提出开发设想，对究竟有没有市场、可行不可行，需要进行可行性研究。政府是否批准此项目立项，银行是否同意给予资金支持，都需要参考可行性研究的结果。

(2) 购买项目用地。土地是建筑的基础，购买土地是房地产开发正式启动的第一步。由于我国地少人多，土地资源有限，对于许多开发商来说，拿到土地是最关键的一步，在现有政策下，大多数开发商是通过公开市场的“招、拍、挂”获得土地。

(3) 规划设计。一般分为方案设计、初步设计、施工图设计3个具体步骤。开发商在规划和建设之前，需要向规划局申报规划设计条件，以获得规划设计条件通知书。开发商依据规划设计通知书，委托有资质的单位完成方案，然后报审。确定符合要求之后，取得建设用地规划许可证。方案设计批准后，才进行初步设计。再次经过审查确认其符合规划设计要点之后，建设单位就可以进行施工图设计。

(4) 筹集资金。取得项目土地使用权后，大部分房地产开发商针对该项目的自有资金基本花费殆尽。开发商需要寻找资金，支撑后续开发建设的需要，首先要制订资金使用计划，然后以此为基础确定所需要的资金量，再通过各种融资渠道的选择，确定合理的融资方案。

(5) 项目招标。通过工程项目公开招/投标，开发商可以选择合适的项目承包商，如果不是国家投资的项目，开发商可以自行选择邀请招标等其他形式选择合适的总承包单位。

(6) 项目建设。项目建设过程主要通过控制施工单位的活动完成，项目全部完成以后，还要通过城市建设行政主管部门主持的综合竣工验收。

(7) 市场营销策划。在达到预售许可条件之后，开发商就可以边施工，边进行项目的预售工作。这是整个开发项目的关键，一般情况下这个时候开发商的资金链最紧张，需要通过销售回款来偿还银行的贷款和支付施工单位的进度款。

(8) 物业管理。如果开发商决定用所开发的项目进行租赁，那么开发商或者自己成立物业公司进行管理，或者委托专业化的物业公司进行管理，通过获得租金收入来赢得利润，同时保证开发项目的保值增值。

注："四证"的取得流程

房地产项目开发前期主要包括"四证一计划"办理流程及手续，即国有土地使用证、建设用地规划许可证、建设工程规划许可证、施工许可证、建设投资计划（项目可研报告）。**取得"四证一计划"，才可以向银行融资。具体流程如下：**

(1) 竞标土地使用权，竞得土地使用权后，签订土地使用权出让合同，还有红线图。

(2) 编制项目可研报告，做环保评估及节能评估，拿到环评批复及节能审查之后，连同土地合同、规划审批图纸、单位资质证书、营业执照、银行贷款意向书等，就可以报送项目申请报告至发改部门立项。

(3) 在建设规划部门办理用地规划许可证。

(4) 取得土地使用权证。

(5) 进行项目总平面布置设计和地质勘探，等审批通过之后就可以着手单体工程的方案设计并报批，单体工程的方案审批通过即可进行施工图设计，施工图设计完成后送专业审图公司审查，通过就可以到建设规划部门办理建设工程规划许可证。

(6) 办理人防、消防审核、防雷检测。还有工程开工前手续和监理手续，等这些办妥后可以到建设局建工科办理工程施工许可证。

四、重点技术参数说明

房地产项目重点技术参数主要有总建筑面积、总占地面积、可售建筑面积、容积率、绿化率、楼间距、户型等。

(1) 项目总建筑面积的计算主要依据建设部颁布的《建筑工程建筑面积计算规范》。总占地面积即建设用地规划许可证上载明的面积，可售建筑面积=总建筑面积-公摊建筑面积-用于出租的建筑面积。

(2) 容积率是指项目规划用地范围内全部建筑面积与规划建设用地面积之比。国家对计入容积率的建筑面积并无统一规定，由各地自行制定标准，一般不包括地下建筑面积。**别墅项目的容积率一般在1以下，多层、高层住宅项目的容积率一般为1.2~5。**

(3) 建筑密度即建筑覆盖率，是指项目用地范围内所有建筑的底面积之和与规划建设用地之比，反映出一定用地范围内的空地率和建筑密度程度，一般不超过40%~50%。

(4) 绿化率是指规划建设用地范围内的绿地面积与规划建设用地面积之比，一般在30%以上，部分地方对绿化率有刚性规定。

(5) 户型是以每户的建筑面积和拥有的房间数来划分的，后者一般用几室几厅来表示。

(6) 楼间距：两相邻楼的外墙面距离。通常按照技术标准，要确保在冬至日建筑物底层可以享受阳光照射时间不少于两小时。

五、行业评审技术指引

(1) 研究房地产业调控政策。我国房地产行业景气度和房地产调控政策高度相关，并形成一个规律：政策严格调控，房价下调；政策调控放松，房价触底反弹。各项房地产调控政策对本行业的影响至关重要，因在政策调控之下，房地产投资行为必然首当其冲受到打击。

另一个客观事实是，我国的房地产调控均为事后调控，并非预防性调控。基本属于“头疼医头，脚痛医脚”的救急式调控，没有建立解决房地产风险的防范机制，也没有建立一个长效的房地产调控机制。因此，对相关政策的预判相当关键。

(2) 分析项目开发团队。包括开发商开发资质、资金实力、项目合作单位（主要包括施工企业、监理公司、营销策划、物业管理）等。

我国房地产开发企业按照开发资质分为一、二、三、四级资质，各级资质的划分条件如表2-1所示。

表 2–1　我国房地产开发企业资质划分

	划分条件	一级资质	二级资质	三级资质	四级资质	其他
1	注册资本	不低于 5 000 万元	不低于 2 000 万元	不低于 800 万元	不低于 100 万元	
2	从事房地产开发经营年份	5 年以上	3 年以上	2 年以上	1 年以上	
3	房屋建筑累计竣工面积，或累计完成与之相当的房地产开发投资额	近 3 年 30 万 m^2 以上	近 3 年 15 万 m^2 以上	近 3 年 15 万 m^2 以上	—	
4	建筑工程质量合格率	连续 5 年达 100%	连续 3 年达 100%	连续 2 年达 100%	达 100%	
5	上一年房屋建筑施工面积，或完成与之相当的房地产开发投资额	15 万 m^2 以上	10 万 m^2 以上			
6	有职称的建筑、结构、财务、房地产及经济类的专业管理人员。 其中：具有中级以上职称的管理人员 其中：持有资格证书的专职会计人员	40 人以上 20 人以上 4 人以上	20 人以上 10 人以上 3 人以上	10 人以上 5 人以上 2 人以上	5 人以上 — 2 人以上	新成立或暂定资质等
7	工程技术　负责人具有相应专业职称	中级以上	中级以上	中级以上	中级以上	
	财务　负责人具有相应专业职称				初级以上	
	统计　负责人具有相应专业职称			初级以上	统计员	
8	具有完善的质量保证体系，商品住宅销售中实行了《住宅质量保证书》《住宅使用说明书》制度	符合	符合	符合	符合	
9	未发生重大工程质量事故	符合	符合	符合	符合	

一、二级资质企业开发经验相对丰富，实力较强；三级资质企业要根据其开发经验、资金实力、区域分布等因素区别对待；四级资质企业普遍资金实力弱，开发经验不足，一般不予介入。暂定资质企业一般是新成立企业，根据企业自身及其控股股东的综合实力审慎评判。

开发资质在一定程度上反映了企业的综合实力，但是评价房地产开发企业的综合实力不能简单地以资质作为唯一的判断标准，应综合考虑其规模性、盈利性、成长性、安全性等因素，**其中土地储备和资金是判断房地产开发企业实力的关键。**审查中应注意分析企业土地储备的规模、取得成本、正在开发项目的资金来源是否落实、待开发土地的开发进度和资金来源，判断企业整体资金链是否能正常运转。

除开发商资质外，建筑企业的施工能力也很重要。通常情况下，为保证建设质量，施工企业应至少具备房屋建筑总承包二级资质。

(3) 了解项目类型。住房开发项目包括商品住房开发项目和保障性住房开发项目。保障性住房开发项目包括经济适用房、拆迁安置房、廉租房等，还款来源要么是政府回购款，要么销售对象已经确定，总体风险较小。而商品住房开发项目的风险控制是下文讨论的重点。

(4) 审查项目合规性。房地产项目由地方发改委核准或备案，**行政审批要件包括发改委的核准或备案文件，具体为环保部门的环评批复、国土部门的国有土地使用权证、城市规划主管部门的建设用地规划许可证、建设工程规划许可证、建设主管部门的建筑工程施工许可证，即通常所说的“四证”。**要注意审核“四证”权属人是否一致，项目名称、占地面积、建筑规模等证载内容是否和实际建设内容相同。

(5) 分析总投资构成。房地产项目总投资一般构成包括土地费用、建筑安装费用、前期工程费用、基础设施配套费用、管理费用、销售费用、财务成本、税收成本和不可预见费用。**其中土地及建安费用是房地产项目总投资的主要构成部分。**但是由于项目类型、地理位置、借款人社会资源等因素的差异，项目总投资结构有所不同。一般而言土地费用约占总投资的30－40%（这部分基本就是项目的自有资金），总投资其余部分以建安费用为主。

土地费用包括土地出让金、拆迁安置补偿费、契税、城市建设配套费用等。近年来地价上涨较快，土地费用占房地产开发项目总投资的比例呈上升趋势，一、二线城市甚至能达到50%以上。对于高价地和地王项目，如介入须非常慎重。

房地产项目的土地成本可以用楼面地价来简单表达。楼面地价，即单位建筑面积平均分摊的土地价格。其计算公式为：楼面地价＝土地总价/规划建筑面积＝土地单价/规划容积率。

根据监管部门的相关要求，银行借款不得用于缴纳土地出让金，以及各项土地费用。

建安费用包括项目土建安装等费用，随着项目类型、结构变化而变化，但同一区域同种类型同种结构的项目单位土建、安装成本差异不会很大。目前普通商品房单位面积建安成本一般为2 000～3 000元/m²，而精装项目由于装修的标准不同，导致装修成本差异很大。审查中要结合当地同类项目的建安成本，审核申报项目的建安费用是否合理。对于单位建安成本明显高于同类项目的，需要分析具体原因。

房地产项目成本主要通过可售面积单位投资成本来体现，具体计算公式为可售面积位投资成本＝项目总投资/可售建筑面积。可售面积单位投资成本接近或高于周边同类项目销售价格的房地产项目，应审慎评判项目的未来销售前景。

（6）分析建设资金的来源。建设资金来源一般分为几个部分：项目资本金、股东和关联企业借款、销售转投入和银行借款。

项目资本金指投入项目的权益性资金，即所有者权益，包括注册资本、资本公积、盈余公积和未分配利润，最低资本金比例须执行国家有关规定。按国发〔2015〕51号《国务院关于调整和完善固定资产投资项目资本金制度的通知》，当前保障性住房和普通商品住房项目资本金比例为20%，其他房地产开发项目为25%。资本金比例越高，表明贷款人与银行共担风险的能力和意愿越强，银行授信风险越低。

股东借款须转入资本公积，且经过会计事务所审计并剔除应纳所得税额的前提下才可认定为项目资本金；对未分配利润，只有在明确贷款期内股东不分红的前提下才可认定为项目资本金。

借款人为项目公司时，可用于项目的资本金＝账面所有者权益－对外投资－固定资产－无形资产－长期挂账的应收款项；若借款人同时开发多个项目，可用于本项目的资本金＝账面所有者权益－对外投资－固定资产－无形资产－长期挂账的应收款项－其他房地产开发项目占用的所有者权益－已买但尚未开发的地块成本。

在当前地价高企、甚至成为项目总投资来源的大头时，大部分情况下，只要项目用地由开发商自购且无大资金抽调现象，一般可认为资本金足值。

股东及关联企业借款属于自筹资金而非资本金。为保障银行债权，一般应要求开发商出具承诺，在银行贷款全部偿清前，不归还股东、关联企业借款。

销售转投入资金能否按期投入与项目开发建设速度、销售回笼进度密切相关，存在一定的不确定因素，项目总投资资金来源中销售转投入占比不宜过高，一般不应超过20%。

(7) 测算项目收入和盈利能力。**项目市场前景重点围绕地段、产品、价格三大因素进行分析。**地段因素包括自然环境与人文因素、交通、医院、学校、商业等配套条件;产品因素包括项目规模、容积率、户型结构、通风采光及车位配套等;价格因素则主要通过与周边类似楼盘比较,考虑预计售价的合理性。

商品房开发项目可通过投资利润率和保本销售价两个指标来衡量、比较同区域同类型房产项目的盈利能力和抗风险能力。投资利润率 = 项目利润总额/项目总投资。全国主要大中城市的普通住宅项目的投资利润率一般在20%左右。保本售价 = 项目总投资/可售面积 × (1 - 营业税及附加税税率 - 印花税税率 - 预算土地增值税税率)。体现了项目抗风险能力和盈利空间。

对银行而言,房地产项目的销售收入扣除营业税金、所得税后可全部用于偿还银行贷款,**即使项目以低于成本保本点价格销售,只要回笼的销售收入能覆盖营业税金及贷款本息,就具有还款能力**,当然销售价格和保本销售价之间的区间越大,对贷款银行的保障性就越强。

商品房项目可用于还款的现金流为项目销售收入 - 销售转投入 - 营业税及附加 - 印花税 - 预算土地增值税。总体而言,房地产销售收入应实行封闭管理,按照销售进度以一定比例用于还款,一般要求销售进度达80%以前偿清银行全部贷款。

(8) 项目不确定性分析。包括价格波动、投资变化、工程进度等带来不利影响,一般情况下,**要测算在总投资增加10%或销售均价减少10%时,项目是否还具备较好的还贷能力。**

(9) 审核担保能力。由于房地产项目具有自偿性,实践中多以项目自身作抵押。房地产开发项目原则上应以项目自身土地使用权及在建工程抵押,一方面是为了缓释风险,另一方面是为了实现项目的封闭管理,控制销售进度及销售回款。目前部分地区无法办理在建工程抵押登记手续,实际把握中可遵从当地规定,但仍应在土地使用权抵押率符合要求的情况下放款。

六、行业前瞻

在供给端,我国土地供应整体偏紧,价格涨幅较大。2003 年至 2013 年,我国房地产企业购置土地面积仅增长了 8.7%,而同期商品房销售面积增长了 287.2%。主要城市土地供应下滑速度尤为明显,40 个主要城市供应土地占地面积同比增速由 2009 年的 44.62% 下滑至 2014 年上半年的

-19.8%，土地价格的增速明显超过同期商品房销售均价的上涨。2004年至2013年，土地平均购置价格年均复合增长率为15.07%，同期商品房销售均价年均复合增长率为9.69%，土地平均购置价格占商品房销售均价的比例由26.62%上涨至40.97%。2004年至2011年，商品房销售额的复合增长率明显快于土地价格的增长速度，房地产行业毛利率实现快速增长。2004年至2011年，商品房销售额年均复合增长率为28.06%，明显快于同期土地购置价格15.71%的年均复合增长率。2011年，房地产行业毛利率达到历史高峰，随后国家连续推出各项政策平抑房价，行业毛利率进入下行通道。

由于我国土地财政的问题至今没有彻底解决，土地供应量很难有效增长，土地价格占商品房销售均价的比例居高不下。同时，如前文所述，房地产市场需求面临拐点，商品房销售额增速趋于平缓，房企毛利的增长空间越来越小，快速增长期结束是大概率事件。

由于房地产市场在需求和盈利两方面均面临拐点，投资属性已明显减弱，同时政策松绑，因此房地产市场从2013年起企稳回升，整体处于弱复苏状态。由于一线城市在经济增长、产业聚集及人口流入方面具有不可比拟的优势，**一线城市房价的反弹幅度明显超越二、三线城市。**

因为房地产市场不见底，短期内宏观经济难言见底回升，因此政府对房地产的松绑、救市态度不会轻易改变。在2015年，国家相关部门相继出台一系列房地产微刺激政策，包括允许境外机构在境内设立的分支、代表机构和在境内工作、学习的境外个人购买符合实际需要的自用、自住商品房；公积金贷款购二套房最低首付降至20%；调低房地产开发项目资本金比例；发布公积金异地贷款细则；下调住房转让手续费等。

房地产问题是一个复杂的社会经济问题。从社会角度出发，目前房地产价格已经偏高，超过很大一部分人的购买能力，存在一定的泡沫。但是从经济角度出发，房地产业作为整个国民经济体系中的基础性产业，产业关联度强、带动系数大。在当前经济下行，宏观经济不景气的大背景下，已经成为扩大内需、拉动经济增长的重要动力，因此在未来宏观经济形势没有发生明显改善以前，房地产宏观调控政策将会趋于宽松，中国房地产市场在大起大落后，将会进入缓慢回升的通道，预计此态势将会保持一段不短的时间。

第二部分　案例分析

一、授信申报情况

授信申报日：2012 年 11 月

申请人：JY 房地产开发有限公司

申请事由：东方花园住宅小区项目

授信申请方案：项目贷款 20 000 万元，期限 3 年

（一）申请人基本情况

申请人于 2000 年成立，注册地址在长三角地区 LN 市（县级市），公司实收资本 2 000 万元，自然人控股，民营企业。许可经营项目：房地产买卖、出租、开发（二级）；承建、代建、销售商品房；城市旧房拆迁改造、房屋维修服务。

申请人主营业务为房地产开发与销售，公司具备房地产开发二级资质。

申请人自成立以来，基本在长三角地区百强县县域内开发房地产项目，截至申报日，已经开发了 13 个项目，总开发面积 70 万 m^2，目前已售面积超过 66 万 m^2，总投资额约 12 亿元，总销售额超过 16 亿元，全部为普通居民小区，房屋建筑质量较好，在附近县域内有一定知名度。

（二）申请人在建项目

目前申请人有两个项目尚未销售完毕，具体情况为：

(1) 南方公馆项目，位于 LN 市，建设时间为 2008 年至 2010 年。项目总投资为 4 亿元，开发面积为 13 万 m^2，目前已封顶，已销售 11 万 m^2，开发成本已全部收回。

(2) 金色花苑项目，位于 LN 市，建设时间为 2009 年至 2011 年。项目总投资为 2.5 亿元，开发面积为 7 万 m^2，目前已封顶，已销售 5.6 万 m^2，开发成本已基本收回。

（三）申请人财务情况及科目明细解释

当期及近年财务数据简表如表 2-2 所示。

表 2-2　当期及近年财务数据简表　　单位：（万元）

项　　目	2009 年	2010 年	2011 年	2012 年 10 月
总资产	27 577	36 692	43 640	52 970

（续）

项　　目	2009 年	2010 年	2011 年	2012 年 10 月
流动资产	27 483	36 610	43 559	52 774
其中：货币资金	541	825	165	245
应收账款	64	36	64	65
其他应收款	2 093	2 419	1 546	1 301
预付账款	852	2 824	6 468	6 961
存货	23 933	30 505	35 316	44 202
长期投资	—	—	—	200
固定资产原值	348	350	353	320
固定资产净值	90	83	81	196
在建工程	—	—	—	—
无形资产	3	—	—	—
负债总额	23 114	26 637	21 242	21 647
流动负债	23 114	26 637	21 242	21 647
其中：短期借款	—	—	—	—
应付票据	—	—	—	—
应付账款	384	1 992	2 276	4 512
预收账款	11 521	15 152	12 473	13 894
其他应付款	10 178	7 825	3 716	2 931
应交税金	1 021	1 653	2 757	289
长期借款	—	—	—	—
所有者权益	4 463	10 056	22 397	31 323
其中：实收资本	800	2 000	2 000	2 000
营业收入	22 357	30 232	45 117	35 784
营业利润	3 387	5 948	10 057	9 033
投资收益	—	—	—	—
利润总额	3 320	5 857	9 922	8 925
净利润	2 490	4 393	7 442	8 925
经营活动现金流入量	32 543	33 891	44 910	—
经营活动现金净流量	320	1 768	233	—
投资活动现金净流量	－1	－2	－3	—
筹资活动现金净流量	107	－1 483	－889	—

1. 资产负债重点项目分析

（1）预付账款：预付账款主要为金色花苑和南方公馆部分工程款，对方企业未开具发票。

（2）其他应收款：申请人近期其他应收款项变化不大。主要为给其他企业的拆借资金。

（3）存货：申请人名下存货正在开发和尚未销售完毕的房地产项目，当期余额中，东方花园项目2.9亿元（主要是土地费用）、金色花苑项目0.9亿元、南方公馆项目0.6亿元。

（4）应付账款：申请人应付账款均为应付工程款。

（5）预收账款：申请人预收账款科目主要是金色花苑项目和南方公馆项目预收的房款。

（6）其他应付款：主要是借款人向其他企业短期拆借的资金。

2. 收入和现金流量分析

公司近年的销售收入主要来源于南方公馆项目和金色花苑项目，利润率较高，经营性现金流量保持为正值。

（四）项目基本情况

1. 项目背景

LN市为全国百强县市，地区生产总值达600亿元左右，拥有较好的经济基础，全市现有工业企业近5 000家，2011年新增城镇就业2.4万人，转移农业劳动力1.2万人，城镇登记失业率控制在3.2%以下。据市政府规划，在城镇建设方面要突出建管并举，加快推进城市现代化，完善城市交通，结合户籍制度改革，推进拆旧建新、撤村建居，重点拆除“空心村、空心户”，引导人口向城镇有序集中，使城镇化率每年提高1%以上。

LN市2009—2012年房地产基本情况如表2-3所示。

表2-3 LN市2009—2012年房地产市场基本情况

项 目	2009年	2010年	2011年	2012年1—10月
房地产投资（万元）	156 100	122 154	321 126	227 098
商品房施工面积（万 m^2）	75.9	243.77	226.7	293.73
商品房竣工面积（万 m^2）	73.2	56.094	63.93	74.46
商品房销售面积（万 m^2）	84.9	73.45	79.58	49.06
商品房销售额（亿元）	31.6	34.4	47.7	27.91
商品房销售均价（元/m^2）	3 722	4 589	4 883	5 300

近年全市范围的大拆迁，使得 LN 市商品房市场的刚性需求大幅增加，越来越多的居民开始向城市转移。2009—2012 年，市区房价逐年上涨，2011 年商品房销售面积比 2010 年增长 80.45 万 m^2，平均成交单价上涨 6.4%。2009 年末，全市普通商品住宅成交均价在 4000 元/m^2 上下，至 2012 年，市区范围内普通商品房成交均价已达 5300 元/m^2 左右，市中心房价已达 7000 元/m^2 左右。

2. 项目所在地

东方花园住宅项目所在地段距 LN 市中心约 500 米，周边道路均已建成城市主干道，交通便利。附近有苏宁商城、大型超市，目前八佰伴商城也在建设中，均距离东方花园 1 000 米以内。周边环境基本保持老城区原状，自然环境较好，基础配套设施完善，教育方面有本市最好的高中，县人民医院也在附近。

3. 建设内容

项目区总占地面积为 57.23 亩，容积率为 3.5，项目总建筑规模达 16.5 万 m^2，其中住宅为 11.2 万 m^2，商业为 1.98 万 m^2，车位有 819 个；将建成 1 幢多层、4 幢小高层、5 幢高层，共 1 019 套住宅，主要为 60 ~ 80 m^2 小户型，130 m^2 以下户型占 70%；另有配套商业房，车位有 800 个。

4. 项目合规性批复

（1）2012 年，申请人取得了项目所在地土地使用权证，土地面积为 38 155 m^2（合 57.23 亩），土地用途为商住用地。土地使用权出让年限为 50 年。

（2）2012 年，LN 市发展改革和经济信息化委员会出具批复，同意新建东方花园工程项目，项目建设期限为 36 个月，项目总建筑面积约 165 000 m^2，其中商住面积为 134 000 m^2，地下车库面积为 31 000 m^2，用地 57.23 亩。

（3）2012 年，市环境保护局文件出具了环境影响报告，同意项目实施。

（4）2012 年，市规划局出具了《建设用地规划许可证》。

（5）2012 年，市规划局出具了《建设工程规划许可证》，建设规模为 164 811 m^2。

（6）《建筑工程施工许可证》在办理之中，发放贷款前可以落实完毕。

（五）项目投融资概算

1. 总投资概算

该项目概算总投资为 76 958 万元，其中土地费用为 29 240 万元，前期费用为 967 万元，各类规费为 1 413 万元，建安费用为 32 574 万元，配套工程费用为 4 114 万元，工程不可预见费用为 2 049 万元，销售费用为 2 284 万元，管理费用为 1 407 万元，财务费用为 2 909 万元。

项目投资概算表如表 2-4 所示。

表 2-4　项目投资概算表　　　（单位：万元）

	名　称	基　数	标　准	费用	小计
一	土地费用				29 240
1	土地使用权出让金	57.23 亩	510.7 万元/亩	29 227.4	
2	契税	29 372 万元		12.8	
二	前期费用				967
1	规划设计费	38 155.00 m^2	1.00 元/m^2	3.8	
2	地质钻探费	38 155.00 m^2	2.00 元/m^2	7.6	
3	测绘费	38 155.00 m^2	1.00 元/m^2	3.8	
4	设计费	164 811.60 m^2	10.00 元/m^2	164.8	
5	编标费	32 574.48 万元	0.30% 土建费用 * 标准	97.7	
6	招标费	32 574.48 万元	0.18% 土建费用 * 标准	58.6	
7	建安工程质监费	32 574.48 万元	0.20% 土建费用 * 标准	65.1	
8	建安工程监理费	32 574.48 m^2	1.50% 土建费用 * 标准	488.6	
9	场地准备	38 155.00 m^2	20.00 元/m^2	76.3	
10		万 m^2	元/m^2	0.0	
三	财政及事业性规费				1 413
1	城市建设配套费	133 800.00 m^2	75.00 元/m^2	1 003.5	
2	人防建设费	133 800.00 m^2	0.00 元/m^2	0.0	
3	白蚁防治费	133 800.00 m^2	2.25 元/m^2	30.1	
4	规划管理费	133 800.00 m^2	5.00 元/m^2	66.9	
5	档案管理费	133 800.00 m^2	1.00 元/m^2	13.4	
6	地形图变更费	133 800.00 m^2	2.25 元/m^2	30.1	
7	新型墙体基金	133 800.00 m^2	8.00 元/m^2	107.0	
8	地名登记费	133 800.00 m^2	0.20 元/m^2	2.7	
9	公安牌号费	133 800.00 m^2	1.00 元/m^2	13.4	

（续）

	名　称	基　数		标　准		费用	小计
四	财政及事业性规费						1 413
10	房屋核价费	133 800.00 m²		1.00 元/m²		13.4	
11	散装水泥	133 800.00 m²		1.50 元/m²		20.1	
12	消防设施建设费	133 800.00 m²		2.00 元/m²		26.8	
13	防雷审查费	133 800.00 m²		1.00 元/m²		13.4	
14	施工图审查费	133 800.00 m²		2.00 元/m²		26.8	
15	房管及有关物价收费	133 800.00 m²		2.50 万元/单元		33.5	
16	垃圾收集费	20.00 单元		0.60 万元/单元		12.0	
17	污水排放	2.00 座		0.30 万元/座		0.6	
18		m²				元/m²	0.0
五	建安费用						32 574
1	高层住宅	112 386.00	m²	1 800.0	元/m²	20 229.5	
2	商铺	19 851.00	m²	1 500.0	元/m²	2 977.7	
3	公建、配电房	1 563.00	m²	1 500.0	元/m²	234.5	
4	电梯	30.00	部	40.0	万元/部	1 200.0	
5	电梯安装费	1 200.00	万元	15%	电梯费用	180.0	
6	地下建筑	31 011.60	m²	2 500.0	元/m²	7 752.9	
六	配套工程费						4 114
1	道路工程费	133 800.00 m²		10.0 元/m²		133.8	
2	绿化工程费	9 680.00 m²		200.0 元/m²		193.6	
3	给水工程费	133 800.00 m²		15.0 元/m²		200.7	
4	排水工程费	133 800.00 m²		15.0 元/m²		200.7	
5	供电工程费	133 800.00 m²		200.0 元/m²		2 676.0	
6	供气工程费	133 800.00 m²		15.0 元/m²		200.7	
7	环卫费	133 800.00 m²		3.0 元/m²		40.1	
8	照明工程费	133 800.00 m²		10.0 元/m²		133.8	
9	弱电\智能防御	133 800.00 m²		15.0 元/m²		200.7	
10	物业移交费	133 800.00 m²		10.0 元/m²		133.8	
11			万 m²		元/m²	0.0	
七	不可预见费	前一至六之和		68 308.6	3%	2 049.3	2 049
八	开发成本						70 358

（续）

	名　称	基　数		标　准		费用	小计
九	开发费用						6 600
1	销售费用	销售收入		114 210. 8	2%	2 284. 2	2 284
2	管理费用	开发成本		70 357. 8	2%	1 407. 2	1 407
3	财务费用	20 000. 00	1. 10	0. 061 5	2. 10	2 909. 0	2 909
十	总成本						76 958

2. 项目筹资计划

本项目估算投资 76 958 万元，项目资金来源为：资本金 31 000 万元，占比 40. 3%，贷款 20 000 万元，占比 26%，销售转投入 25 958 万元，占比 33. 7%。

本项目目前已投入 29 250 万元，其中土地费用 29 237 万元，设计费 13 万元。投资使用计划与资金筹措表如表 2–5 所示。

表 2–5　投资使用计划与资金筹措表　　（单位：万元）

序　号	项　　目	合　计	第 1 年	第 2 年	第 3 年	第 4 年
一	项目总投资	76 958	44 241	18 982	13 138	598
1	开发成本	70 358	43 108	16 133	11 117	0
1. 1	土地费用	29 240	29 240	0	0	0
1. 2	前期费用	967	580	290	97	0
1. 3	财政及事业性规费	1 413	1 272	141	0	0
1. 4	建安费用	32 574	11 401	13 030	8 144	0
1. 5	配套工程费	4 114	0	2 057	2 057	0
1. 6	不可预见费	2 049	615	615	820	0
2	开发费用	6 600	1 132	2 850	2 021	598
2. 1	销售费用	2 284	0	1 142	685	457
2. 2	管理费用	1 407	422	422	422	141
2. 3	财务费用	2 909	710	1 285	913	
二	资金筹措	76 958	44 241	18 982	13 138	598
1	项目资本金	31 000	30 241	759		
2	借贷资金	20 000	14 000	6 000		
	银行借款	20 000	14 000	6 000		
3	销（预）售收入转投入	25 958	0	12 223	13 138	598

（六）项目市场前景

项目位于LN市区，用地较规整。从目前情况看，建设用房地段成熟，项目周边道路均已建成城市主干道，项目交通方便。本地段房地产市场形象形成，本区域基本房地产形象为解决居住及就近、就职、方便就业的大型居住区。与同类项目比较如表2-6所示。

表2-6　同类项目比较

项目名称	阳光新城	南方公馆
开发商	阳光置业	JY房地产
位置	国道南侧	华阳路东侧
交通便捷程度	较便捷	便捷
总占地面积	85 787 m^2	57 778.2 m^2
容积率	2.27	2.8
主力户型	住宅	住宅、商业
配套设施情况	较完善	较完善
开工时间	2011年2月	2008年8月
完工时间	2013年10月	2010年6月
销（预）售时间	2011年7月	2009年8月
销（预）售均价	6 000元/m^2	6 800/m^2
销（预）售率	50%	95%
物业公司情况	开发商物管	开发商物管

本项目初步商铺销售价格在18 000元/m^2左右，高层在6 400元/m^2左右。

（七）还款来源说明

1. 利润情况分析

根据当期房地产市场宏观形势，结合LN市当地的具体情况，评估采取了较为保守的原则，对本项目财务效益进行了测算，住宅按均价6 400元/m^2、商铺按18 000元/m^2、地下车库按8万元/车位测算，本项目预计可实现销售收入约114 211万元。具体如表2-7所示。

表2-7　利润情况具体分析

建筑类型	销售面积（万m^2）	销售单价（元/m^2）	销售额小计（万元）	销售计划（万元）			
				第1年	第2年	第3年	第4年
住宅	11.238 6	6 400	71 927	0	28 771	28 771	14 385
商铺	1.985 1	18 000	35 732	0	10 720	10 720	14 293
车位	819	8	6 552	0	2 621	2 621	1 310
合计	832.223 7		114 211	0	42 111	42 111	29 989

本项目销售税费估算情况为：销售营业税为销售收入的5%，住宅土地增值税为销售收入的1%，城建维护税和教育附加费分别按销售营业税的7%和5%计算，本项目综合税率为销售收入的5.6%。测算销售本项目利润情况如表2-8所示。

表2-8　测算销售本项目利润情况

项　　目	金额（万元）
一、销售收入	114 211
二、项目总投资	76 958
三、销售税金	6 396
四、利润总额	30 857
五、所得税	8 501
六、净利润	22 356

测算本项目销售利润率为27.02%，销售净利率为19.57%；总投资利润率为40.1%，总投资净利润率为29.05%。

2. 项目现金流量和财务指标测算表

项目现金流量和财务指标测算表如表2-9所示。

表2-9　项目现金流量和财务指标测算表

序　号	项　　目	合　计	第1年	第2年	第3年	第4年
1	现金流入	114 211	0	42 111	42 111	29 989
1.1	销售收入	114 211	0	42 111	42 111	29 989
1.2	出租收入	0	0	0	0	0
1.3	自营收入	0	0	0	0	0
1.4	其他收入	0	0	0	0	0
2	现金流出	83 354	44 241	21 341	15 496	2 277
2.1	开发成本	70 358	43 108	16 133	11 117	0
2.2	运营成本	0	0	0	0	0
2.3	开发费用	6 600	1 132	2 850	2 021	598
2.3.1	销售费用	2 284	0	1 142	685	457
2.3.2	管理费用	1 407	422	422	422	141
2.3.3	财务费用	2 909	710	1 285	913	0
2.4	经营税金及附加	6 396	0	2 358	2 358	1 679
3	现金结余		-44 241	20 770	26 615	27 712
4	累计现金结余	30 857	-44 241	-23 470	3 145	30 857

（续）

序 号	项 目	合 计	第 1 年	第 2 年	第 3 年	第 4 年
5	所得税	8 501	0	0	786	7 714
6	当年净现金流量		-44 241	20 770	25 829	19 997
7	累计净现金流量	22 356	-44 241	-23 470	2 359	22 356
8	当年财务净现值		-44 241	18 545	20 591	14 234
9	累计财务净现值	9 129	-44 241	-25 695	-5 105	9 129
10	内部收益率（税后）	23. 69%				
11	静态投资回收期				2. 91	
12	动态回收期					3. 36

当行业基准内部收益率设定为 10% 时：累计净现金流量：22 356 万元；内部收益率(FIRR) = 23. 69%；财务净现值(FNPV) = 9 129 万元；静态投资回收期 = 2. 91 年；动态投资回收期 = 3. 36 年。

本项目现金流量充足，项目内部收益率 23. 69%，财务净现值大于 0，为 9 129 万元，表明项目可行。静、动态回收期分别为 2. 91 年、3. 36 年。

3. 敏感性分析表

敏感性分析表如表 2-10 所示。

表 2-10　敏感性分析表

因素变化情况	敏感性分析结果					
	税后净利润（万元）	投资净利润率	财务净现值（万元）	内部收益率	静态投资回收期	动态投资回收期
基本方案	22 356	29. 05%	9 129	23. 69%		3. 36
销售收入上升 10%	28 455	36. 97%	16 371	30. 69%	2. 70	
销售收入下降 10%	15 057	19. 56%	4 661	15. 72%	3. 24	3. 69
总投资增加 10%	16 891	19. 95%	5 412	16. 04%	3. 23	3. 67
总投资减少 10%	26 581	38. 38%	15 587	31. 95%	2. 67	

从表 2-10 可以看出，在总投资增加 10% 或销售收入减少 10% 时，本项目的各项指标仍然较好。

测算本项目贷款期内合计需偿还贷款本息 22 909 万元，其中贷款本金 20 000 万元，利息 2 909 万元。贷款期内预计可实现销售收入 84 222 万元，本项目贷款具备偿还能力。

（八）担保情况

本项目拟先由本项目用地提供抵押，在项目开发达到在建工程抵押标准时，追加本项目全部在建工程抵押。

二、风险评估

（一）申请人行业优势分析

（1）从所在地房地产市场角度分析，预计今后几年 LN 市房地产市场供求基本平衡，发展将较为平稳，房价仍有进一步上涨的趋势，大幅下跌的可能性较小，房地产市场仍有一定的发展空间。

（2）申请人有一定的开发经验，迄今开发的项目基本取得了成功，在当地房地产市场有一定的知名度和认可度。

（3）本项目合规性批复基本取得，在放款前可以落实“四证”，手续合规。

（4）财务报表显示，申请人原先建设的项目已基本收回投资，销售利润情况良好，当前没有银行贷款，便于本项目的银行信贷资金封闭运作。

（5）项目地段为市中心成熟地域，房型以为城市居民认可度较高的 130 m^2 以下房型为主，相对同性质类盘，本项目在配套设施、销售定价等方面具备一定的优势。

（6）从投融资方案角度分析，公司本项目土地款已经付清且在报表存货科目中反映，自有资金比例符合国家规定；建安成本住宅按 1 800 元/m^2、商业房按 1 500/m^2、公建和配电房按 1 500/m^2 计算，基本符合市场情况，没有高估冒算。

（7）本项目地价较低（楼板价约 2 200 元/m^2 左右），只要建安成本能够得到有效控制，盈利空间较大。销售均价按房屋 6 400 元/m^2、商铺 18 000 元/m^2、地下车库 8 万元/车位测算，跟同类型项目相比有一定价格优势。据敏感性分析，在总投资增加 10% 或销售收入减少 10% 时，本项目的各项指标仍然较好，还贷能力较强。

（二）行业风险分析

（1）本项目所在为县级市且近期房价上涨较快，如果房价回调，会给项目回款带来较大的不确定性。

（2）本项目估算销售转投入占比 33.7%，较常规比例高；对房屋去化速度提出了较高要求。

（3）申请人资质为二级，总体偏低，之前开发的项目规模普遍较小，本项目总建筑面积 16.5 万 m^2，是申请人历年房地产项目中规模最大的一个，须关注申请人的项目管理能力。

(4) 应补充说明承接本项目建设单位的资质、施工能力情况。

三、评审结论

总体而言，本项目地价较低，总投资预计 7.7 亿元，可实现销售回笼 11.42 亿元，有一定的盈利空间；所在区域为配套完善、成熟地段；户型为常见户型；预定销售价格较为合理；总体风险可控，授信申请方案可行。

第三章　钢铁行业风险研究和授信评审案例

关键词： 铁矿石、产能置换、高炉容积

第一部分　行业分析

一、综述

尽管存在一些钢铁产品的替代品，但从目前材料科学的发展状况来看，**钢铁仍然是人类社会应用最广泛的材料，没有一种材料能够全面替代钢铁。**

钢铁作为国际市场上重要的原材料供给之一，它的价格变化势必会引起与钢铁行业具有关联性的上下游产业的相应变动，钢铁行业作为一个中间行业，对于上游的原材料市场和下游的诸如建筑、汽车等用钢量巨大的行业来讲，影响也是十分深远的。从另一个角度来看，钢铁工业作为一种基础原材料工业，它的发展态势将会直接影响我国国民经济是否能够正常运行。**钢铁行业对宏观经济周期波动的灵敏性是十分强的。**在经济扩张周期内，钢铁的生产、价格及销售都会表现为快速上升；而经济处于衰退周期时，钢铁的生产、价格及销售活动又会表现为下降的趋势，因此，**钢铁行业景气波动在很大程度上反映着我国经济活动的强弱走势。**

钢材是钢锭、钢坯或钢材通过压力加工制成所需要的各种形状、尺寸和性能的材料。按照综合分类，钢材主要分为普通钢和优质钢。普通钢主

要包括碳素结构钢、低合金结构钢、特定用途的普通结构钢。优质钢主要包括：①结构钢。包括优质碳素结构钢、合金结构钢、弹簧钢、易切钢、轴承钢和特定用途优质结构钢。②工具钢。包括碳素工具钢、合金工具钢和高速工具钢。③特殊性能钢。包括不锈耐酸钢、耐热钢、电热合金钢、电工用钢和高锰耐磨钢。按照用途来分，钢材可分为钢筋、盘条、棒材、板材等，具体如表 3-1 所示。

表 3-1 主要钢材品种及其用途

钢材品种	主要用途
钢筋	土木建筑、房屋建筑
盘条	土木建筑、房屋建筑
棒材	主要用于建筑、桥梁、公路、机械加工、水利、石油等行业
热轧薄板	汽车、电气设备、车辆、农机具、容器、钢制家具
冷轧薄板	汽车、电气设备、车辆、农机具、容器、钢制家具
特厚板	锅炉、压力容器、化学反应合成塔、桥梁等
涂层板带	建筑业、造船业、车辆制造、家具和电气行业等
热轧窄钢带	冷弯型钢、焊接钢管和自行车、小五金制品
热轧薄宽钢带	汽车、电气设备、车辆、农机具、容器、钢制家具
冷轧薄宽钢带	汽车、电气设备、车辆、农机具、容器、钢制家具
中厚宽钢带	冷弯型钢、焊接钢管和自行车、小五金制品
重轨	铁路建设
轻轨	工业升降机用导轨、起重机用轨、导电轨和道岔轨
焊接钢管	输送水、气、油等，以及用于装饰及机械部件与结构件
无缝钢管	机械、锅炉、地址、石油、火炮等
电工钢板	制造各种变压器、电动机和发电机的铁心

注：建筑钢材的升级

2012 年 1 月，住房和城乡建设部、工业和信息化部联合出台《关于加快应用高强钢筋的指导意见》。《关于加快应用高强钢筋的指导意见》主要从重要性、保障措施等几个方面对加快高强钢筋的应用提出了相关指导意见。意见中要求“在建筑工程中加速淘汰 335 MPa 级钢筋，优先使用

400 MPa 级钢筋，积极推广 500 MPa 级钢筋”。根据两部门的构想，“到2013 年年底，在建筑工程中淘汰 335 MPa 级钢筋，到 2015 年年底，高强钢筋产量达到螺纹钢筋总产量的 80% 以上，使用量达到建筑用钢筋总量的65% 以上”。

屈服强度达到 400 MPa 级及以上的螺纹钢筋称为高强度钢筋。高强度钢筋相对于 335 MPa 螺纹钢，具有强度高、综合性能较好等特点，性能方面的优势十分明显。高强度钢筋用于替代 335 MPa 螺纹钢，在钢材使用程度上平均可以节约钢材使用量 12% 以上。我国城市化进程不断向前推进，基础设施及住房的建设投资不断增大，对于建筑用钢量的需求也在不断增加，资源的紧缺、环境问题加剧，以及安全标准这 3 个问题，是目前面临的亟需解决的问题，高强度钢筋正是可以解决这类问题的一个有效的方法。

在推进高强度钢筋的应用过程中，住房和城乡建设部、工业和信息化部还将协同提供相应保障措施，在行政层面、技术层面、监督管理层面 3 个方面予以支持，主要包括成立专门协调组、对相应企业提供技术支持及加强监管力度。通过两部门对高强度钢筋的支持与重视，可见未来钢铁产品升级、调整建筑业用钢结构的重要性。

二、行业产业链

钢铁行业的上游关联行业主要有采矿业、能源工业和交通运输业，所需原燃材料主要有铁矿石、煤炭、焦炭、废钢、铁合金等，配套服务包括产品运输、电力供应等。上游原材料行业对钢铁行业的影响主要表现为成本影响，原材料价格、运输价格及电力价格直接影响到钢铁产品的价格。在 3 个主要上游行业中，铁矿石是钢铁企业最重要的原料。**一般钢材的主要成本中，铁矿石约占 37%、焦炭约占 22%、电力约 7%、折旧约占 6%。**

在国际铁矿石市场上，铁矿石供应量的 70% 以上控制在巴西 CVRD（淡水河谷），澳大利亚 BHP（必和必拓）、RIOTINTO（力拓）、FMG 这 4 家铁矿石供应商的手中。**我国铁矿石对外依存度近年来超过了 70%。**

注：铁矿石定价模式

铁矿石是钢铁工业的主要原料，生产 1 t 生铁大约需要消耗 1.63 t 品位为 63.5% 的成品矿。我国铁矿石资源丰富，但以贫矿为主，需要经过选矿提高品位，再进行烧结和球团生产，才能用于高炉炼铁。随着近 10 年来钢铁产量的快速增长，我国原矿产量虽然逐年增加，但远不能满足钢铁工业的需求，所以必须大量进口来自大洋洲、巴西、印度和南非的品位高于60%的铁精粉和块矿。

国际铁矿石的价格在2011年之前主要采取协议定价模式，由市场的主要买方和卖方每年谈判达成。2010年，铁矿石长协谈判破裂，沿袭多年的年度定价方式被终止，取而代之的是和现货市场价格挂钩的季度定价的模式。季度定价机制改变了以往一年一度的铁矿石谈判模式，在定价的基础上采用指数定价。所谓指数定价就是钢厂和矿山约定以前3个月指数平均价格，确定下一季度长期合同铁矿石价格，指数由第三方咨询机构公布（目前国际上运用较多的铁矿石价格指数有TSI指数、普氏指数、金属导报MBIO指数）。季度定价机制的定价周期缩短后，价格变动显得更为灵活，而国际铁矿石市场中供应商的定价权超过需求方的定价权，铁矿石供应商在价格谈判中处于有利地位。

在铁矿石贸易的复杂的链条上存在着众多的利益相关者，包括矿山、最终用户钢铁厂、铁矿石中间贸易商、航运机构、政府和金融机构等，这些利益相关者的行为共同影响着铁矿石价格的波动。其中，铁矿石的中间贸易商为了抛售库存货物，而在短时期内的哄抬价格；大宗散货运输的运力不足或运力过剩可以导致供需关系的改变，进而影响价格；国家层面为了保持经济的高速发展，鼓励加大基础化建设等相关政策和措施的出台也刺激了用矿需求的增大，影响着价格的走向；金融机构对企业的支持可以刺激购买能力，也会使供需的天平失衡。所以，国际铁矿石的价格变化，除了矿山的垄断性的供给量决定着铁矿价格外，还有很多利益相关者也对铁矿价格产生影响：**铁矿石的价格是由众多的利益相关者在铁矿石贸易的活动中不断博弈而产生的。**

注：铁矿石竞争趋势展望

铁矿石作为一种自然资源，主要分布于澳大利亚、巴西和俄罗斯，而铁矿石需求较大的中国虽然储量较大，但品位低，开采成本高，自给率不超过30%，矿石需求大国日本和韩国的铁矿石产量更是微乎其微。巴西和澳大利亚的钢铁行业相对来说并不发达，其国内铁矿石主要用于出口。

作为全球贸易品的矿石，之所以自2014年起整体大幅下跌，主要受到其世界范围内供需关系变化的影响。

由于21世纪头十年中国需求的爆发，以淡水河谷、力拓、必和必拓和FMG为代表的铁矿石开采企业盈利可观，于是纷纷投资扩产以拓展收入来源。但2010年后全球范围内生铁产量逐步见顶，其中最主要的原因在于占据全球生铁产量一半以上、贡献全球生铁几乎全部增量的中国生铁产量见顶、增量归零。而在供给端，全球铁矿石供给步入了疯狂扩张阶段并且在需求恶化过程中滞后调整，**行业供需关系的巨变导致铁矿石价格进入下降通道。**

2013—2014 年，全球铁矿石供给端的前四大生产商总体贡献了约 6 亿 t 的产量，占比全球铁矿石供给的 50%，掌握绝对的话语权。且未来 3 年内，这 4 家公司均有明确的增产计划，届时将在供给端占更大比例。2013 年以来，国际四大铁矿石供应商开始凭借其在澳大利亚、南美多个矿山的优质铁矿资源禀赋，以及年产亿吨级的规模化效应，进行前所未有的成本削减竞赛，FOB 平均成本严格维持在 52 美元/t 之下。与之形成鲜明对比的是中国国内自产铁矿石 FOB 平均成本在 100 美元/t 以上。**相比四大铁矿石供应商所掌握的铁矿资源禀赋，以及其通过规模化效应所完成的降本幅度，国内铁矿石企业的竞争能力非常薄弱。**未来若四大铁矿石供应商持续执行"降本压价"政策，国内铁矿企业或将出现长期性利润下滑、倒挂甚至倒闭的结果。

焦炭作为钢铁生产中重要的原料之一，**1 t 钢需要约 0.45 t 焦炭**，其产量和价格对于钢铁价格也有着重要的影响。目前我国焦炭产能已经呈现过剩状态，另外许多钢铁企业存在附属焦化企业，焦炭行业整体产能过剩，钢铁企业对于焦炭的议价能力较强。

我国钢铁行业以高炉炼钢工艺为主导，原料以铁矿石为主，电炉炼钢比例较低。我国钢材保有量较低，废钢资源较少，因此废钢作为原料的钢铁产量较低。我国废钢消耗水平远低于其他国家，废钢的成本对于钢铁行业影响较小。

钢铁行业作为资源密集型产业，目前钢厂主要建立在产品需求地，原料和产品的大批量进出，对铁路、水路运输有严重的依赖性，原材料进口主要依赖于水运，国内运输则多以铁路为主，铁路运输在我国属于垄断型行业，因此运输的成本主要由运输方决定。钢铁行业也为高能耗行业，需要电力支持，电力在我国同样是垄断行业，企业为价格的接受者。**面对铁路运输和电力企业，钢铁企业议价力处于弱势。**

注：炼钢工艺简介

全球炼钢工艺大体分为长流程和短流程两类。长流程高炉—转炉炼钢以中日韩钢厂为主，短流程电炉钢以欧美、印度、东盟钢厂居多。

长流程、短流程炼钢工艺流程图如图 3-1 所示。

近年来铁矿石、焦炭价格的大幅下跌，使得长流程钢厂占据了成本优势。

钢铁下游需求行业主要包括房地产、基建、汽车、造船、家用电器、

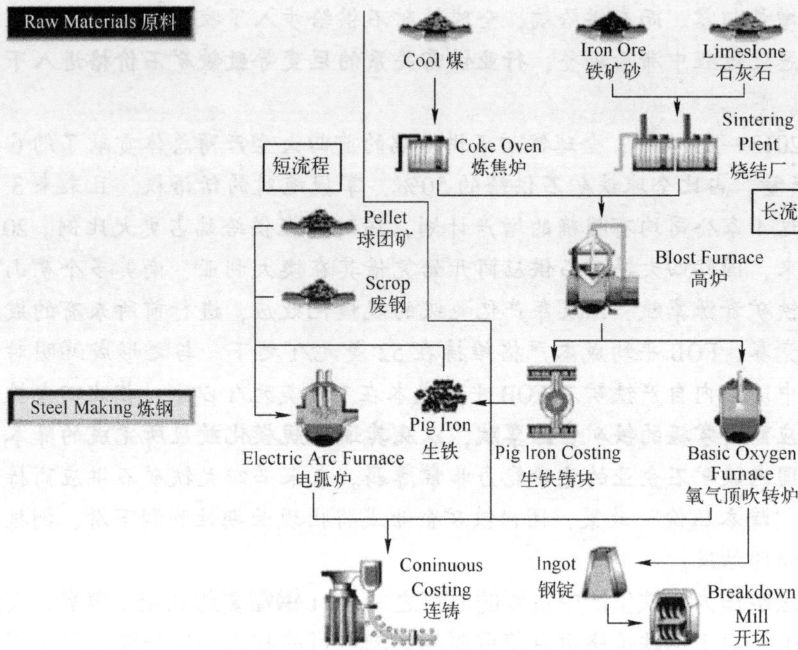

图 3-1　长流程、短流程炼钢工艺流程图

电力、煤炭、铁路等行业，需求广泛。**中国钢材产品最重要的下游行业是房地产业（约占 1/3），然后是基建、机械制造、汽车产业等。**但值得注意的是，当前房地产销售的暂时好转不代表钢材需求就会好转，因为目前房地产总体还处于去库存阶段。

此外，还有部分钢材用于出口。由于我国出口钢材有较大的价格优势，且受益于近期国外经济复苏，在需求改善的情况下，2014 年中国钢材出口总量以超过 40% 的比例大幅增加，不过占总体产量依旧有限。

三、近期热点：《钢铁行业规范条件》2015 年版解读

2015 年 5 月 19 日，工业和信息化部对《钢铁行业规范条件（2012 年修订)》（下称“2012 年版”）进行了修订，并正式发布。《钢铁行业规范条件（2015 年修订)》（下称“2015 年版“）自 2015 年 7 月 1 日起实施。

2015 年版与 2012 年版的不同主要有 3 个方面。

（1）对产品质量要求更符合实际，增加禁止不开发票等干扰经营秩序的条款。

2012 年版提出“钢铁企业产品质量须符合国家和行业有关标准，严禁

生产Ⅰ级螺纹钢筋、Ⅱ级螺纹钢筋（2013年后）”。

2015年版的表述为“钢铁企业产品须符合国家、行业、地方标准。严禁生产Ⅱ级以下螺纹钢筋（直径14 mm及以下的Ⅱ级螺纹钢除外）”。在产品标准里增加了要符合地方标准，对Ⅱ级以下螺纹钢筋的生产没有一刀切，保留了“直径14 mm及以下的Ⅱ级螺纹钢”的生产许可。同时为维护市场秩序、保障公平竞争，2015年版明确提出“严禁伪造他人厂名、厂址和商标，以次充好及伪造、不开发票销售钢材等扰乱市场秩序的行为。”

（2）不再限定企业规模，对不同类型企业工艺装备要求区别对待。

① 2015年版不再限定单个企业生产规模。

2015年版不再限定单个企业生产规模，鼓励企业保持经济规模和完整工艺流程。2012年版则要求符合条件的企业“2010年普钢企业粗钢年产量100万t及以上，特钢企业30万t及以上，且合金钢比大于60%（不含合金钢比100%的高速钢、工模具钢等专业化企业）”。

② 明确提出不得新建独立炼铁、炼钢和热轧企业。

2015年版要求“新建、改造钢铁企业应按照全流程及经济规模设计和生产，实现生产流程各工序间的合理衔接和匹配”，**“不得新建独立炼铁、炼钢、热轧企业”。**

③ 不同类型企业工业设备要求区分对待。

2015年版《规范条件》要求**“建设、改造钢铁企业高炉有效容积1 200 m^3；普钢板带材生产线转炉公称容量120 t，电炉公称容量100 t；普钢管、棒线材生产线转炉、电炉公称容量70 t”。**板材与棒线材冶炼装备不再按100 t以上转炉一概而论。

对现有设备要求与2012年版相同。2015年版对企业主体装备具体要求如表3-2所示。

表3-2　2015年版对企业主体装备具体要求

企业类型	焦炉（m）	烧结机/m^2	高炉/m^3	转炉/t	电炉/t	高合金钢电炉/t
建设、改造钢铁企业	≥6（顶装） ≥5.5（捣固）	≥180	≥1200	≥120（普钢板带材生产线） ≥70（普钢管、棒线材生产线）	≥100（普钢板带材生产线） ≥70（普钢管、棒线材生产线）	>10
现有钢铁企业	≥4.3（顶装） ≥3.8（捣固）	≥90	>400	>30	>30	>10

④ 2015 年版新增两化融合内容。

2015 年版要求“钢铁企业须配备基础自动化级（L1 级）和过程控制级（L2 级）自动化系统，有条件的企业应配备生产控制级（L3 级）和企业管理级（L4 级）自动化系统。鼓励企业集成现代通信与信息技术、计算机网络技术、行业技术和智能控制技术等两化融合技术，提高企业智能化水平”。

（3）环境保护、能源消化与资源综合利用要求提高。

① 2015 年版对环境保护要求提高。

2015 年版与新《环境保护法》及现行标准对接，提高污染物排放标准要求，其中烧结球团焙烧设备二氧化硫排放浓度由原来的 600 mg/m^3 提高到 200 mg/m^3（特殊保护措施地区为 180 mg/m^3），氮氧化物排放浓度由原来的 500 mg/m^3 提高到 300 mg/m^3。

对于污染物排放，2012 年版要求钢铁企业“达标排放”；2015 年版则要求钢铁企业“污染物排放总量不得超过环保部门核定的总量控制指标。有污染物减排任务的企业，须落实减排措施，满足减排指标”。

② 增加对新建、改造钢铁企业的能源消化要求；提高了现有钢铁企业焦化、烧结、高炉及转炉工序的能源综合利用要求。如表 3–3 所示。

表 3–3　能源消化和综合利用要求

企业类型	焦化工序/(kg/t)	烧结工序/(kg/t)	高炉工序/(kg/t)	转炉工序/(kg/t)	普通电炉工序/(kg/t)	特钢电炉工序/(kg/t)
新建、改造钢铁企业	≤122（顶装） ≤127（捣固）	≤50	≤370	≤ –25	≤90	≤159
现有钢铁企业	≤150（顶装） ≤155（捣固）	≤55	≤435 ≤485（钒钛磁铁矿）	≤ –10	≤92	≤171

③ 对钢铁企业用水及固体废弃物综合利用要求提高，鼓励采用城市中水。

2012 年版要求吨钢新水消耗不超过 4. 1 m^3，固体废弃物综合利用率不低于 94%。2015 年版要求吨钢新水消耗 3. 8 m^3，固体废弃物综合利用率为 96%。**严禁未经批准擅自开采地下水，鼓励企业采用城市中水。**鼓励企业消纳城市及其他产业可利用废弃物。

四、行业评审技术指引

(1) 企业的运营要符合国家产业政策。要审查钢企新建项目是否具备完整的批复手续，包括国家发改委对项目建设或企业成立的核准文件、国家环保部门对项目环境评价的审批手续，以及国土部门出具的符合国家土地政策的土地使用证等。企业的运作是否符合国家关于钢铁产业的调整和振兴规划，包括城市钢铁企业搬迁、重点企业布局、沿海沿江的钢铁基地建设、节能环保重点工程推进、关键项目的建设、重要产品生产、重点企业的兼并重组等。**企业应在工信部公布的“符合钢铁行业规范条件企业名单”之中。**

据最新的《钢铁行业生产经营规范条件》，新建、改造钢铁企业须制定产能置换方案，实施等量或减量置换。**所以若没有产能置换方案，钢企新建产能不能给予项目贷款的信贷支持，为其提供满足其他生产经营的非项目贷款也要十分谨慎。**

在文件方面，近期最重要的文件是工信部发布的《钢铁行业生产经营规范条件（2015 年修订)》《钢铁工业转型升级计划（2015—2025)》。此外，2011 年出台的《钢铁工业“十二五”发展规划》也有一定的参考价值。

(2) 了解钢企上下游产业链及所处的外部环境。虽然钢铁属于“两高一剩”行业，受到国家的严格调控，但各省在真正触及自身利益时，如税收和 GDP 增长等方面有时会因地制宜，按照自己区域的情况差别化地执行国家产业政策。在这种情况下，企业完全有可能在当地政府的庇护下正常生产，为地方创造税收。因此，**钢铁企业或项目的经营或建设，地方政府是否给予重视和支持是极其重要的。**

上下游产业链则主要包括原燃料供应、钢材的销售、运输物流环境等。在原燃料供应中，主要从钢铁客户获取铁矿石的渠道、外矿内矿结构比例、外矿价格及品位、自有矿山比例、海外资源投资情况、铁矿石的形状（块状铁矿石需要将其粉碎后制成球团，再入炉冶炼，中间加入了粉碎和制球团环节，增加了成本；而有些粉末矿可直接入炉，不需要制球团，成本较低）等因素评价。另外，煤炭、焦炭、炉料、石灰石、铁合金、有色金属等原料的情况也应从企业尽可能多和准确地获得，用来评价企业原燃料供应状况。

钢材的销售环节，主要通过企业产成品的流向判断。如：某钢铁企业的产成品一部分直接销售给下游的钢管企业、现金流较为雄厚的房地产龙头，一部分由钢铁贸易商预订；这样的企业在产成品销售上就比只销售给钢铁贸易商的企业具有优势。

外部运输条件方面，钢铁企业拥有良好的外部运输物流条件极其重要，从原燃料的运入，到钢材的运出，好的物流体系能为企业节省巨大的运输成本，这也与企业的建设地点和布局合理性有着较大的关系。

(3) 据《钢铁行业生产经营规范条件》，考虑到高炉容积，**一般认为钢铁联合企业产能达 300 万 t/n 及以上，钢压延加工企业及特钢生产企业产能达 50 万 t/n 及以上是现阶段银行支持的钢企的产能底线。**

在效益上，**要特别关注 2008 年金融危机以来企业的经营情况，判断该钢铁企业是否受到金融危机的严重影响，该影响是否延续至今，企业是否有较强的抗经济发展周期影响的能力。**通过近年来的财务报表，分析企业最近的生产经营情况，判断和估算企业未来的经营情况，并与前三年情况认真比较，判断该钢铁客户是否处于稳定的发展趋势中。另外，还要了解企业的产品销售状况，如钢材或钢锭的吨钢价格、原料的采购价格等。

(4) 考察企业的工艺与装备水平。据《钢铁行业生产经营规范条件》，钢铁企业的基本装备要求为：**高炉有效容积达 400 m^3 以上，转炉公称容量达 30 t 以上，电炉公称容量达 30 t 以上，烧结机使用面积达 90 m^2 以上，焦炉炭化室高度达 4.3 m 以上。**

如果是建设、改造的装备，须达到以下条件：烧结机使用面积为 180 m^2 及以上，焦炉炭化室高度为 6 m 及以上，高炉有效容积为 1200 m^3 及以上，转炉公称容量为 120 t 及以上。高炉须配套煤粉喷吹、煤气净化回收利用和余压发电装置，转炉须配套煤气净化回收利用装置，轧钢须配套废水（含酸碱废液及乳化液）处理、轧制固废回收等装置。

(5) 研究钢企产品的竞争力。从我国的钢铁行业情况来看，由于各省都有一定数量的钢铁企业，因此对于钢企来说，其产品竞争力主要体现在：**高端技术产品的国内外市场份额；中低端产品在本地区的品牌优势、在区域范围内是否有较为明显的竞争实力、形成稳定的下游供应等。**

关注钢企的产品类型是否契合下游行业用钢的升级路径。根据《钢铁工业“十二五”发展规划》的规定，下游行业主要用钢材产品升级方向为：

① 建筑业。重点发展 400 MPa 及以上高强度螺纹钢筋、抗震钢筋、高强度线材（硬线）。

② 机械行业。重点发展高强度、低合金中厚板和高强度棒材。

③ 造船业。重点发展油船用高品质耐蚀船板、大型液化天然气

（LNG）运输船用低温压力容器板和高强度船板。

④ 汽车业。重点发展 700 MPa 及以上高强度汽车大梁板，780 ~ 1 500 MPa 高强度汽车板，高强、超高强帘线钢等产品。

⑤ 家电业。重点发展高强度、薄规格家电钢板，提高板材表面质量、平整度，推广使用钝化或耐指纹膜处理的镀铝锌钢板、热镀锌无铬钝化板、无铬彩涂板、电工钢环保涂层板等绿色环保用材。

⑥ 电力业。重点发展超临界、超超临界火电机组用大口径耐热、耐高压管，核电机组用高性能铁素体和奥氏体不锈钢、锰镍钼类合金钢管，低铁损、高磁感硅钢，非晶带材。

（6）环保与资源综合利用指标必须合格。按照《钢铁行业生产经营规范条件》的规定，钢铁企业吨钢污水排放量不超过 2.0 m^3，吨钢烟粉尘排放量不超过 1.0 kg，吨钢二氧化硫排放量不超过 1.8 kg。钢铁企业应持证排污、达标排放，两年内未发生重大环境污染事故。

钢铁企业主要生产工序能源消耗指标：焦化工序能耗（标准煤）≤155 kg/t、烧结工序能耗≤55 kg/t、高炉工序能耗≤435 kg/t、转炉工序能耗≤ -10 kg/t、普钢电炉工序能耗≤92 kg/t、特钢电炉工序能耗≤171 kg/t。吨钢新水消耗不超过 3.8 t。高炉渣综合利用率不低于 96%，严禁未经批准擅自开采地下水，鼓励企业采用城市中水。

注：民营钢企优势分析

目前在国内，国有钢企仍占主导地位。数量较少的国有钢企占据了大部分钢铁市场，在资产总量、吸收就业人数、税收、粗钢产量等方面的贡献均远大于民营钢企，但民营钢企近年来迅猛发展，且其数量占比呈上升趋势。

扣除地租、融资和税收优惠，国有钢企的盈利能力其实远低于民企。在生产经营过程中，在土地使用、融资信贷、政府补贴等方面，国有钢企往往更多地享受到国家的政策优惠，因此国有钢铁企业的名义效益与真实效益存在一定的差距。决定民营钢企经营效益的关键因素是成本控制能力与管理制度。

国有钢企的成本控制能力不及民营钢企。首先，国有钢企原料采购等环节的成本难以有效控制。有政府背景的国有钢企往往更倾向于向同是国企的上游企业采购原料，而民营钢企在原料采购的过程则倾向于选择性价比高的企业；包装、运输等成本费用方面亦然。因此，比起国有钢企，民企在原料采购、运输、包装等方面往往更为灵活，更市场化。铁矿石进口价格长协制度被短期合约制度代替后，国有企业基本丧失了对民营企业的原料成本优势。其次，国有钢企需更多地承担就业与养老等社会责任。政府需要解决社会就业问题，往往更倾向于将就业压力转移给国企。在政府的压力下，国有钢企难以按自身的需要招收适合的员工，也难以按照自身的需要裁减不合适的员工，这除了加重人力资源成本，还使得国有企业管理经营效率变低。

国有钢企人事任免、考核激励机制等管理制度不及民营钢企，具有行政色彩的国企高管任免与激励机制难以市场化。一般来说，企业按照市场化原则去选择高管及设定其薪酬。在选择高管的过程中，应该通过市场化的竞争去竞聘高管的职位，经营效益低下的高管应接受降职甚至解雇；同时，高管的薪酬应该与公司的利润成正相关，公司净利润越高，高管薪酬越高；这在国企体系中实现难度很大。而在考核上，国企多以名义利润作为考核指标，而不是其真实的盈利能力，因此奖惩措施也难以起到如民企一样理想的激励效果。

但国有钢企彻底民营化可能性很低。阻力来自于政府、钢企和民间资本。从政府角度看，目前的钢铁行业解决了大量的工人就业问题，国有钢企民营化意味着政府将失去对钢企的实际控制权，政府同时需要承担民营化后的钢企可能大量裁员所带来的失业风险。对于国有钢企本身，彻底民营化也意味着失去政府的保护伞。政府补贴大幅减少、融资成本大幅提高，同时地租等优惠亦将消失。这将给钢企本身的盈利带来较大的额外压力。最后，目前钢铁行业处于产能过剩的困境中，下游需求低迷，盈利能力差。国有钢企的赚钱效应、成长性、资产结构等方面表现均不如其他行业，对民间资本缺乏吸引力。

五、行业前瞻

过去5年是中国钢铁行业走向全面衰退的5年。钢价自2011年年初创下新高后，一路下跌，2015年只有高点时的35%。根据中联钢的统计数据，全国有效粗钢产能增速在过去几年中不断下滑，2014年已经降至1.4%；而统计局公布的钢铁行业固定资产投资额不断负增长的事实也说明，当前我国钢铁行业供给增长已基本停滞。考察钢铁行业的下游，房地产行业尽管随着地产政策的放松近期地产成交量开始出现企稳迹象，但此轮地产政策放松托底意味强烈，地产成交难以出现趋势性回升；汽车、机械、家电等众多昔日相对坚挺的下游领域产量增速均出现了明显的下行；甚至一些领域出现了多年以来的首次负增长。少有的亮点是中国政府在基建上的投入力度正在加大。此外，国家的大战略——“一带一路”已完成顶层设计，未来基建投资对稳增长的贡献将持续显现。近期银行对钢铁行业的总体态度不可能大幅转热，从原料端来看，从2014年开始，国外大型矿山产能大幅释放（增加接近20%），而且至2016年仍有大量新增，加上中国需求增速大幅下降，导致进口铁矿石价格暴跌，但预计进一步的下跌空间已经有限，**铁矿石整体原材料供应由基本的供需平衡进入了低成本矿供给占优势的局面。**

在钢铁细分产品中，在管材方面，因油气管道建设需求旺盛，处于较为景气的周期。由于国家已经明确核电、军工高端材料作为重点目标，军工特钢、高温合金供不应求，特钢仍将获得政策倾斜和资源倾斜。热轧薄板材产能调整比较充分。2009年，4万亿元投资后，由于房地产行业、基建行业的拉动，螺纹钢等的盈利远远高于板材类产品，对市场反应灵动的民营钢铁企业新上马的大部分生产线均为建筑钢材，而国有企业扩能需要得到发改委批文审批，遏制了大部分国企的投资冲动。而近年来新的薄板生产线只有湛江和防城港两个项目，且投产尚需一段时间。因此板材市场的产能消化已经经过了4年时间，板材行情已经逐步显示曙光。

随着2014年APEC会议的召开与400亿美元丝路基金的成立，以及“一带一路”战略的实施，再加上高铁、核电逐步打开国外市场，这些优势项目可潜在输出大量钢铁产能，解决需求不足的问题，但同时存在政治风险（如2015年墨西哥高铁项目被墨国政府搁置）和贸易摩擦风险。

总体而言，**钢铁行业目前产能过剩依旧严重，加之下游还没有出现能够替代房地产业大幅拉动需求的行业，因此总体将保持低位运行状态。**而一些细分产品有望获益海外或国内新增需求，行业的结构调整有望提速。

第二部分　案例分析

一、授信申报情况

授信申报日：2014年5月

申请人：SH钢铁股份有限公司

申请事由：流动资金贷款

授信申请方案：流动资金贷款4 000万元整，期限1年

（一）申请人基本情况

SH 钢铁股份有限公司于 2009 年正式投入运营，为民营钢铁企业，实收资本 2.2 亿元，自然人控股，实际控制人有多年的行业生产与管理经验。

企业位于淮海经济区，所在地域拥有上千年钢铁冶炼历史，周边地区拥有较为丰富的铁矿石、焦炭资源，为钢铁的冶炼和生产提供了较充足的原、辅材料。在交通方面，依托多条高速公路和京杭水运码头，水、陆交通便捷。

申请人内部设立炼铁、炼钢等 6 个生产车间，管理部门设立供应部、销售部、财务部、生产技术部、安全环保部、人力资源部、综合管理部等。现有员工 2 000 余人，内有中级职称的工程师约 60 人，聘有高级工程师约 20 人。

申请人厂区占地面积 700 亩（1 亩 = 667 m^2），主要经营项目为钢铁冶炼、铸造生铁、连铸坯轧制、圆盘条、棒材、螺纹钢、带钢生产销售等。具有年产生铁 150 万 t、钢坯产量 200 万 t、螺纹钢及普高线等产量 190 万 t 的生产能力。主要设备有 2×90 m^2 步进式烧结设备、550 m^3 和 450 m^3 的炼铁高炉和喷煤及制氧等配套设施、2×60 t 的转炉及 10 机 10 流的连铸机和配套设施，以及 520 的轧钢生产线，厂内建有 11 万 V 变电站。申请人取得了工业产品生产许可证（涉及项目：钢筋混凝土用热轧钢筋），进入了国家工信部准入的钢铁行业名单，已通过项目环保验收、安全生产验收，取得了排放污染物许可证。公司于 2010 年通过了 GB/T19001—2008idt ISO9001：2008 质量管理体系及 GB/T24001—2004idt ISO14001：2004 环境管理体系的认证。

（二）申请人上下游情况

在申请人原料中，铁矿石约有 70% 依赖进口，主要来源国家有巴西、澳大利亚、印度，进口矿石以粗粉、精粉为主，块矿比例不超过 20%；剩余在国内周边地区采购。主导产品螺纹钢质量达到国家 3 级钢标准（400 MPa），年产达到 190 万 t。

产品主要销往 250 km 范围内的各大钢材市场，目前在苏、鲁、豫、皖 4 省设立了 13 个经销点。所在地区有不少焦化生产企业，为冶炼生产的焦炭辅料供应和企业生产奠定了良好基础。

公司主要选定在各地钢材市场有实力、信誉好、产品拓展能力较强的商户作为代理人，通过多年的运作，效果良好，产品在附近市场有一定的影响力。在货款结算上基本是现款和部分的承兑汇票，在定价上采取随行就市的方式，每月按销量返利。

当地政府为引进内资，改善投资环境，专门申请并获批建设 22 万 V 变电站，专线架设到公司厂区，又投入了一定的资金重修国道通往厂区的道路，且承诺会按最优惠引资条件给予税收政策的倾斜。

（三）财务简表和财务指标说明

近 3 年及近期财务数据简表如表 3-4 所示。

表 3-4 近 3 年及近期财务数据简表 （万元）

项　　目	2011 年	2012 年	2013 年	2014 年 4 月
总资产	216 028	247 876	213 358	212 376
流动资产	127 399	163 833	115 814	125 696
其中：货币资金	28 929	41 798	21 016	15 579
应收账款	2 490	—	—	—
其他应收款	1 176	4 873	3 816	3 866
存货	30 898	63 116	57 877	49 541
预付账款	63 346	53 826	33 094	51 479
长期投资	7 500	—	—	—
固定资产净值	39 563	41 870	42 241	80 799
在建工程	38 643	39 230	50 110	728
负债总额	86 394	97 505	47 028	42 428
流动负债	86 394	97 505	47 028	42 428
其中：短期借款	27 000	44 100	19 400	18 400
应付票据	37 399	39 000	23 800	15 800
应付账款	6 438	830	—	—
预收账款	18 932	9 936	8 869	8 677
长期借款	—	—	—	—
所有者权益	129 634	150 371	166 330	169 947
其中：实收资本	21 888	21 888	21 888	21 888
营业收入	869 134	740 260	642 134	199 846
销售成本	833 152	711 186	623 342	194 163
财务费用	3 073	5 690	5 572	2 349
营业利润	33 931	22 545	12 597	3 459
投资收益	—	—	—	—
利润总额	34 002	27 650	17 487	3 617

（续）

项　　目	2011 年	2012 年	2013 年	2014 年 4 月
净利润	27 039	20 737	15 959	3 617
经营活动现金流入量	986 793	881 049	763 808	—
经营活动现金净流量	9 256	-4 072	28 277	—
投资活动现金净流量	-22 390	-159	-18 787	—
筹资活动现金净流量	13 191	17 100	-30 272	—

1. 财务报表重点科目明细说明

（1）货币资金：大部分是在银行签发银票的保证金。由于银票到期，保证金数额减少，导致当期货币资金减少。

（2）预付账款：申请人付款大都采用预付的结算方式，预付账款科目主要核算其预付货款、设备款、电费、原材料款等。

（3）其他应收款：截至 2013 年年末，公司其他应收款为 3 816 万元，2014 年 4 月末，公司其他应收款为 3 866 万元，较年初增加 50 万元。主要为土地补偿款、预缴土地款及当地财政局欠款。

（4）存货：存货构成主要是原材料、自制半成品和产成品。2013 年末，其所占比例分别为 50%、12% 和 38%；2014 年 4 月的数字与之基本相同。

（5）固定资产和在建工程：2014 年 4 月，企业固定资产净值增加，在建工程减少，主要为环保设施的改造项目完成后从在建工程转入固定资产。除此之外，公司目前无大型在建项目。

（6）短期借款和应付票据：2014 年 4 月，公司短期借款和应付票据均较年初减少。2013 年以来受整体经济环境影响，钢铁行业运行较为艰难，银行对相关钢铁企业提高了融资门槛；同时该公司根据自身融资需求减少贷款以优化其资产负债结构，降低其资产负债率及融资成本。

（7）预收账款：公司应收账款科目为零，应收款项全部在预收账款科目内进行核算。

（8）收入和利润情况：由于当地周边企业停产或工艺转型，2013 年比 2012 年外购的生铁及铁水采购不足，导致钢坯工序产能释放不足，从而导致产量下降 5 万 t，同时钢材产品价格持续下降，使企业销售收入降低。但因为原材料焦炭价格下跌，减轻了钢企的生产成本，公司依旧保持盈利。

（9）由于进行固定资产投入和银行压缩贷款，公司 2013 年现金净流入为负值。

2. 基本财务指标情况

基本财务指标情况如表 3-5 所示。

表 3-5 基本财务指标情况

项 目 名 称	2011 年	2012 年	2013 年
资产负债率（%）	39.99	39.34	22.04
流动比率（%）	147.46	168.03	246.27
总资产周转率	4.40	3.19	2.78
销售净利率（%）	3.11	2.80	2.49

由于钢材价格下降明显，企业销售净利率降低明显，但长短期负债情况保持较好水平。

（四）申请用途和还款来源

申请人申请流动资金贷款 4 000 万元整，期限 1 年，用于流动资金周转，采购原材料。以销售回笼资金还贷。

（五）担保状况

担保采用钢材质押模式。

二、风险评估

（一）申请人行业优势分析

(1) 申请人进入了国家工信部准入的钢铁行业名单，已通过环保验收、安全生产验收；取得了排放污染物许可证，比较重视环保投入。

(2) 申请人所在地域交通便利，拥有水运优势，物流成本低；附近矿石资源和焦炭资源多，且近期原材料铁矿石和焦炭价格下降明显，有利于申请人控制产品成本。从现场调查看，公司管理比较严格，企业人工成本低于国企，注重节约、杜绝浪费，严防跑冒滴漏。

(3) 企业解决了近 2 000 人的就业，对当地的社会、经济稳定做出了很大的贡献，在电力、税收方面得到了地方政府的全力支持，环保限电等政策对其影响不大。

(4) 产品符合国家标准，且下游渠道较为通畅，通过多年的运作，产品在附近地区有一定的影响力。

（二）项目风险分析

(1) 申请人的技术装备水平一般，主要装置为 550 m^3 和 450 m^3 的炼铁高炉，已处于被淘汰的边缘；一些关键性技术参数材料里没有提供，应予以补充；整体产能偏小。

(2) 申请人主要产品为螺纹钢，缺乏技术含量，产品价格走势和房地产行业景气度关联显著；未来盈利能力继续下行的可能性很大。

(3) 企业下游客户主要是钢贸企业，没有和大型房地产企业、建筑企业建立合作关系，销售渠道偏窄。

(4) 从产能和销售收入角度分析，公司近年产能利用率下降（550 m^3 的高炉一年满产预计 176 万 t 的生铁产量，400 m^3 满负荷年产在 54 万 t 左右)，显然受到螺纹钢整体产能过剩的影响。

(5) 从财务报表上看，申请人现金流情况不稳定，货币资金余额下降明显，2012 年经营活动现金净流量为负值，营运资金趋紧；其他银行已有抽贷现象。

(6) 钢材质押模式的实际可操作性偏低，如果确实出险，银行主张债权时往往会碰到各种问题，保障性偏低。

三、评审结论

申请人是典型的受地方政府支持的民营中小钢企。对当地政府而言，企业的存在缓解了就业压力，并带来了不少利税收入，因此给予较大的扶持力度。但申请人自身技术装备水平较低，规模偏小，除在周边地区外，产品销售较难打开局面；从整体上看缺乏竞争力，而且后续很可能面临环保压力等多方面的问题；金融机构如介入需十分审慎。

第四章　工程机械行业风险研究和授信评审案例

关键词：集群性、产品类型、销售模式

第一部分　行业分析

一、综述

工程机械是指在土方工程、石方工程、交通建设工程、水电建设工程、矿山建设、流动式起重装卸作业、建筑工程中，进行综合机械施工，以及与上述工程相关的工业生产中所必需的作业设备的总称，是机械工业的一个重要组成部分。随着中国大规模基础设施建设和城镇化的进行，中国工程机械产业得到了迅猛的发展。**2012年的世界工程机械制造业销售额中，中国超过德国，位居全球第一。**在市场份额稳步提升的同时，我国工程机械产业的技术水平、质量稳定性、品牌知名度也得到了较大提升，涌现出一大批优秀的企业，如徐工集团、中联重科、三一重工等，不仅在国内市场上拥有较高的市场占有率，甚至在发达国家也拥有了一席之地。虽然我国工程机械产业取得了可喜的成绩，不过也面临着海外市场竞争激烈、国内市场基本饱和的问题。

工程机械产业周期性非常明显，GDP和固定资产投资的增长速度对其影响非常巨大，直接影响工程机械的需求量。据我国近年经济数据分析，GDP每增加1%，工程机械销售收入将会增加约0.7个百分点。而固定资产投资对销售收入的影响更加明显，固定资产投资每增加1个百分点，工

程机械的销售收入大约会增加 0.96 个百分点。人民币汇率的变化也是一个重要的系统性因素，汇率的变化将会直接影响我国工程机械产品出口价格的高低和企业的出口利润。

工程机械产业也是一个具有规模优势的产业。首先，工程机械产业需要大量的厂房和设备等固定资产，当产量达到一定程度之后，可以摊薄研发费用和固定成本。其次，每当产业应用新技术时，都需要进行大量的投资。因此，规模偏小将会限制其现阶段的竞争力和未来的发展潜力。

工程机械产业需要有完善的产业链配套，工程机械企业相互之间的竞争可以促进技术水平和管理水平的提高。因此，**产业集群效应对于提升工程机械产业竞争力具有重要的作用。**经过了多年的发展，中国工程机械产业形成了徐州（以徐工集团为龙头）、常州（以常林股份为代表）、长沙（以三一重工和中联重科为代表）、济宁（以山推和小松为龙头）、厦门（以厦工、龙工和晋工为龙头）和柳州（围绕柳工）为代表的六大集群，形成了以整机厂商为龙头带动产业链上下游企业发展的格局，绝大多数零部件已能在本地生产。

二、产品分类和产业链

就我国的工程机械而言，主要包括挖掘机械、装载机、工程起重机械、铲土运输机械、钢筋及预应力机械、凿岩机械、工程钻探及掘进机、城市公用设施机械、气动工具、机动工业车辆、电梯及扶梯、其他工程机械、工程机械零部件等类别。其中，**在一般的施工作业中使用最多的是挖掘机械、装载机械和起重机械。**如表 4-1 所示。

表 4-1　工程机械行业产品分类

主要大类		细分品种
1	挖掘机械	单斗挖掘机、多斗挖掘机、多斗挖沟机、滚动挖掘机、铣切挖掘机、隧洞掘进机（包括盾构机械）
2	铲土运输机械	推土机、铲运机、装载机、平地机和自卸车
3	起重机械	塔式起重机、自行式起重机、桅杆起重机、抓斗起重机
4	压实机械	轮胎压路机、光面轮压路机、单足式压路机、振动压路机、夯实机、捣固机
5	桩工机械	旋挖钻机、工程钻机、打桩机、压桩机
6	钢筋混凝土机械	混凝土搅拌机、混凝土搅拌站、混凝土搅拌楼、混凝土输送泵、混凝土搅拌输送车、混凝土喷射机、混凝土振动器

（续）

	主要大类	细分品种
7	路面机械	平整机、道碴清筛机
8	凿岩机械	凿岩台车、风动凿岩机、电动凿岩机、内燃凿岩机和潜孔凿岩机
9	其他工程机械	架桥机、气动工具（风动工具）等

注：我国工程机械重点企业和重点产品

徐工集团是集筑路机械、铲运机械、路面机械等工程机械的开发、制造与销售于一体的专业公司，产品有4大类、7个系列、近100个品种。公司大力发展外向型经济，实施以产品出口为支撑的国际化战略，工程机械产品远销欧美、日韩、东南亚、非洲等国际市场。公司是中国起重机行业龙头，汽车起重机市场份额超过50%。近年来公司在稳定汽车起重机、大吨位压路机市场份额的基础上，努力扩大混凝土机械和装载机产品市场份额。

中联重科是中国工程机械行业龙头之一，具有深厚的产品研发能力，产业链逐步完善，是近年全球增长最为迅速的工程机械企业。公司生产具有完全自主知识产权的13大类别、86个产品系列、近800多个品种的主导产品，为全球产品链最齐备的工程机械企业。公司的两大业务板块混凝土机械和起重机械收入均位居全球前两位。

三一重工的混凝土机械及挖掘机均为国内行业第一，公司是全球最大的混凝土机械制造商。公司主要经营混凝土机械、路面机械、起重机械、挖掘机械、桩工机械及相关配件的生产销售。其中混凝土机械、挖掘机械、桩工机械、履带起重机械为国内第一品牌，混凝土泵车全面取代进口，国内市场占有率达50%以上，为国内首位，且连续多年产销量居全球第一。

柳工主导产品为土石方机械，包括装载机、液压挖掘机、压路机，以及路面机械产品如沥青摊铺机和平地机。公司具有年产超过20 000台各类工程机械整机的制造能力，有近10种型号的产品荣获机械部和国家级多项奖励和荣誉称号。它是土石方机械行业的龙头之一，装载机销量市场份额仅次于临工，为全行业第二。公司与康明斯合作生产的发动机已逐步量产，随着零部件配套的完善，公司竞争力将增强，海外销售占比还有提升空间。

工程机械销售主要取决于下游地产和基建开工的活跃程度，此外还包括部分出口需求，存在明显的季节性。每年的3—6月是销售旺季，主要原因在于施工方会在此时进行集中采购；到10月又会因为下一年的储备需要而出现一个小旺季。

当前工程机械的销售模式中，融资租赁较为常见。下游建筑施工单位在接工程任务时，一般需要接受客户的资质考察，要求其拥有特定的机械设备，而建筑工程机械产品又相对昂贵，因此，工程机械生产商往往成立专门的租赁公司，把产品销售给租赁公司，然后通过租赁公司，把产品租赁给下游建筑施工单位。一种情况是下游建筑施工单位付租金，然后租赁过一定的时段，就可以取得这个机械的所有权；另一种情况是下游建筑单位直接购买产品，然后租赁公司承诺在一定时间后回购这些特定的产品。卡特彼勒全球销售额的60%以上是通过融资租赁实现的。国内主流厂商也都拥有自己的融资租赁部门，并积极运用融资租赁的销售模式。如图4-1所示。

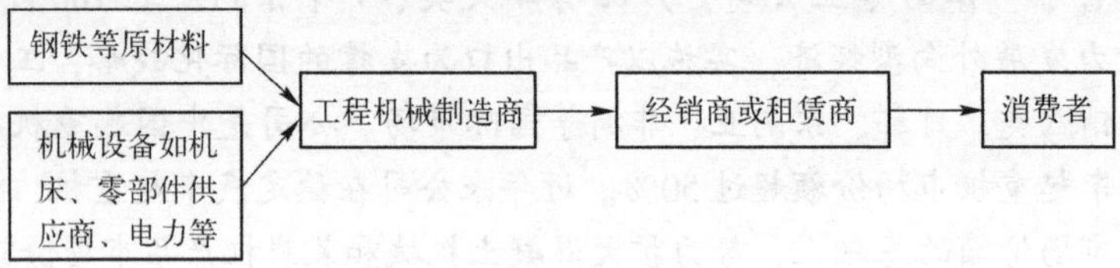

图4-1　工程机械产业链

三、成本构成和竞争格局

在成本方面，工程机械直接用钢成本占总成本超过20%，若加上外购零部件的间接用钢，则占比更高。由于工程机械行业呈典型的寡头垄断格局，因此具备一定的成本转嫁能力。所以，**钢材价格波动对工程机械行业利润率影响不大**，这是工程机械行业与其他中游行业的明显区别。

对生产商来说，核心零部件的生产能力是核心竞争力的体现。工程机械的核心配件主要包括：液压件、传动系统、发动机、液压缸等。**其中液压件和发动机是工程机械成本构成中最大的两项，不同机种该两项占成本比例为30%～50%。**国产的发动机功率等级大量集中于中小型，缺乏适合工程机械用的大功率发动机，对进口的依赖较为严重；挖掘机配套的液压缸大部需要依靠进口；大型设备配套的传动系统国内基本空白，也需要通过进口填补。

目前中国工程机械基础零部件生产企业以中小企业为主，研发力量薄弱，大部分产品技术含量低，精度不够，密封性能不足，铸造技术水平不够，部分特殊钢材产品尚无法生产，零部件配套生产难以满足整机制造的质量要求。高端发动机、液压元件、电控系统等关键配套件目前主要依靠进口，在全球零部件供应紧张时，国内企业必须面对接受提价或增加存货等不利局面，加大了企业的库存压力和资金压力。如图4-2所示。

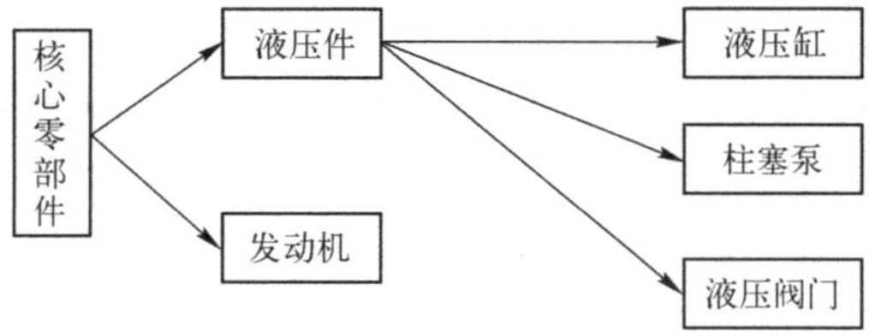

图4-2　核心零部件

注：工程机械行业全球竞争格局

全球工程机械制造主要集中在美国、日本、中国和欧洲，4个地区产量占全球80%以上的份额。从全球销量来看，美国、日本、中国、西欧市场占有率之和达到70%左右。目前，中国工程机械行业已形成了国有、外资、民企三足鼎立的格局。以徐工、中联重科、柳工、厦工为代表的国有企业，拥有行业经验丰富、产品群多元化和主导产品市场占有率高等优势；以美国卡特彼勒、日本小松、瑞典沃尔沃、韩国斗山、德国利勃海尔等为代表的外资企业凭借资金、技术、品牌等优势，在中国工程机械高端产品市场上占据主导地位；以三一重工、龙工控股为代表的民营企业，依靠产权清晰、机制灵活和特有的管理模式成为了行业的新生力量，市场竞争力逐渐提高。相反，一大批规模较小、技术薄弱的企业则面临被淘汰的危险。

2014年8月，《中国工程机械》杂志制作的"2014全球工程机械制造商50强排行榜"正式发布（前10强如表4-2所示）。来自中国、日本、美国、德国、瑞典、法国、韩国、芬兰、英国、意大利、奥地利、瑞士、南非、加拿大、印度的企业入榜，其中中国企业11家（包括徐工集团、中联重科、三一重工、柳工集团、龙工、山推股份、厦工机械、国机重工、福田雷沃重工、北方股份、山河智能），入榜企业数量与日本并列第一。

2013年，全球工程机械行业规模继续收缩，工程机械制造商50强2013年总销售额为1 786.31亿美元，明显低于2011年、2012年的水平，较2012年下滑10.57%；营业利润为144.89亿美元，仅相当于2010年的水平。与全球其他地区相比，中国工程机械行业运行波动幅度更大，在11家入围的企业中，有6家企业销售额较上年相比实现增长，只有4家企业营业利润提升。

从国内工程机械行业集中度看，国内工程机械行业生产厂家较多，行业竞争较为激烈，但市场份额有向优势企业集中的趋势。据中国工程机械工业协会统计，中国工程机械制造商20强销售额占行业总产值的50%以上。工程机械行业"十二五"规划提出将鼓励行业重组并购，到"十二五”末，中国工程机械百强企业的销售规模要达到全行业的85%以上。未来，随着行业内较大规模企业产品结构的扩充及国外企业的投入加大，行业集中度有望提高。

表 4-2　2014 年全球工程机械制造商前 10 强

排　名	企　业	国　别	销售额/亿美元
1	卡特彼勒	美国	317.15
2	小松	日本	166.21
3	沃尔沃	瑞典	83.12
4	利勃海尔	德国	77.57
5	徐工	中国	77.06
6	日立建机	日本	76.27
7	特雷克斯	美国	70.84
8	阿特拉斯	瑞典	64.19
9	中联重科	中国	63.66
10	三一重工	中国	61.66

四、行业政策

近年来我国出台了很多对工程机械产业发展具有重要推动意义的政策。其中，《装备制造业调整与振兴规划》在未来几年，依然会发挥对工程机械产业的支持作用。同时，国家还相继出台了《国家支持发展的重大技术装备和产品目录（2010 年修订）》《机械关键基础件产业振兴规划》等政策措施，都有对工程机械产业扶持的内容。如表 4-3 所示。

表 4-3　行业政策及具体内容

政策名称	主要政策内容
《装备制造业调整和振兴规划》	重点支持大型隧道全断面掘进机、大履带吊和全路面起重机、架桥机、沥青混凝土搅拌和再生成套设备等大型、新兴施工机械
《关于调整重大技术装备进口税收政策暂行规定有关清单的通知》	对部分大型施工机械和基础设施专用设备整机、部分零部件、原材料免征关税和进口环节增值税
《国务院发布关于促进企业兼并重组的意见》	支持机械制造企业兼并重组
《机械基础零部件产业振兴实施方案》	加快对工程机械行业高压柱塞泵/马达、高压液压阀、液力变矩器、动力换档变速箱等关键基础件的研发

五、近期热点：工程机械行业的新型销售模式

工程机械企业传统上采用整机销售、配件供应及售后服务来获得稳定的利润和现金流。但从2010年起，随着行业充分竞争、市场透明度增强、特别是外部竞争开始渗透时，工程机械企业努力将销售业务进行更大范围的市场渗透，这就涉及新型销售方式的使用，比如大量使用以融资租赁、按揭销售为代表的信用销售方式。

1. 融资租赁销售模式

工程机械的融资租赁业务一般涉及三方当事人：出租人（专业租赁公司或销售代理公司）、承租人（终端用户）、供货方（制造商）。按标准流程，承租人通过首付阶段提交一定比例的保证金（通常是20%～30%），并依据合同分期缴纳租金来获得租赁设备的长期使用权，制造商通过出售给融资租赁公司完成了产品的销售，融资租赁公司从承租人支付的长期租金中获取收益，代理商一方面得到承租人的担保费和融资租赁公司的代理费，另一方面也通过二手交易市场为设备寻求退出机制。

目前在我国的工程机械行业，由制造商控股运作的融资租赁公司占据了市场的大多数份额。因此站在企业整体的角度看，从生产者到融资租赁公司的销售过程，其实只是产品在企业内部的流转，而并没有产生实际的利润；同样，工程机械产品相关的主要风险与报酬也并未随着生产者向出租人移交而发生实质性的转移，而是继续留在企业内部。可以说销售行为在这一环节没有真正结束，与商品相关的风险没有在租赁开始初期完全移转给购买者。

2. 按揭销售模式

工程机械行业的按揭销售与我们熟悉的房地产按揭销售相似。一般情况下，先由购买者和代理商签订工程机械买卖合同，购买者预先支付首付款（比例在20%～30%）后，向银行申请贷款，贷款额为购买价款扣除首付款后的余额。银行会要求贷款人承诺将其购置的工程机械产品作为该笔贷款的担保，并在交付购置发票等证件后办理抵押登记。银行在办理抵押登记后发放贷款，贷款首先被划转至贷款人账户，再依据贷款人出具的授权委托书将贷款转账至制造商（销售方）或代理商的账户。购买者依据与银行签订的还款协定向银行分期偿还贷款。如果购买者在偿还期间内经济状况恶化，未能及时足额偿付贷款本息，银行首先会从出售者预交的回购保证金中扣除，待保证金扣完后，若买者依然无法偿付本息，银行就会依照合同约定，要求设备出卖方偿付银行贷款。银行会积极配合出卖方将抵

押的工程机械产品收回或变卖，减少出卖方损失。

总体看来，在工程机械的按揭销售中，一般也涉及三方：销售者（生产商）、购买者（贷款人）和银行。销售者和购买者之间是买卖合同关系，购买者和银行之间是贷款借款合同关系，销售者和银行之间有承诺回购和担保关系，其标的物工程机械产品上还设有抵押担保物权。

在整个业务链条中，银行的利益保障相对较为充分。正常情形下，银行能够按期收到贷款人归还的本息。如果出现贷款人不能偿付的情形，银行首先拥有从保证金中扣款的第一层保障，其次还有要求销售方回购设备的权利，回购发生得越早，银行收回本息的时间越短，反而能提前收回价款。购买者不用全额支付价款就能获得设备的使用权，利用设备获取收益，也是有利可图的。比较而言，销售方的利益最难保障。如果对按揭销售条款和规模的处理和利用得当，销售方可获得利润，反之就会遭遇损失，其损失程度取决于购买者无法继续偿付的价款和抵押设备可变现净值的双重影响。三一重工、中联重科、徐工、柳工都设立了自己的租赁公司，这些公司成立的目的之一就是为了处理自己的不良回购设备。但与房地产不同，工程机械的按揭销售产品属于“动产”，可以随着购买者转移。当下游需求疲软、经济紧缩时，客户无法按月如期偿付本息，甚至带着设备迁离，导致银行无法收回抵押物，这种事情已屡有发生，但理论上可以往销售企业转嫁损失。

总体而言，新的销售模式保障了生产商的收入规模，但也导致了从2010年起工程机械企业财务报表中各类应收款项高企、现金流和收入不匹配的现象。

六、行业评审技术指引

(1) 关注国家对基建的投入、房地产政策和市场景气度。对工程机械产业发展影响最大的，要数国家对固定资产的投入，无论是保障房、交通工程还是其他基础设施方面的建设，都与工程机械市场的需求息息相关。房地产业是影响工程机械产业最重要的市场之一，工程机械行业中相当一部分产品需求与房地产投资紧密相关，**例如，混凝土机械的总需求中约有50%、球磨机的需求中约有20%以上来自于房地产市场。**

(2) 评估区域风险。**工程机械产业有较强的集群性。**而一个地区一旦形成产业集群，就会具备多方面的优势，不仅会得到地方政府的政策支持，而且集群的产业链布局，也能方便整机企业采购原材料，降低物流成本。所以，在上文所述产业集群区内的工程机械企业较之其他地域的同类企业具备一定优势。

(3) 客户选择。**工程机械产业是一个存在规模效益的产业，是一个典型的资本密集型产业，需要大量的固定资产和研发投入。**而资金和劳动力的增加有助于摊薄这些固定成本，增强企业产品的价格竞争力和长期发展潜力。因此，公司总资产、固定资产、员工数量越大，相对抗风险能力越强。

长期来看，工程机械行业面临整合，淘汰顺序依次为客户、代理商、生产厂家。总体而言，本行业中的二三线品牌风险较高。

(4) 评估主要产品技术水平和公司的创新能力。工程机械产品众多，各产品的技术含量、竞争力度有较大不同。

挖掘机是工程机械最大的细分产品市场，凭借性价比优势，目前三一集团挖掘机市场占有率已位列第一，但国内企业在技术上与国外企业仍有一定差距。高规格、大功率或高载重量的液压挖掘机将是近期重点发展的产品。

装载机作为国内最成熟的工程机械产品之一，经历多年发展，主要厂商在国内的生产销售布局基本完成，以临工、柳工、龙工、厦工等为代表的龙头企业占据了绝大部分市场份额。装载机行业相较其他工程机械产品技术含量较低，市场准入门槛不高，除少数企业具备规模效益外，绝大多数企业年产量均在千台以下，直接导致了中低端产品市场竞争激烈，预计未来行业品牌集中度将进一步提升。**装载机是行业中毛利最低的品种。**

受益于全国交通基础设施投资和主要城市基础设施建设投资同比增长，压路机行业在近年工程机械行业不景气的形势下，取得了较快增长。徐工、厦工、三重和洛阳路通位列压路机行业前三甲，**整体看，压路机市场集中度较低**，下游仍以中低端产品客户为主，国产压路机在可靠性、外观造型和质量方面仍和国外产品存在一定差距。

山推是中国生产销售推土机及其零部件的龙头企业，在国内推土机市场占有绝对优势。预计未来推土机市场整体格局将维持稳定，行业需求压力仍然较大。

混凝土机械是工程机械行业盈利能力较强的产品，但其下游高度集中于房地产，保有量下行的风险也较为明显。

考虑到当前国家政策积极推进大型交通和水利工程项目，所以主导产品为道路桥梁、水利电力等工程建设所需的大型新型工程机械（例如液压凿岩机、全断面隧道掘进机、架桥机等）的企业会有较好的发展前景。

零部件生产企业如果主导产品为国内紧缺的关键部件（包括传动部件、液压元件及系统、发动机等），应是银行的重点扶持对象。

工程机械制造业属于技术密集型行业，因此核心竞争力的打造极为关键，除了具体的产品类型，我们还可以通过一些指标来了解企业的创新能力。要关注研发费用占收入的比例、技术人员占全体员工的比例这两项数据，评价企业对研发投入的积极性和公司技术能力的强弱。

（5）**工程机械行业相对集中度高，通过调研几家龙头企业的产品销量就可以一览行业全貌。**若拟介入企业产品的利润率、价格和龙头企业情况差别过大，需关注提供材料的真实性。

七、行业前瞻

2011 年以来，工程机械行业进入调整期，生产商收入萎缩、利润下行、现金流不佳；存量设备开工率低、上下游新增设备需求低迷、库存增加。目前，产能过剩已是行业共识，大部分企业的盈利均出现了大幅度下滑。

这里最主要的原因是下游市场的变化。如前文所述，**对工程机械行业影响最大的是房地产与基建设施投资。**因为工程机械主要用于投资前期土地平整及后期设备吊装等工作，是主要的设备支出，而近年来我国房地产与基建投资景气度欠佳。2008 年金融危机后，政府的 4 万亿元经济刺激计划绝大部分投入了基建领域，暂时扶稳了经济，但是也为 2011 年后经济增速和基建领域进入下行周期埋下伏笔，直接导致工程机械行业陷入低潮。

不过站在当前时间点，工程机械行业可能将迎来宏观经济环境、行业调整节奏和企业行为的积极变化。

中国政府在 2014 年再次大规模启动以铁路建设为主的交通基础设施建设，仅第四个季度国家发改委就集中批复了 6 000 km 以上的建设项目，计划投资 4 600 亿元左右。此外，还有大量的高速公路和机场建设项目也于同期得到批复，释放出明显的稳增长意图。这些项目将会在近期陆续动工，无疑将直接刺激拉动国内设备采购需求，为工程机械行业注入活力。

2013 年 11 月，党的十八届三中全会明确指出“推进丝绸之路经济带、海上丝绸之路建设”，“一带一路”正式上升为国家战略。根据“一带一路”的愿景与行动纲领，基础设施互联互通是“一带一路”建设的绝对优先领域。向外输出基建的同时必将带动配套工程机械产品海外需求，而我国的工程机械在相关国家具有较强的产品竞争力，由中国企业承建的大型项目采用中国工程机械产品的概率较高，这为我国工程机械企业提供了新的机遇。

而这3年多来，业内企业面对困难，也做出了一些重要的调整。各龙头企业普遍从2012年开始控制资本支出，不再新建产能，有的主动进行了减员增效。例如三一重工的员工数，已从高峰期减员近一半。

面对萎靡的国内需求状况，不少龙头企业搭乘着政策推动的东风积极进行海外拓展。**凭借优良的性价比优势，我国的工程机械出口全球排名第三，仅次于美国和日本，国际市场份额在12%左右。**与此同时，海外收入占比也在提升。但从整个行业角度来看，目前我国工程机械销量、销售额仅为全球的32%和24%，海外市场需求远超国内需求。参考卡特彼勒和小松等工程机械行业巨头的发展路径，**国内工程机械行业的未来在国际化。**近期国务院公布关于推进国际产能和装备制造合作的指导意见，提出了包括加快铁路“走出去”步伐；大力开发和实施境外电力项目等。工程机械作为基础施工设备将明显受益，从而加速重点企业国际化进程。另外，泵阀等关键液压件国产化，将有效降低国产工程机械成本，与国际化共同推动我国工程机械行业转型升级。

第二部分　案例分析

一、授信申报情况

授信申报日：2013年10月

申请人：YC机械制造有限公司

申请事由：申请流动资金贷款

授信申请方案：流动资金贷款额度4 000万元，期限1年

（一）申请人基本情况

YC机械制造有限公司位于华东沿海地区，当前注册资本两亿元，均为货币出资，由自然人控股。主营建筑工程用机械制造、通用设备销售。实际控制人拥有多家企业，个人主要收益来自于房地产开发业务。

企业于2011年投产，项目用地360亩，新建厂房、配套行政办公、研发及公共服务区建筑面积13万m^2，固定资产近4亿元，现有员工400余人，其中高级工程师及中级职称各类技术人员40人，部分专家来自三一、中联、徐工等企业。

申请人主要产品有液压静力压桩机、挖掘机、装载机、旋挖钻机、工

法钻机等，以前三者为主导产品。公司产品销售主要采用按揭方式，静压桩机和旋挖钻机主要销往沿海华东地区，挖掘机和装载机主要市场在西部地区。

公司产品品种较多，根据工程机械不同产品组成技术原理，并借鉴国内外同行多年成熟的制造理念与方法，公司建立并完善了下料、机加工、焊接、组装一体化的主流程及相应的生产策划、研发设计和生产组织体系，实现了经营、生产、研发设计、管理的一体化。申请人拥有计算机及辅助设备100 多台（套），已建立起局域计算机网络系统，采用二维、三维 CAD 设计软件、ANSYS 有限元分析软件、ADMIS 运动仿真软件、CAPP 计算机工艺辅助设计、PDM 产品数据管理系统等保证产品研发过程的质量和水平。

公司成立以来，得到了当地政府在土地、税收方面的大力支持。所在地区普工技能好、吃苦耐劳、薪资水平低，人力资源成本比同行业低10% ~15%。

（二）申请人上下游情况

申请人原材料中所需的关键元器件如液压泵、液压马达、液压阀等液压元件及发动机选用进口产品；生产所需各种钢材、焊料、液压油、柴油、油漆等，国内市场供应充足；对于国内配套部件，公司已与相关供应商、协作单位建立了稳定的、良好的经营合作关系。

申请人产品生产实行以销定产的策略，公司按照购货合同，基本上实行货到先付 70%，余款 3 ~6 个月内付清，保证了货款的回笼。公司目前在手订单约 2.3 亿元，采购者既有个人客户，也有公司客户。

（三）财务简表和财务指标说明

公司近年财务简表如表 4-4 所示。

表 4-4　公司近年财务简表　　（单位：万元）

序号	项　目	2010 年	2011 年	2012 年	2013 年 9 月
1	总资产	10 053	31 343	65 483	80 070
1.1	流动资产	7 432	7 328	21 605	35 408
	其中：货币资金	122	955	4 613	6 481
	应收账款	0	0	724	4 393
	其他应收款	2 778	175	1 346	705
	存货	28	3 563	13 724	16 832
1.2	长期投资	0	0	0	0
1.3	固定资产净值	5	774	9 918	9 506

（续）

序号	项　目	2010 年	2011 年	2012 年	2013 年 9 月
1.4	在建工程	2 616	18 992	29 713	30 906
2	负债总额	63	4 057	35 246	47 170
2.1	流动负债	63	176	16 266	25 029
	其中：短期借款	0	0	10 330	19 590
	应付票据	0	0	4 211	4 064
	应付账款		238	1 282	748
	其他应付款	53	108	237	102
	预收账款		261	139	132
2.2	长期借款	0	0	15 100	18 260
	长期应付款	0	3 880	3 880	3 880
3	所有者权益	9 990	27 287	30 237	32 899
	其中：实收资本	10 000	20 000	20 000	20 000
4	主营业务收入	0	5 664	34 989	46 504
5	主营业务利润	0	1 101	3 626	7 263
6	投资收益	0	0	0	0
7	利润总额	-10	603	3 935	3 549
8	净利润	-10	452	2 951	2 662
9	经营活动现金流入量	/	6 812	46 393	/
10	经营活动现金净流量	/	1 555	4 308	/
11	投资活动现金净流量	/	-21 446	-24 448	/
12	筹资活动现金净流量	/	20 725	23 797	/

1. 当期财务报表重点科目明细说明

（1）货币资金：余额中约有 2/3 是按揭保证金。

（2）存货：原材料占 12%，产成品占 8%，生产成本占 80%。

（3）固定资产和在建工程：主要是房屋建筑物、厂房和设备，部分尚未开票，所以未转入股东资产。

（4）应收账款：余额较年初大幅增加，这和更多地采用按揭销售方式有关。

（5）短期借款：基本为当地国有银行借款，小部分为异地城商行支持。

（6）长期借款：为建厂时申请的项目贷款，贷款方式为公司厂区土地、房产抵押，将在2016年和2017年到期。

(7) 长期应付款：是政府给予的土地优惠款。

(8) 销售与利润：申请人于2010年成立，于2011年形成销售，销售收入增幅较大。

(9) 现金流情况：申请人在2011年、2012年的经营活动现金净流量、筹资活动现金净流量均为正值，说明经营正常，融资能力强，但因为单位现处于发展期，投入较大，投资现金净流量均为负值。

2. 基本财务指标情况

基本财务指标情况如表4–5所示。

表4–5 基本财务指标情况

项目名称	2011年12月	2012年12月	2013年9月
资产负债率	12.94	53.82	58.91
流动比率	41.57	132.83	141.47
总资产周转率	0.27	0.72	0.64
销售净利率	7.98	8.43	5.73

从基本财务指标看，申请人当前总体运营比较平稳。

(四) 申请用途和还款来源

此次向银行申请授信主要用于购买钢材等生产用原材料，客户已提供了相关的合同。还款来源主要是公司销售回笼资金。

(五) 担保状况

申请人提供了银行认可的抵押物。

二、风险评估

(一) 申请人行业优势分析

(1) 本企业实际控制人在当地有较多人脉，设立本厂得到了地方政府在税收、用地上的全力支持，当地银行也发放了项目贷款。

(2) 申请人拥有一定的劳动力资源优势，各方面运营成本控制较好，通过按揭方式打开了一定的市场，从销售规模上看，申请人初期发展还算顺利。

(3) 从财务上看，申请人虽成立不久，但现金流情况尚可，有一定的资金调度能力。

(二) 行业风险分析

(1) 申请人的主要产品是挖掘机、装载机、液压静力压桩机。这些产品下游多是房地产行业，房地产行业景气度下行无疑会影响企业的后续经营。

(2) 申请人的实际控制人是房地产开发商出身，虽然通过房地产行业积累了不少资本，但对工程机械行业缺乏经验，又没有海外市场人脉，今后发展前景有较大的不确定性。

(3) 从所处城市位置看，申请人不在国内 6 大工程机械产业集群圈内，没有地域优势；又是新设立企业，也不具备规模效应。

(4) 从原材料来源分析，申请人关键元器件选用进口产品，其他由国内厂家提供，谈不上具备创新能力，总体上技术水平非常一般。

(5) 具体到产品上，申请人以装载机、挖掘机和液压静力压桩机为主。

装载机在工程机械行业中技术含量较低，毛利率也最低；而中低端挖掘机同样竞争激烈。液压静力压桩机属于桩工机械，本土龙头为上市公司山河智能。查山河智能同期披露的财报和券商报告，可见效益下降明显，总体评价为偏负面，原因是产品已进入成熟期，压桩机生产技术流失到部分小企业导致大量仿制，使得产品价格下滑。

可见，申请人生产的各项产品缺乏技术含量，均面临残酷的市场竞争，盈利能力下行是大概率事件。

(6) 分析财务报表，虽然申请人销售规模在扩大，但销售中按揭方式占比提高，使得申请人资金占用加大，营运资金趋紧。

三、评审结论

申请人在本行业中起步晚且介入时机较差，缺乏规模效应和成本、技术方面的优势，属于典型的工程机械三线厂商，总体风险较高，不是银行适宜介入的对象。

第五章　高速公路行业风险研究及授信评审案例

关键词：公路性质、交通量、转型

第一部分　行业分析

一、综述

高速公路发展对经济有明显的促进作用。全球经济增长过程的特点是不均衡发展，趋势是通过人的迁移带动经营的迁移，即人口向经济发展环境好的地区迁移，打破生产要素之间自然流动的壁垒，自然缩短空间与交换的距离，这些都将促进新迁移地区的经济繁荣，使得更多的人迁移到新地区并享受城镇化的好处。通过诸多国家的案例，经济最发达、经济规模极为可观的地区往往是人口密集的地方。如东京人口几乎占日本总人口的1/4，其GDP水平几近相当于加拿大。美国的纽约则基本相当于西班牙。世界上1/4的国家，GDP一半以上由不足其国土面积5%的地区创造。尽管如此，发达国家整体实力显得较为均衡，贫富差距相差甚少，其中原因之一就是高速公路在这些国家起到了非常重要的作用——为偏远且人口稀少地区经济发展修建高速公路，让这些地区的贫困人口走向富裕。地区间的收入差距可以通过物的转移，进而达到财的转移支付来逐步抹平，例如日本就是区域贫富差距最小的国家之一。因此，要缩小地区间的收入差距，实现先富带动后富，需要把更多的资金和基础设施建设投向相对偏远且经济落后地区，并鼓励落后地区主动与发达地区连接，实现增长及前移等。

从1988年中国大陆第一条高速公路正式通车到现在，中国的高速公路建设取得了举世瞩目的成就。到2014年底，高速公路总里程达到11.2万km。各省、自治区和直辖市都已拥有高速公路。长江三角洲、珠江三角洲、环渤海等经济发达地区的高速公路网络也正在形成。

高速公路是关系国计民生的重要基础设施，高速公路行业是国民经济的基础性行业之一。**依照发达国家高速公路行业发展的一般规律，未来二三十年仍是中国高速公路行业的快速发展期。**上轮金融危机之后的“四万亿”经济刺激计划和银行融资扩张，有相当一部分投向了高速公路建设。

当前我国高速公路建设资金中，银行贷款在资金来源中基本上处于40%左右的比例，地方自筹资金占高速公路建设资金比例与银行资金基本相当，中央投入一直较为稳定地占有15%比例，这3类资金构成了高速公路建设的主要资金来源。从企事业单位投资来看，是从无到有的，比例呈略增长趋势，但扣除国有企事业单位的投资，民营资本在投资总额中所占比例非常低，不超过5%，如此比例对高速公路行业发展不产生任何实质性影响，高速公路行业依然是国有资本占绝对主导地位。高速公路在客货运输方面具有明显的不可替代性、较强的区域垄断和排他性，且多为地方政府大力扶持的项目，运营期长且收入稳定，整体来看长期偿债能力较强。特别是近年来国际经济形势瞬息万变，高速公路抗通胀、抗货币贬值的固定资产功能更加显著，体现了较强的抗风险能力，使得银行相当喜好向高速公路行业提供授信。

二、公路行业特征

(1) 准公共性。公路作为基础设施，具有公共性。市场化的建设和运营使其兼具市场性。因此对公路项目研究既关注市场因素，也关注政府因素对项目的影响。

(2) 网络经济性。高速公路的功能在于提供交通量的通行、运输等服务，实现客、货的空间位移效用和客、货迅速到达目的地的时间效用，是高速公路网络经济性所实现的使用价值。**高速公路只有形成布局合理的网络，连续运输距离达到800 km才能显现优势，因此项目所在地路网成熟度决定了高速公路的经济性。**

(3) 资金密集。高速公路是使用周期长、技术标准高和投资巨大的基础性设施，属于典型的资金密集型行业，多依靠银行借贷，因此存在企业负债率较高的现象。

(4) 建设及投资回报期长。公路建设周期一般为3~5年，有的则长达5~8年，投资回收期一般为建成通车后8~15年，特许授权经营期一般为25~30年。

(5) 区域垄断性。**同一路段一般不会有两条以上的高速公路，在局部市场几乎处于垄断局面，市场集中度很高。**

上述特点决定了高速公路建设资金投入大，对外融资金额也大，相应的高速公路行业银行授信便具有了贷款金额大、期限长、还款来源于公路收费的特点。

高速公路的建设特点简单而言就是工期长、标准高，资需大、要求多、涉面广、制度（法规、政策）严。对应的高速公路行业银行授信具有贷款期限长、金额大，以及与国家相关政策制度密切相关等特点。

三、公路分类和产业链

高速公路为专供汽车分向、分车道行驶并全部控制出入的干线公路。四车道高速公路一般能适应按各种汽车折合成小客车的远景设计年限，年平均昼夜交通量为25 000~55 000辆；六车道高速公路一般能适应按各种汽车折合小客车的远景设计年限，年平均昼夜交通量为45 000~80 000辆；八车道高速公路一般能适应按各种汽车折合成小客车的远景设计年限，年平均昼夜交通量60 000~100 000辆。其他公路为除高速公路以外的干线公路、集散公路、地方公路，分4个等级。

高速公路成本主要由3部分构成：第一是土地使用相关税费，约占高速公路成本的56%；第二部分是原材料成本，约占高速公路成本的28%；第三部分是人工费用，约占高速公路成本的10%。当前，国内高速公路新路产的建造成本平均在9 000万元/km。下游行业对高速公路行业的影响主要体现在收入方面。旅游业主要影响客运量，物流业主要影响货运量。而高速公路行业的经营业务主要包括两个方面：一方面是高速公路的投资和建设；另一方面是高速公路的经营、提供运输服务。在高速公路建设方面，高速公路行业的上游行业主要为钢材、砂石、水泥等。在高速公路经营和运输服务方面，其上游行业主要为机械设备供应商，他们为高速公路公司提供监控系统和收费系统等。高速公路行业下游主要受旅游、物流等相关产业的拉动。

四、高速公路运营分析

高速公路收入绝大部分来自于车辆通行费(另外还有广告收入、服务站租金或经营收入等)。车辆通行费收入全部由高速公路公司的出口收取。**目前，各出口收取的通行费基本上统一集中到各省交通管理部门下属的清算中心，在清算中心结算后，划到各高速公路公司的收款账户，再由各公司支配使用。**

高速公路运营后，支出有以下6个方面：

(1) 偿还借款本息。基本上每条高速公路都有银行贷款，偿还贷款本息是其最大的支出。

(2) 日常管理费用。包括收费站人员、管理人员、高速公路警察和路政人员的工资费用；其他管理费用，如保险费、接待费等。

(3) 维修费用。**日常养护费用约每km 10万元/年；每7~8年大修一次，一般为当年维修费用的13倍。**

(4) 折旧。折旧方法一般有车流量折旧法或直线折旧法，在运营初期，如果采用车流量进行折旧，因车流量还未达到预期的流量，支出较小，可以保证一定的盈利水平和较好的财务指标。

需要指出的是，自主经营型的高速公路才计提折旧，政府还贷型公路的是不计提折旧的（政府公路集团的支出中，提折旧不是普遍现象）。

(5) 偿还股东借款、分红等。

(6) 税费。主要有营业税及附加、所得税等。

在支出时，由于收费账户一般会质押给银行，资金的使用一般能在银行的监控之下，实际上，也只有在银行的监控之下，才可以保证收入优先偿还借款。

当前，国内高速公路运营主体基本可以划分为：①地方交投集团。②公路运营上市公司（实际控制人绝大部分也是各省交投)。③全国性高速公路集团。④部分民营企业。而**地方交通投资集团控制了绝大部分的收费公路**，如甘肃、福建、四川90%以上的收费公路均为省交投控制，江西、江苏、贵州、浙江则控制了80%以上。

注：中外公路收费之比较

兴起于20世纪90年代的国内收费高速公路，若按规定的收费年限推算，近几年内将迎来收费到期的高峰。虽然现在对于收费年限的规定尚未定论，处于长期的中央与地方、政府与市场博弈阶段，但纵观全国，**各地**

高速公路延长收费期限几成定局。

2011年6月，五部委发布《关于开展收费公路专项清理工作的通知》，在之后的收费公路清理工作期间，大部分省市均对收费公路进行了一定的整治，对收费标准更是加大调整。但由于受到地域化差异，工程造价、运行成本、通车流量、物价水平等因素的影响，**想要建立全国甚至全省的路网统一收费标准难度很大。**从收费标准上看，仅**就全国收费公路小客车(7座及7座以下)而言，目前平均为0.42元/km，有接近一半的省市低于该标准，尤其集中在西部地区。**

从世界范围来看，各主要国家采取的收费手段基本上分两类：其一是以美国、中东欧为典型的政府主导建设及养护的低收费福利模式；其二是以日本、南欧为首推行兼顾公平、用者自付的特许经营模式，这与我国"贷款修路、收费还贷"理念较类似，其收费标准也基本与我国相近。单**从收费角度来看，国外的收费公路整体费率略低于我国标准，但收费年限绝大部分比我国的时限要长**，如法国、西班牙等欧洲国家在30~60年，日本为45年，菲律宾为50年，而美国由政府和投资者在特许经营协议里自行商定，短则40年，长则可达上百年之久。具体如表5-1所示。

表5-1 各国高速公路收费标准

国别	费率	备注
美国	90%免费，部分收费公路独立制定费率，不受监管	建设费用由政府拨款，并由各州交通部门承担维护费用
日本	收费额=基本费用+车型收费标准×行驶距离	略高于我国标准，1.3~2.7元/km，超过100km优惠25%，超过200km优惠30%
南欧	西班牙8欧元/百km、法国7.5欧元/百km、意大利6.5欧元/百km	折合人民币分别为0.64元/km、0.6元/km、0.52元/km
中欧、东欧	采取年票制度，一般年价折合成人民币约300元	由政府组织建设，养护费用由年票、燃油税及政府补助构成

自2010年来，为了降低物流成本，我国对高速公路打压的政策先后有：①2010年12月，全部高速公路需执行"绿色通道免费政策"，对合法装载鲜活农产品的运输车辆免收车辆通行费。②2011年6月交通部等五部委决定开展一年的收费公路专项清理工作，对部分二级路停止收费，且暂停高速公路资产上市转化为经营性资产。③2012年8月，开始实施重大节假日免收小型客车通行费。

五、行业政策

本行业比较重要的政策性文件有《收费公路管理条例》（以下简称《条例》）。

1.《收费公路管理条例》核心内容

《收费公路管理条例》自 2004 年 11 月起施行，其中核心内容有：

（1）收费公路的收费期限。①政府还贷公路的收费期限，按照用收费偿还贷款、偿还有偿集资款的原则确定，最长不得超过 15 年。国家确定的中西部省、自治区、直辖市的政府还贷公路收费期限，最长不得超过 20 年。②经营性公路的收费期限，按照收回投资并有合理回报的原则确定，最长不得超过 25 年。国家确定的中西部省、自治区、直辖市的经营性公路收费期限，最长不得超过 30 年。

（2）建设收费公路，应当符合下列技术等级和规模：①高速公路连续里程 30 km 以上。但城市市区至本地机场的高速公路除外。②一级公路连续里程 50 km 以上。③二车道的独立桥梁、隧道，长度 800 m 以上；四车道的独立桥梁、隧道，长度 500 m 以上。④**技术等级为二级以下（含二级）的公路不得收费。但是，在国家确定的中西部省、自治区、直辖市建设的二级公路，其连续里程 60 km 以上的，经依法批准，可以收取车辆通行费。**

2.《收费公路管理条例》最新变动内容

在 2013 年和 2015 年，《收费公路管理条例》出了两版征求意见稿。用意很大程度上在于严格管理收费标准，适当延长收费期限。最新一稿体现了如下变动：

（1）责任主体变更。2015 版修订稿将现行《条例》规定的收费高速举债和偿债主体从交通运输主管部门变更为地方人民政府，举债的方式是发行政府专项债券。政府管理的收费公路的车辆通行费收入必须全部纳入政府预算管理。也就是高速公路由“还贷公路”变成了“还债公路”。本条款主要针对现阶段高速路产建设过快、新建路产盈利能力不足的现状做出限制，通过更严格的预算标准对地方政府“冲动修路”导致的债务风险进行控制。

（2）“统借统还”模式确立。“统贷统还”一直以来都存在着较大的争议。在路产达到收费年限且还清贷款后，“统贷统还”使得该路产可以用“为路网中其他路产还贷”的理由继续收费行为。2015 版修订稿中，“统贷统还”变为“统借统还”，以省为单位对高速公路实行统收统支、统一管理，统借统还主体由省级交通主管部门修改为省级人民政府，并将统借统还的范围限定为“通过政府举债方式建设的高速公路”。在行业整体亏损的情况下，为了保持路网本身的车流量的稳定，以及维持路网整体的偿债能力，“统借统还”有其必要性。

(3) 收费期限放开。①政府收费公路中的高速公路实行统借统还，不再规定具体的收费期限，以收费偿债原则确定收费期限。②特许经营公路的经营期限按照收回投资并有合理回报的原则确定，且一般不得超过30年。对于投资规模大、回报周期长的高速公路，可以酌情超过30年。③高速公路在债务偿清或经营期届满后，可以根据满足基本养护、管理支出需求和保障效率通行的原则继续养护管理收费。④不得以转让高速经营权为由提高车辆通行费标准，高速路产转让前的偿债期和受让后的经营期累计不得超过25年。转让政府收费公路收费权可延长不超过5年的收费期限，转让特许经营公路收费权不得延长期限。

现在高速公路行业的情况是，部分发达地区的路产收益颇丰，但随着公路建设向西部及三四线城市延伸，整体盈利能力明显不足。但任何延长收费期限的尝试，都会带来强大的舆论压力。因此，**本轮修订稿能否最终落地，还存在一定的变数。**

六、行业评审技术指引（公路项目建设）

(1) 关注授信申请人的股东实力。我国公路建设资金主要来源于国有资本和少量民营资本，建设主体主要包括交通主管部门及下属企业（包括交通投资集团、高速公路经营控股公司等企业）、项目公司（国有、民营或外资企业注资成立）、民营企业。借款人的自身实力对于公路建设项目能否按计划完工具有重要意义。一般而言，国有交通投资集团或控股公司由省交通运输厅或省政府主导设立，普遍实力雄厚，资金调度能力很强。如果申请人是项目公司，则多由各级交通管理部门投资，专门对某条高速公路进行建设、管理和运营。这种情况要特别注意股东对其资金的支持或资金抽调情况。如果股东在建工程多，规模大，很可能以项目公司为融资平台然后抽调资金，对此需要加以重视。

具体来看，**交通主管部门及下属企业、公路项目公司的资金实力主要取决于所辖公路的通行费收入规模，以及财政部门对收入的返还政策、返还力度和速度。**

民营企业客户则要非常谨慎。这类申请人除综合判断借款人的综合实力是否足以支持公路建设项目按计划完工外，还需要认真审核BOT合同及重要条款。针对按照特许经营方式建设、经营的收费公路，需要认真审核特许经营收费合同，确保各项条款没有法律瑕疵，申请人拥有法律保护的经营收费权利。

在分析借款人及股东情况后，还需要关注工程施工企业资质和监理公司等级，确保工程施工质量。

注：交通投资集团、高速公路经营控股类企业的财务管理模式

通常情况下，交通投资集团、高速公路经营控股类企业实施的是行政事业单位财务管理制度，实行核定收支、定额或定向补助、超支不补、结余留用的预算管理办法，预算由财政部门审批。一般预算每年初制定一次，年中可申请一次预算调整。编制预算时，该类借款人参考以前年度预算执行情况，根据预算年度的收入增减因素和措施，测算编制收入预算；根据公路建设、维护养护资金、各种经费需求结合规费收入和地方财力，测算编制支出预算。

此类企业的收入来源于财政拨款和规费收入。规费收入主要包括：公路通行费收入、成品油消费税的增加部分等。

这里的财政拨款指当地财政或上级财政为支持公路建设发展提供的财政补贴，按是否指定资金用途分为专项资金（用于项目建设）和一般财政补助（用于人员经费），财政拨款的收入和支出均需要根据预算执行，其规模主要取决于财政预算安排及财政部门对交通行业的支持力度。

公路通行费收入首先上缴财政，并由财政扣除一定比例的水利基金、交警经费等项目后返还。

预算支出程序由交通部门统一上报预算，并由交通行业主管部门（省交通厅）审核后，上报财政主管部门，待预算得到批准后再逐级下拨。在划拨过程中，资金将通过财政层级逐级下拨，由当地财政部门划拨给当地交通部门，一般情况下，最低划拨至地市级别的部门。在资金的使用方式上，基本是由当地财政支付中心统一支付给用款部门。

从对预算收支的分析可知，**目前公路建设的资本金和还贷资金主要来源于通行费收入、地方财政拨款和交通部车购税补助资金。**

（2）审核项目的合规性。公路项目采用核准制，国道主干线、西部开发公路干线、国家高速公路网、跨省的项目由国务院投资主管部门核准，其余由地方政府投资主管部门核准。应有同层级的环保部门环评批复。须审查项目是否具有文物、矿藏、森林、大江大河审批手续。**如果公路线路需要跨越大江大河建设桥梁工程需要得到江河行政主管部门（长江水利委员会、黄河水利委员会）的批准。近年来国家对文物保护加以重视，因此要特别注意项目是否具有文物主管部门的批准文件。**

项目用地审批手续要合规。国家规定，只有在属性是国有建设用地的土地上才可以进行项目建设，对于农民集体所有的非建设用地，要通过征收或征用土地的方式把农民集体所有的性质变更为国家所有，将农用地或未利用地变更为建设用地性质。因此，对于建设占用土地涉及农用地转为建设用地的，要办理农用地转用审批手续。以下范围征地需报国务院批准：征收基本农田、征收基本农田以外的耕地超过35公顷、征收其他土地超过70公顷。根据《建设项目用地预审管理办法》规定："需核准和备案的建设项目，由与核准、备案机关同级的国土资源管理部门预审"。例如，由国家发改委核准的项目，在报审时须同时附国土资源部的用地预审文件。省发改委核准的项目，由省国土资源厅出具用地预审。

(3) 在审核公路建设项目各项审批手续的基础上，还应考察项目建设的各项指标是否合理，确保能顺利完成项目建设，重点关注以下方面：

① 公路的性质与地位。确定公路在国家及所属省、市路网规划中的地位，是否属于国家国道主干线、国家重点公路或国家重点公路网的路段，以及在省、市路网规划中的情况。**应重点支持大中城市（一般为省会或经济实力较强的城市）进出口道路和机场公路，以及《国家高速公路网规划》中"7918网"高速公路项目的建设。**

② 项目建设可行性指标。主要包括：交通量、所在地区人均GDP、通车里程、百人汽车保有量、年公路客运（货运）周转量、通车年交通量、第5年交通量、年通行天数、收费价格及年限等因素。

③ 项目的主要技术指标。主要包括：建设里程、桥隧里程、车道、车速、设计荷载、建设期等各项指标。

④ 项目建设财务指标。主要包括：项目总投资（一般包括建筑安装工程费、设备及工器具购置费、其他建设费用、预备费用4部分，建筑安装工程占总投资比例一般在55%～75%，预备费用按前3部分之和的9%计算）、单位造价、资本金比例、银行贷款结构。

对于企业法人，由各级交通管理部门的出资代表出资的部分，其资金来源不能纳入事业单位财政预算，需由同级财政安排资金，因此对此类借款人项目资本金到位是否及时足值，要看同级财政的资金实力和出资意愿。

需要注意的是可研报告是业主出资请专业设计部门制作的，可研报告中的总投资额等指标具有较大弹性，业主可以根据自身资金情况将总投资额做大或做小，银行单独依靠可研报告中的总投资额做出贷款额度的判断可能产生一定偏差。审批人员可以联络制作可研报告的专业设计部门询问项目的真实投资情况。此外，在批复可研前，政府审批部门会出资找中介机构制作中介评估报告，这个报告相对于可研报告会更加客观，项目评审人员应尽可能取得这份报告。

(4) 分析项目本身的偿债能力。项目自身的偿债能力是贷款安全性的重要保障，对于项目偿债能力的分析重点应做以下工作：

① 合理测算收入。主要包括：年均通行费收入、年均养路费收入、年均补助收入及其他收入。在测算通行收费时，首先需要采用客观、严谨、科学的方法测算年均交通量，必要时可以聘请专业机构。

注：交通量预测方法和饱和车流量

一般情况下，车流量预测应以老路交通量观测资料为测算基准，考虑通道内交通量的增长趋势，并根据新老路路况通行能力确定新老路的合理分流比例。预测分析以小客车作为标准车型，其他所有车型折合成标准车型测算。

目前，通行量预测常用的是四阶段交通量预测法。随着社会经济的发展，其相关区域的通道交通需求量将呈现出相应的增长趋势，必然产生趋势交通量；而公路项目的建成，又将改善公路服务区域内的交通条件，改善沿线地区投资环境，进一步促进地方社会经济发展，从而诱发潜在的交通需求，产生诱增交通量；同时，由于新建公路的走向和连接，还将改变原有路网与其他运输方式，预测期内其他新建运输方式对于通道内交通量的吸引，将形成转移交通量。因此，在预测交通需求量时，必须对趋势交通量、诱增交通量和转移交通量进行相应的预测，以得出较为符合实际情况的远景交通量。

而根据公路等级理论，高速公路、一级公路和其他公路能够适应的年平均日交通量如表 5-2、表 5-3 和表 5-4 所示。

表 5-2　高速公路能够适应的年平均日交通量

设计速度/(km/h)	四　车　道	六　车　道	八　车　道
120	40 000～55 000	55 000～80 000	80 000～10 0000
100	35 000～50 000	50 000～70 000	70 000～90 000
80	25 000～45 000	45 000～60 000	60 000～80 000

表 5-3　一级公路能够适应的年平均日交通量

设计速度/(km/h)	四　车　道	六　车　道
100	27 000～30 000	30 000～55 000
80	20 000～27 000	27 000～45 000
60	15 000～25 000	25 000～35 000

表 5-4　二、三、四级公路能够适应的年平均日交通量

设计速度/(km/h)	六　车　道
二级公路	5 000 ~ 15 000
三级公路	2 000 ~ 6 000
四级公路	<2 000

需要明确公路的收费模式和期限：是计重收费还是按里程收费，或者是两种方式相结合。**关于项目未来的通行费收费标准预测，应调查项目所在省市目前类似收费道路的收费标准，分析收费标准及变化趋势，由此确定项目合理的收费标准和增长比例。**

当前我国车辆通行费的收费标准，需依照价格法律、行政法规的规定进行听证，并按以下程序审查批准：①政府还贷公路的收费标准，由省级人民政府交通运输主管部门会同价格部门、财政部门审核后，报本级人民政府审查批准。政府还贷公路的管理者收取的车辆通行费收入应全部存入财政专户，严格实行收支两条线管理。政府还贷公路的车辆通行费，除必要的管理、养护费用从财政部门批准的车辆通行费预算中列支外，必须全部用于偿还贷款和有偿集资款，不得挪用。②经营性公路的收费标准，由省级人民政府交通主管部门会同同级价格主管部门审核后，报本级人民政府审查批准。

实践中测算收费标准时，基本以通车年为基础，每 5 年调整一次，调整幅度参考同类型公路收费标准的调整幅度和频度，每次调整幅度一般不超过 25%。

根据我国现行的《收费公路管理条例》（**需要强调指出的是，在本书写作过程中，新的《收费公路管理条例》征求意见稿已出，读者应注意后续政策的变化**），收费公路的收费期限由省、自治区、直辖市人民政府按照以下标准审查批准：①政府还贷公路的收费期限，按照用收费偿还贷款、偿还有偿集资款的原则规定，一般最长不超过 15 年。国家规定的中西部省、自治区、直辖市的政府还贷公路收费期限，一般最长不超过 20 年。②经营性公路的收费期限，按照收回投资并有合理回报的原则确定，最长不得超过 25 年。国家确定的中西部省、自治区、直辖市的经营性公路收费期限，最长不得超过 30 年。

实践中的测算年限一般为：高速公路和一级公路 20 年，二级公路 15 年，三、四级公路 10 年。

② 合理测算成本。公路项目的成本一般包括：养护费、大修费、人员

工资及福利、经营管理费、折旧费（**根据道路类型可能不计提**）、摊销费、利息支出、其他费用等。

③ 在合理测算收入与成本的基础上，分析约定期限的贷款偿债保证比、最大还款能力的贷款偿还期限、财务内部收益率、投资回收期、盈亏平衡点等各项财务指标。

一般而言，高速公路和一级公路的贷款期限不能超过建设期加20年运营期，二级公路不能超过建设期加15年运营期。也就是说，项目贷款的偿还期不能超过其收费期。

④ 压力测试和敏感性分析。**为确保贷款安全，需要做交通量下降10%、20%的压力测试和敏感性分析，进一步判断项目的偿债能力。**

七、行业展望

由于20世纪的积极规划和大力发展，我国公路交通网络已逐步能够满足社会发展的需求，尤其是中东部及沿海地区路网较密布。所以近年来，虽然仍在不断扩大路网规模，但同比增速有所放缓。从整个公路建设的固定资产投资完成情况来看，从2011年开始，固定资产投资总量出现下滑，总体投资比例明显减少，但对西部的投资力度仍然逐年增强。

按照《国家公路网规划》，我国高速公路仍处于加速成网的关键阶段，因此近年来新建高速公路带来了巨大的债务压力。2010年至2013年，新增高速公路达2.58万km，占收费高速里程的26.7%，而这部分投资总额为1.89万亿元（67.5%为银行贷款），占累计投资总额的38%，新建公路带来的债务增加速度远超债务偿还的速度。

整体来看，收费公路全行业处于亏损状态。据公报显示，2013年全国收费公路车辆通行费总收入3 652亿元，支出4 313亿元（其中还本付息支出3 147亿元），总体亏损661亿元。由于公路前期建设的资金来源大部分依赖于银行贷款，因此每年还本付息支出便占据了支出总额的绝大部分，这大大提高了公路建设的融资成本和债务压力。以2013年为例，大约每收取10元的通行费就有8.62元用于偿还债务本息。

近年来我国经济增速放缓，现有公路交通受到新建路桥及其他如高铁、航运、航空等分流的影响，且遭各项免费政策的压制；但随着我国公路网络的不断扩建和完善，载客和载货汽车，以及私家车的保有量稳步提升，旅游业也保持增速发展，快递物流业更是火爆前行，在综合因素的影响下使得交通运输流量保持着低速增长的态势。

随着高速公路行业由发展期逐步进入成熟期，其主要依靠单一收费的盈利模式也遭遇发展瓶颈期，虽然能保证持续的较稳健的收益，但其投资回报率将有所下降。就具体企业而言，**寻求业务转型将成为现有高速公路公司今后的发展重点。**

本行业企业转型的优势是高速公路行业拥有仅次于银行业的充沛的现金流。充足的现金流得以在企业转型过程中提供充足的资金保障，2014 年掀起的国企改革大潮为以国企为主的高速路企提供了宽松的政策环境。从 A 股上市公司来看，目前高速公路行业所有路企都已经进行多元化转型，涉及领域广泛，**房地产和金融是路企转型的重点领域。**房地产领域与高速产业有着前期固定投入较多等较为相似的性质，企业转型有着丰富的操作经验，而金融行业与高速公路公司较充裕的现金流形成互补，因此这两个行业成为众多路企转型的优先选择。此外，众多的路产是高速路企的资源优势，在未来新能源汽车与大物流的高速发展中，进一步更新路产服务内容，比如添加 LNG 站、充电桩等动力充值设备；建立物流仓储节点等有望迎来丰厚的附加值回报；此两举都有良好的市场需求并且能够很大程度上在原有路产资源上充分提高其附加值，**故新能源、物流也是本行业企业转型的重要方向。**

第二部分　案例分析

一、授信申报情况

授信申报日：2007 年 9 月

申请人：PL 建筑工程集团有限公司

申请事由：某二级公路项目建设

授信申请方案：项目贷款 3 500 万元，期限 8 年

（一）申请人基本情况

PL 建筑工程集团有限公司是一家民营建筑施工企业，注册资本为 1 300 万元，由自然人 A、自然人 B 和 C 公司的全体股东共同出资组建，三方的出资比例为 52%、8% 和 40%，股东以房屋、汽车和机器设备等实物出资。借款人的主要经营范围为承担各类型工业与民用建设项目的建筑施工、土石方工程等，年施工能力为 10 万 m^2 以上。借款人还可利用 C 公司的建筑施工一级总承包企业资质承揽各种工程业务。借款人营业执照到期日为 2012 年。

（二）申请人财务情况

截至2006年年末，借款人资产总额为4 100万元，其中流动资产为2 800万元，固定资产为1 300万元；负债总额为2 200万元，均为流动负债；所有者权益为1 900万元，其中实收资本1 300万元，未分配利润600万元；资产负债率为54%，流动比率为125%，速动比率为100%。2006年度实现营业收入6 800万元，利润总额550万元。2007年1—7月实现营业收入6 400万元，利润总额850万元。申贷前3年经营活动产生的净现金流量分别为420万元、280万元和330万元。

（三）项目基本情况

1. 项目背景

本项目地处华北某县级市内，经济、交通不发达。本项目建成后，可以增强当地和边防口岸的联系。项目全长51 km，按平丘区二级公路标准修建，沥青混凝土路面，设计行车速度为80 km/h，路面宽9 m。本项目需征用土地390亩，路基土石方36万m^3，全线新建、改建小桥5座，涵洞19道，建收费站1处。

2. 建设方式

省政府已批复同意本项目参照BOT方式建设，合同双方为项目所在地的县政府和借款人。BOT合同约定县政府为工程主管单位，负责工程管理和质量监督；借款人为建设单位，负责工程的投资、施工和收费经营。工程造价以国家的有关办法和当地的有关收费标准核定，规模以双方核定的工程清单为准。但该合同的原则性条款较多，可执行性不够明确。省有关部门已批复项目可行性研究报告，环境评估报告待批。项目采用招标方式进行原材料和设备采购、施工及工程监理。项目建设所需的砂石料、水泥、钢材、木材、沥青等，均可在当地解决。项目已于2007年开工，计划于2009年1月1日建成通车。

3. 总投资和还款来源

项目总投资为9 600万元，全部为固定资产投资。其中资本金6 100万元，占64%。申请银行贷款3 500万元。资本金来源之一为借款人自筹及股东出资2 100万元并已到账；之二为县政府投入4 000万元，包括3部分：一是将项目征地390亩折价1 900万元，二是义务工参加公路建设以工代资800万元，三是县政府自筹1 300万元，并由县财政部门从2007年和2008年的财政基本建设资金、城市维护资金和工业交通资金中解决，以上安排已经县人大常委会决议通过，但评估报告认为两年内县财政部门自筹1 300万元有一定的难度。

据评估测算，本项目建成通车年的车流量为4 140 辆/日，2014 年为5 860 辆/日，2019 年为7 550 辆/日，2022 年为8 800 辆/日。省政府已在原则上同意该公路段经有关部门验收合格后可设立收费站，收费标准根据车型的不同为10～40 元/车次，收费年限以有关部门的批复为准。经测算，营运期内项目年均营业收入为1 600 万元，利润总额为600 万元，投资利润率为6.3%，动态投资回收期为14 年，按最大能力法测算的项目贷款偿还期为7.16 年，按约定8 年还贷，综合偿债保证比为1.2。

（四）担保情况

本项目贷款由第三人（某建筑安装公司）提供连带责任保证。保证人在申贷银行开设基本账户，2006 年末，资产总额为14 500 万元，负债总额为8 700 万元，净资产为5 800 万元，资产负债率为60%；2006 年全年实现收入11 500 万元，实现利润950 万元；当年经营活动产生的净现金流量为100 万元；无或有负债。同时，借款人的全体股东（包括自然人股东）为本项目贷款提供全程连带责任担保，经营期追加项目收费权质押。当地政府还承诺：如出现当年还本付息缺口，差额部分由县财政部门负责拨款偿付；如在经营期满后借款人不能按时归还银行贷款本息，未偿还部分列入县财政支出预算逐年偿还。以上承诺将在报经县人民代表大会审议通过后生效。

二、风险评估

（一）申请人及行业优势分析

（1）项目可行性研究报告已报省有关部门批复，省政府批复同意本项目参照BOT 方式建设，项目得到当地政府的重点支持，项目资本金主要由当地政府承担。

（2）当地政府还承诺当借款人不能按约定还本付息时，由县财政部门安排资金偿还。除经营期收费权质押外，项目由第三人和借款人的全体股东（含自然人股东）提供全程全额连带责任保证，在一定程度上也可降低银行贷款风险。

（二）行业风险分析

（1）本项目自筹资金6 100 万元，其中由县政府出资4 000 万元，占自筹资金的66%，该出资尽管已经县人大常委会通过和决议，明确列入2007 年、2008 年两年的财政预算，但该县的财力有限，能否按时到位具有一定的不确定性。

（2）本项目手续尚不齐备，缺乏环保评估，BOT 合同的原则性条款较多，可执行性差。

(3) 本项目属于县乡二级公路，评估预测建成通车年的车流量达到4 140 辆/日，到2014 年达到5 860 辆/日，而项目所在区及影响区的经济发展缓慢，未来本项目的车流量能否达到预测的标准具有较大的不确定性。

(4) 根据省有关部门的批复，本项目须由省政府批准设立收费站和收费年限，并经有关部门对该公路验收合格后才能进行收费。但本项目的站点设置不符合国家《收费公路管理条例》的规定，即“技术等级为二级以下（含二级）的公路不得收费。但是，在国家确定的中西部省、自治区、直辖市建设的二级公路，其连续里程在60 km 以上的，经依法批准，可以收取车辆通行费”。因此，本项目最终能否获得省政府批准收费存在很大的不确定性，还款来源不落实。

(5) 借款人是建筑施工单位，注册资本小，施工能力、出资能力有限，在经营期间，如果管理不善，将影响项目效益和还贷。

(6) 尽管当地政府承诺出资和还贷，但其承诺的可靠性受制于当地的财力大小。项目所在县的经济欠发达，能否按其承诺出资及还款存在较大的不确定性。

三、评审结论

本项目所在区域的经济欠发达，评估预测的项目车流量、收费标准、收费年限均存在较大的不确定性，特别是项目全长仅51 km，不符合国家《收费公路管理条件》中关于收费公路的最低要求，存在政策风险。借款人申请的贷款限期为8 年，相对于本项目的贷款金额来说期限过长。本项目贷款虽然由当地财政兜底担保，但是当地财政能力有限，能否落实存在较大的不确定性，银行承担的风险偏大，不宜介入。

第六章　光伏制造行业风险研究和授信评审案例

关键词：品牌、产能、海外设厂

第一部分　行业分析

一、综述

太阳能光伏技术是将太阳能转化为电能的技术。其核心是可释放电子的半导体物质，最常用的原料为硅。地球上硅原料丰富，可以说是"取之不尽，用之不竭"的。太阳能光伏电池有两层半导体，一层为正极，一层为负极，阳光照射在半导体上时，两极交界处就会产生电流，阳光强度越大，电流就越强。太阳能光伏系统不仅能在强烈的阳光下运作，在阴天也能发电。由于反射阳光，少云的天气甚至比晴天发电效果更好。

近年来，我国光伏产业发展迅速，市场占有率稳居世界前列，产品质量稳步提高，产业基础逐步牢固，具有工艺链条复杂、技术含量较高、行业发展较快等特点。目前，除硅料生产技术仍与国外有一定差距外，主要光伏企业在硅片、电池、组件等生产环节的技术水平已经居世界先进水平。**在产业领域中，光伏产业逐渐成为我国在国际市场中有一定竞争力，甚至有可能代表国际领先水平的少数行业之一。**

太阳能电池（片）是组成光伏发电的最基本部件，太阳能电池片分为单晶硅、多晶硅、非晶硅和薄膜电池等。**目前单晶硅和多晶硅电池应用比较广泛。**现实应用中把太阳能电池片串焊连接后，制作成大面积的太阳能电池组件，再将太阳能电池组件连接上逆变器、控制器等设备就形成了光伏发电站。不管是并网发电系统还是独立离网发电系统，**控制器、太阳能电池板（组件）、逆变器三大部分构成了光伏发电系统**，都是由电子元部件组成的，并没有涉及机械部件，所以光伏发电系统极为精炼，安装和维护非常简便，而且运行稳定可靠、寿命长。光伏发电系统已经被用于很多需要电能的场所，不管是家用电源，还是航天器，甚至是普通玩具，无处不在。

光伏发电可分为晶硅电池和薄膜电池两个技术派别。晶硅电池又可分为单晶硅电池和多晶硅电池两类，但这两类电池在结构上没有太大差别，只是电池组基片不同。而薄膜电池种类繁多，包括硅基薄膜电池和化合物半导体薄膜电池等。硅基薄膜电池又分为非晶硅、微晶硅和多晶硅薄膜电池；化合物半导体薄膜电池分为碲化镉（CdTe）薄膜电池、铜铟镓硒（CIGS）薄膜电池等。具体如图 6-1 所示。

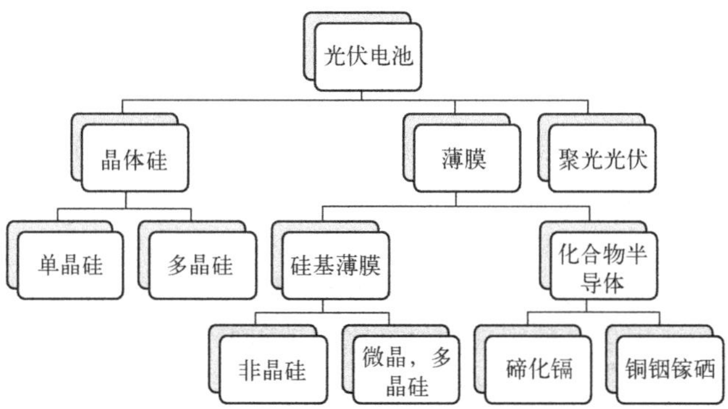

图 6-1 光伏电池种类

注：晶硅技术 VS 薄膜技术

光伏发电分为晶硅电池和薄膜电池两个技术派别。**虽然薄膜电池拥有巨大的技术潜力，但由于原材料获取、工艺成熟度等原因，晶硅电池的主流地位预计还将维持相当长的时间。**

相对薄膜技术，晶硅的主要优势包括以下 3 点：

（1）标准化的生产设备。薄膜电池设备标准化程度低，且生产线均以成套设备存在，故价格偏高。而晶硅电池片所需设备多为标准化设备（**因晶硅设备与集成电路生产设备有较高的兼容性**），可根据实际需求针对性地从市场购买，而且基本实现了国产化，设备购置费用低。

（2）工艺成熟。晶硅电池片的生产工艺源于半导体集成电路生产工艺，**在硅电池片的制作流程中，大部分工艺都属于集成电路标准工艺**，而半导体集成电路经过数十年的商业化生产，工艺精度和一致性都达到了较高水平，成熟度很高。薄膜技术则无此优势。

(3) 材料性质优势。晶硅电池片生产工艺的主要处理对象是硅，而硅是地球上储量最丰富的元素之一，不存在由于被广泛应用而出现紧缺的可能性。另外，作为单质半导体，硅的热稳定性好，也是极好的绝缘体，这种天然的良好保护层对电池组的使用寿命意义重大。

二、太阳能电池性能比较

按其材料的不同，目前国内流行的太阳能电池可分为晶体硅太阳能电池和薄膜太阳能电池。

晶硅太阳电池主要分为单晶硅太阳电池和多晶硅太阳电池两种。

单晶硅太阳电池：单晶硅太阳电池开发最快，技术成熟，产品运用于多个领域。单晶硅太阳电池以纯度99.999%的单晶硅棒为原料，与其他太阳电池相比，性能稳定，光电转换效率高，其商业化的电池效率为16%至18%。

多晶硅太阳电池：多晶硅太阳电池的制作工艺与单晶硅太阳电池接近，多晶硅片是由大量不同大小、不同取向的晶粒构成，在这些晶粒里的光电转换机制与单晶硅电池完全相同。多晶硅太阳能电池的效率要比单晶硅降低不少，其商业化的电池效率为14%至17%。多晶硅太阳能电池的使用寿命也较短，但多晶硅组件的价格比单晶硅组件的价格略低。

晶体硅太阳能电池制造技术成熟、产品性能稳定、光电转化效率相对较高、使用寿命长，已广泛应用于大型并网光伏电站项目。单晶硅组件的光电转化效率略高于多晶硅组件，也就是相同功率的电池组件，单晶硅组件的功率大于多晶硅组件的功率。两种电池组件的电性能、寿命等重要指标相差不大，执行的标准也相同，在工程实际应用过程中，无论单晶硅还是多晶硅电池都得到较为广泛的运用。

薄膜太阳能电池分为非晶硅薄膜太阳能电池、碲化镉太阳能电池、铜铟镓硒薄膜太阳能电池。

非晶硅薄膜太阳能电池主要成分为一种非晶硅化合物，其制作成本低，适用于大规模商业生产。但其转换效率低，寿命短，其大规模的商业应用受到了限制，并且其在高原地带少有使用的工程实例。而铜铟镓硒电池则由于原材料剧毒或原材料稀缺性，工艺及制备条件苛刻，产业化进程不是很快，在国内还处于技术起步阶段。

太阳能电池特点表

种　类	电池类型	商用效率	使用寿命	特　点	运用范围
晶体硅电池	单晶硅	16～18%	25 年	效率高，技术成熟	中央发电系统、独立电源、民用市场
	多晶硅	14～17%	25 年	效率较高，技术成熟	中央发电系统、独立电源、民用市场
薄膜电池	非晶硅	6～8%	20 年	弱光效应较好，成本低	民用消费品市场，中央发电系统
	碲化镉	9～11%	20 年	弱光效应好，成本低	民用市场
	铜铟镓硒	9～11%	20 年	弱光效应好，成本低	民用市场，少数独立电源

三、太阳能光伏产业链

光伏产业链包括高纯多晶硅原料生产、单晶硅拉制或多晶硅定向浇铸、硅片切割、电池芯片制造、组件及系统封装与应用 5 个环节，如图 6-2 所示。

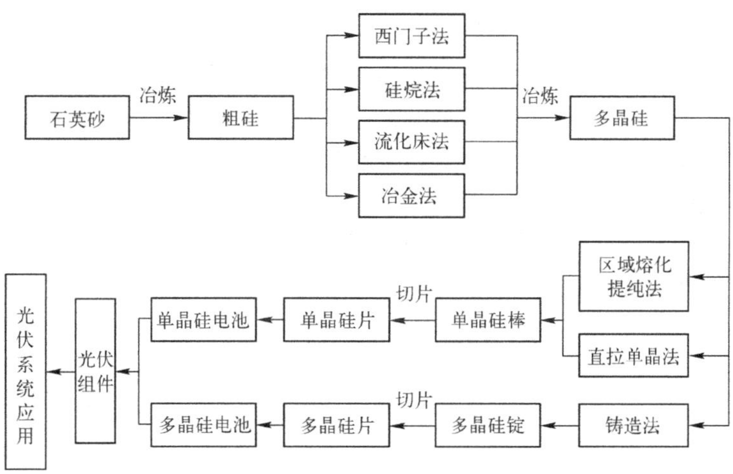

图 6-2　光伏产业链

至 2015 年，上游的晶体硅制备环节超高收益的时代已经过去，除了下游的应用系统环节（光伏电站）利润率较高外，其他各环节的利润率已基本趋于常态。

虽然我国多晶硅产量快速增长，但是由于生产技术落后，产品质量也相对较差，每年仍需要从国外进口大量高纯度多晶硅。我国硅矿特别是优质石英硅矿储量非常丰富，为多晶硅的生产提供了丰富的原材料。但是从石英石中制备高纯度多晶硅，不仅技术要求高，还需要很大的资金投入，所以存在很强的技术壁垒及较高的资金门槛。目前，改良的西门子法是生产多晶硅的主流技术，我国超过80%的多晶硅厂商采用的是该技术。但是改良的西门子法的核心关键技术主要集中在美国、德国、日本的厂商手中，国内除少数大型企业突破技术限制、掌握了核心技术外，大部分厂商都是从国外引进的，并非最先进的技术。而关键核心技术的缺乏导致了我国大部分厂商生产的多晶硅产品质量相对较差，生产成本也普遍高于国外厂商。此外，缺乏关键核心技术还造成我国对硅材料的利用率低，与国外相比，在使用相等的硅材料的条件下，国外同行生产的多晶硅产量是我国生产多晶硅产量的2～3倍。因此，多晶硅生产中核心技术的缺失，不仅造成我国多晶硅产品质量差，每年需要从国外进口大量高纯度多晶硅，而且还浪费了大量原材料，不利于我国节能降耗目标的实现。

太阳级硅锭（棒）/硅片制造技术成熟，产量增长速度快。太阳级硅锭（棒）及硅片的制造是晶硅太阳能生产的重要环节。我国在硅锭（棒）硅片的切割制造环节，技术相对比较成熟，主要的生产设备也基本上实现了国产化。

太阳能光伏电池是太阳能光伏发电的重点，需要核心技术，是光伏产业链的重要环节。在补贴政策的刺激下，德国、西班牙等欧洲国家的光伏应用市场大幅扩张，光伏新增装机容量猛增。受此因素推动，我国太阳能电池行业获得了快速发展的机会，产业规模不断扩大。**到2007年，我国光伏电池产量已居世界第一，成为世界第一大光伏电池生产国，是全球名副其实的光伏电池制造中心。**

在太阳能电池产量飞速发展的同时，近年我国国内的太阳能发电市场也有启动之势。通过一系列如大型光伏电站项目的招标组织措施，促进了光伏发电成本和价格的明显下降；对“金太阳”示范工程建设实施大规模财政补贴，对光伏发电系统用户也是利好消息。而气象、交通、通信、油气开采等领域积极采用光伏发电设备，推动了光伏产品的普及。截至2013年年底，我国光伏设备安装量已达到近21GW，提前超额完成了2011年公布的太阳能“十二五”规划设定安装目标。但总体而言，我国太阳能电池对欧洲、美国、日本等国出口量巨大，产业的发展对国外市场依赖性大；与火力发电和风力发电相比，光伏发电的建设成本是火电发电建设成本的2.5倍，是风力发电建设成本的1.5倍。高额的成本导致较高的市场价格，严重制约了国内光伏应用市场的扩大，进而限制了太阳能电池市场规模的扩张。

四、行业政策

本行业近期最重要的政策为2013年7月4日国务院下发的《关于促进光伏产业健康发展的若干意见》和2015年3月25日工信部发布的《光伏制造行业规范条件（2015年版）》。

《关于促进光伏产业健康发展的若干意见》（以下简称《意见》）提出：把扩大国内市场、提高技术水平、加快产业转型升级作为促进光伏产业持续健康发展的根本出路和基本立足点，建立适应国内市场的光伏产品生产、销售和服务体系，形成有利于产业持续健康发展的法规、政策、标准体系和市场环境；2013—2015年，年均新增光伏发电装机容量1 000万kW左右，到2015年总装机容量达到3 500万kW以上；加快企业兼并重组，淘汰产品质量差、技术落后的生产企业，培育一批具有较强技术研发能力和市场竞争力的龙头企业；加快技术创新和产业升级，提高多晶硅等原材料自给能力和光伏电池制造技术水平，显著降低光伏发电成本，提高光伏产业竞争力；保持光伏产品在国际市场的合理份额，对外贸易和投融资合作取得新进展。

该《意见》主要从扩大国内市场、规范产业结构、完善产业支持政策等角度对光伏产业健康发展提出了一定的要求。值得注意的有以下几点：

（1）**在光伏市场应用方面，要求大力发展分布式，有效推进光伏电站建设。**《意见》强调大力开拓分布式光伏发电市场，鼓励各类电力用户按照“自发自用，余量上网，电网调节”的方式建设分布式光伏发电系统。优先支持在用电价格较高的工商业企业、工业园区建设规模化的分布式光伏发电系统。

（2）在调整产业结构方面，扶持骨干企业。**严格控制新上单纯扩大产能的多晶硅、光伏电池及组件项目。**新上光伏制造项目应满足单晶硅光伏电池转换效率不低于20%、多晶硅光伏电池转换效率不低于18%、薄膜光伏电池转换效率不低于12%、多晶硅生产综合电耗不高于100 kW·h/kg。从源头上控制新增无效产能。利用“市场倒逼”机制，鼓励企业兼并重组。加强政策引导和推动，建立健全淘汰落后产能长效机制，加快关停淘汰落后光伏产能。资金扶持倾向骨干企业：金融机构要继续实施“有保有压”的信贷政策，支持具有自主知识产权、技术先进、发展潜力大的企业做优做强，对有市场、有订单、有效益、有信誉的光伏制造企业提供信贷支持。严禁资金流向盲目扩张产能项目和落后产能项目建设，对国家禁止建设的、不符合产业政策的光伏制造项目不予信贷支持。

(3) 完善政策支持，主要支持政策包括：电价和补贴政策。在补贴资金管理方面，加大土地、金融、财税政策的支持。**对分布式光伏发电实行按照电量补贴的政策。**根据资源条件和建设成本，制定光伏电站分区域上网标杆电价，通过招标等竞争方式制定价格和补贴标准。根据光伏发电成本变化等因素，合理调减光伏电站上网电价和分布式光伏发电补贴标准。**上网电价及补贴的执行期限原则上为20年，**从政策支持的角度维护了电站运营商与建设商的利益。此外，为国内优质的光伏企业进行了信贷支持，解决短暂的资金困难。

《光伏制造行业规范条件（2015年版）》是在《光伏制造行业规范条件（2013年版）》基础上的修订版。

按照本次公布的准入条件，**光伏制造企业须具有省级以上独立研发机构、技术中心或高新技术企业资质，每年用于研发及工艺改进的费用不低于总销售额的3%，且不少于1 000万元人民币。**

除去在技术上的资金要求外，工信部也在多晶硅和单晶硅的光电转换率指标上做出了具体规定。**要求企业生产的多晶硅电池和单晶硅电池的光电转换效率分别不低于17%和18.5%；多晶硅电池组件和单晶硅电池组件光电转换效率分别不低于15.5%和16%；**硅基、铜铟镓硒（CIGS）、碲化镉（CdTe）及其他薄膜电池组件的光电转换效率分别不低于8%、11%、11%、10%；含变压器型的光伏逆变器中国加权效率不得低于96%，不含变压器型的光伏逆变器中国加权效率不得低于98%（微型逆变器相关指标分别不低于94%和95%）。

按照规范，**在生产规模上多晶硅项目每期规模需大于3 000 t/年；硅锭年产能不低于1 000 t；硅棒年产能不低于1 000 t；硅片年产能不低于5 000万片；晶硅电池年产能不低于200 MWp；晶硅电池组件年产能不低于200 MWp，薄膜电池组件年产能不低于50 MWp，逆变器年产能不低于200 MWp（微型逆变器不低于10 MWp）。**申报符合规范名单时，上一年实际产量不低于产能要求的50%。

工信部要求严格控制新上单纯扩大产能的光伏制造项目，对加强技术创新、降低生产成本等确有必要的新建和改扩建项目，报行业主管部门及投资主管部门备案。对于新建和改扩建光伏制造项目，最低资本金比例为20%。新建和改扩建企业及项目产品的技术指标必须达到多晶硅电池和单晶硅电池的光电转换效率分别不低于 18.5% 和 20%；多晶硅电池组件和单晶硅电池组件光电转换效率分别不低于 16.5% 和 17%；硅基、铜铟镓硒（CIGS）、碲化镉（CdTe）及其他薄膜电池组件的光电转换效率分别不低于 12%、13%、13%、12%。

此外，《光伏制造行业规范条件（2015 年版）》对光伏制造项目的综合能耗、环境保护等方面都做了特别强调。

五、行业评审技术指引

（1）**拟授信企业在产能和重要技术指标上，应该符合《光伏制造行业规范条件（2015 年版）》的要求。**截至 2015 年 6 月，符合《光伏制造行业规范条件（2015 年版）》的企业名单已经公布了 4 批，名单内的企业应该是金融机构的重点关注和支持对象。

（2）关注拟授信企业的产能规模。**绝对出货量和出货量增速仍然是目前衡量光伏组件企业行业地位和发展势头的核心参数之一。**在 2013 年开始的景气复苏过程中，行业规模效应门槛持续提升，且这种规模效应体现在购销议价能力、研发投入能力、费用摊销能力等多个方面。总体上，**本行业集中度在提升，已呈现强者恒强的态势。**

（3）关注拟授信企业的品牌知名度。随着光伏行业从 2012 年底开始逐步从景气低谷中走出，**行业经过剧烈波动和大批企业破产之后，终端客户对于采购光伏组件这种具有超长质保期的产品，更加看重品牌知名度及企业存续能力。**

（4）国企股东背景不一定是优势所在。从目前来看，经过多轮残酷的市场优胜劣汰，幸存下来的中国光伏巨头多为民企，国企要进入本行业，除了投资巨大外，要在品牌、市场上和现有企业竞争，前景并不乐观。

（5）优先考虑在海外设有厂家的企业。过去几年，中国大陆及台湾光伏组件企业备受来自欧洲、美国的双反（反倾销、反补贴）调查煎熬，凭借扎实的技术研发和高效的生产管理赢得的低成本优势，硬是被欧美国家认定为不正当竞争，因此，随着近年国内光伏企业逐渐从行业景气低谷中恢复元气和盈利能力，在行业进入新一轮扩产周期的背景下，许多企业选择了海外建厂的扩产战略，以应对出口限制（**“双反”考察电池片的原产地，如果电池片在国内生产，在国外组装也受“双反”限制**）。但同时，**也要关注企业是否有通过海外关联交易粉饰报表、转移利润的现象。**

欧盟对我国光伏“双反”大事记如表 6-1 所示。

表6-1　欧盟对我国光伏“双反”大事记

2012.7.24	以SolarWorld为首新成立的欧洲光伏制造商联盟EUProSun向欧盟委员会针对中国光伏制造商的倾销行为提起诉讼
2012.9.6	欧盟委员会发布公告，对从中国进口的光伏板、光伏电池及其他光伏组件发起反倾销调查
2012.9.25	EUProSun向欧盟提起申诉，指控中国的光伏企业获得政府补贴，并要求对其产品征收惩罚性进口关税
2012.11.8	欧盟正式启动对华光伏产品反补贴调查
2013.5.8	欧盟委员会同意向进口自中国的太阳能板征收惩罚性关税，平均税率47%
2013.6.4	欧委会宣布6月6日至8月6日对中国光伏产品征收11.8%的临时反倾销税，8月6日前中欧没有达成协议，将升至47.6%
2013.7.27	中国机电产品进出口商会、欧盟委员会贸易委员德古赫特声明，中欧光伏争端达成价格承诺
2013.8.6	欧委会宣布中欧光伏贸易争端以“价格承诺”的形式达成“友好解决方案”，规定中国出口欧洲的光伏组件最低售价每瓦0.56欧元，每年配额7kW。协议之外的或违反协议的中国公司出口欧洲的光伏产品将被征收平均47.6%的关税
2013.12.5	欧委会发布欧盟光伏反倾销与反补贴案终裁公告，终裁决定对于8月6日生效的价格承诺继续有效，承诺企业增至121家（新加入27家），占我国调查期内对欧盟出口总额的80%左右。除价格承诺企业外，对我国光伏组件与电池征收47.7%~64.9%的双反税。此次价格承诺同时涵盖反倾销与反补贴案件，涉案产品范围排除硅片。双反措施和价格承诺自2013年12月6日起正式生效，期限2年。同时，此前争议较大的太阳能硅片产品不在双反惩罚之列

(6) 在金融产品上，应以短期融资为主，对企业往上下游发展、进行产能扩张提出的融资申请要特别审慎，除非是产品升级换代（产品技术指标不能低于《光伏制造行业规范条件（2015年版）》提出的数据），以及海外产能建设。

注：光伏产业的投资规模

光伏产业是典型的资金密集型产业，以符合《光伏制造行业规范条件(2015年版)》准入条件的200 MW/年电池片生产线为例，年产200 MW电池片一般为4条生产线，当前每条生产线投资在4 500万元左右，加上厂房和动力系统及配套设施大约需要7 000万元，总计不少于2 5000万元；再加上配套流动资金，对任何投资人而言都是不小的负担。

应支持龙头企业实施并购重组，推进产业横向整合，提升行业集中度；搭建产业联盟，推进产业链上下游企业深度合作，从而提升竞争力。

(7) 关注环境保护风险。多晶硅及硅片等生产过程中会产生废气、废水和废渣，要严格审查其环保文件是否齐全、有效，并深入企业调查其各项环保措施是否完备，各项排污是否符合《光伏制造行业规范条件（2015年版)》提出的标准。

(8) 密切关注光伏产品价格的波动情况、欧美日等国补贴和贸易政策变化情况等。对企业订单要仔细核实，排除关联交易。

(9) 在财务上，对光伏企业要特别防范过度融资风险，防范因盲目扩张、经营恶化和融资负担造成财务危机。对以投资光伏电站、增加应收账款来拉动销售的光伏制造企业，要高度关注其流动性风险。

六、行业趋势展望

随着我国光伏扶持政策的频繁发布，以及国内外光伏应用市场的大幅好转，我国光伏产业景气度在经历了2012—2013年的大幅下滑后，2014年重拾上升轨道，年内包括多晶硅料、硅片、电池片及光伏组件等产品价格均出现不同幅度的回升。

从产业链各级产品价格走势来看，处于上游的多晶硅硅料价格反弹幅度明显优于其他环节产品。这主要是由于在前期行业低谷期间，受到国内外需求不振的影响，大批中小硅料生产企业出现严重亏损，被迫关停并转；同时，硅料生产线的复产成本较高，使得前期停产企业很难再回到行业中参与竞争。目前，硅料行业的市场集中度已经很高，截至2013年年底，全球前四大硅料生产企业市场占有率已经接近75%的水平。

现阶段，我国光伏产业的产能过剩实际上是市场需求暂时不能满足过度扩张的产能而产生的过剩，因此具有一定的阶段性和暂时性。太阳能是最有前途的能源之一，具有传统能源及其他新能源所不具备的优势，因而发展潜力广阔。而光伏产业作为太阳能重要的利用方式，必然会得到世界各国，包括中国在内的普遍关注。目前，全球光伏发电占总发电量的比例还非常小，但是根据国际能源署预测，随着全球光伏产业的发展，光伏发电量占全球总发电量的比重将大幅提升，到2040提高到20%左右。从以上分析中可以看出，当前我国光伏产业出现的产能过剩，只是市场需求跟不上产能扩张速度的阶段性过剩，并不代表永远过剩。未来随着国际光伏市场及我国光伏市场的恢复和启动，加上光伏系统成本的不断下降和效率的不断提高，对光伏的需求仍然会保持高速的增长。

面对“双反”措施的进一步扩大和部分市场本地化生产要求，光伏产业可能逐步实现全球化生产：此前欧洲部分国家的光伏电价补贴政策就对使用欧盟本土生产的设备的项目有所倾斜，而印度作为未来极具潜力的光伏新兴市场，也对本地化生产有严格要求，考虑到光伏发电在未来全球能源格局中的重要战略地位，目前70%以上的组件产能均位于中国的这种产业现状可能会逐步改变，光伏制造业可能再次向全球化转型，因此，**金融机构应大力支持国内企业在海外设厂的需求。**

第二部分 案例分析

一、授信申报情况

授信申报日：2014年4月

申请人：LF光伏科技有限公司

申请事由：补充流动资金

授信申请方案：流动资金贷款8 000万元（较原额度增加2 000万元），期限1年

（一）申请人基本情况

申请人位于长三角地区，当前注册资本17.8亿元，2008年投产，民营企业，自然人控股，主营光伏电池片的生产。入选工信部“符合《光伏制造行业规范条件（2015年版）》的企业名单”。

LF光伏公司所属的LF太阳能集团拥有较为完整的太阳能光伏产业链，包括硅片生产、光伏电池片制造、电池组件和光伏电站。申请人是集团内重要的电池片生产基地，也是国内大型太阳能电池单体生产基地之一。

公司位于某地级市经济开发区内，占地占地面积47万m^2，现有员工4 000多人，主导产品为单晶、多晶太阳能电池，转换率达到国际领先水平，目前在业内保持着较高的市场占有率。

由于公司生产过程的自动化程度较高，生产设备先进，且具备较强的自主开发研究能力，公司的产品价格在同行业中有着较大的竞争优势。

全球光伏企业遭遇重新洗牌的时期，LF太阳能集团出货量稳定，总体情况良好：一方面开拓新市场，另一方面把目光逐渐转向大型光伏电站上。

（二）申请人技术能力

公司注重产品的研发和技术革新，不断增加研发费用，壮大科研队伍。公司生产的太阳能电池片光电转换效率高，可靠性高；拥有独特的扩散技术，保证扩散的均匀性，先进的 PECVD 成膜技术，给电池表面镀上深蓝色的氮化硅减反射膜，颜色均匀美观。2014 年，LF 太阳能集团宣布其多晶硅电池转换效率达到 20%，量产单晶硅电池平均转换效率达到 21%，达到世界先进水平。同期国内企业光电转换效率约为 19.5%，而申请人的产品将光电转换效率的绝对值提高了 1%，相对值提升了接近 6%，采用该产品进行发电，能将发电成本降低 6% 左右，意味着投资回报周期能够缩 2～3 年，是业内一个不小的技术跨越。

申请人将科技创新作为应对危机、实现企业可持续发展的着力点，从立足自己研发转变为跟踪世界先进技术，重点突破先进技术规模化生产的瓶颈，实现了市场占有率逆势而上。该公司每年用于研发的费用在 7% 以上，已拥有国家专利 23 项，取得国家专利证书 6 项。

（三）申请人生产能力

申请人主导产品为多晶硅太阳能电池片，规格主要为 8（156 mm × 156 mm）和 6 英寸（125 mm × 125 mm），目前产品主要以 8 英寸多晶硅电池片为主。

企业目前拥有 35 条太阳能电池生产线，产能超过 2 GW，是国内最大的单体太阳能电池生产基地之一。2012 年公司电池片出货产量为 970 MW，2013 年全年出货量为 1100 MW，2014 年总出货量达到 2 000 MW，其中多晶硅电池占比 80%，单晶硅电池占比为 20%。

（四）上下游情况

公司的原材料供应以硅片为主，申请人直接向国内供应商协鑫、LDK、重庆大全等采购硅片。原材料供应商给予公司的应付款信用期通常在 6 个月左右。2011 年，LF 太阳能集团与保利协鑫能源控股有限公司签订了一份长期硅材料产品供应合约，后者将在未来 5 年向 LF 集团提供硅片及硅材料产品，截至申报日合同仍在履行中。因此，公司未来的原料采购有着较高的保障。

公司 2008 年以对外加工和原材料销售为主，2009 年正式投产，从 2012 年开始，半数市场转为国内，2013 年至 2014 年主要以国内为主——向集团内关联企业销售占比在 70% 左右。

（五）申请人财务情况及科目明细解释

近3年当期财务数据简表如表6-2所示。

表6-2 近3年及当期财务数据简表 （单位：万元）

序号	项目	2011年末	2012年末	2013年末	2014年11月末
1	总资产	733 326	735 032	547 350	631 179
1.1	流动资产	539 303	518 815	355 906	259 524
	其中：货币资金	68 171	64 900	49 026	17 349
	应收账款	232 884	282 667	166 814	108 392
	其他应收款	1 139	1 172	5 917	2 784
	预付账款	200 443	152 989	103 784	90 337
	存货	12 644	13 327	22 908	31 394
1.2	长期投资	13 191	53 688	53 109	259 524
1.3	固定资产净值	151 495	139 826	117 503	122 076
1.4	在建工程	17 138	10 239	8 791	10 866
	无形资产	12 267	11 863	11 581	11 330
2	负债总额	454 473	478 630	295 408	358 908
2.1	流动负债	350 801	422 425	290 999	353 840
	其中：短期借款	9 000	45 543	17 200	68 580
	应付票据	0	8 293	8 168	36 061
	应付账款	283 479	295 538	197 341	220 226
	预收账款	2 836	16 440	12 814	170
	预提费用	1 954	1 844	3 431	2 364
2.2	长期借款	101 192	51 314	0	0
3	所有者权益	277 462	257 104	251 941	272 271
	其中：实收资本	159 055	178 012	178 012	178 012
	未分配利润	106 526	66 469	62 009	82 339
4	主营业务收入	685 690	325 616	310 634	425 209
5	主营业务利润	35 468	5 129	12 117	43 531
6	投资收益	-703	-1 800	-497	180
7	利润总额	17 839	-18 291	-4 460	17 949
8	净利润	14 130	-18 291	-4 460	16 285
9	经营活动现金流入量	838 154	366 740	309 638	/
10	经营活动现金净流量	7 963	81 057	84 476	/
11	投资活动现金净流量	-70 189	-52 639	-8 210	/
12	筹资活动现金净流量	75 798	-31 689	-92 139	/

1. 财务报表明细情况（2014 年 11 月）

（1）货币资金：货币资金余额比年初减少 3.2 亿元，较年初下降较多，主要原因是今年企业扩大生产需要更多的资金，以及收购了关联企业生产线所致。

（2）应收账款：应收账款余额比年初减少 5.8 亿元，分布比较分散，主要是下游关联企业欠款。

（3）预付账款：预付账款账面价值比年初减少 1.3 亿元，主要是企业支付材料供应商货款。

（4）存货：存货余额比年初增加 8 486 万元。由于全球市场供需的波动变化，企业根据大客户订单进行采购生产，压低存货成本。

（5）长期股权投资：长期股权投资余额较年初相比增加 17 亿元，主要是收购了关联企业生产线所致。

（6）固定资产和在建工程：增加的原因主要是公司进口了一些生产用的机械设备。

（7）短期借款：余额比年初增加 5.14 亿元，全行业景气度好转，金融机构开始增贷。

（8）应付账款：比年初增长了 2.29 亿元，主要为给上游的应付材料款。

（9）预收账款：预收账款大幅下降，主要是占用关联企业的资金结清。

（10）根据申请人提供的报表，企业销售收入在 2011 年见顶，从 2011 年下半年开始，受到全球光伏行业整体下行影响下，产品价格下跌，企业销售收入下降，2012 年至 2013 年公司净利润为负值，但从 2014 年起，产品单价开始稳步提升，至 2014 年 11 月，公司营业收入较 2013 年大幅增长，且净利润水平已超过 2011 年。

2. 现金流量说明

2011 年以来，申请人虽然盈利能力大起大落，但经营活动现金净流量都有较多的盈余；投资活动现金净流量为负是由于公司项目投入资金较多；在光伏行业景气度下降时，各金融机构均压缩了授信，而由于原料价格下降，企业也主动偿还了一些存量贷款，但从 2014 年起，银行已逐步恢复对申请人的支持力度。

3. 重点财务指标情况

重点财务指标情况如表 6-3 所示。

表 6-3 重点财务指标情况

项目名称	2011 年	2012 年	2013 年
资产负债率（%）	62.16	65.02	53.97
流动比率（%）	153	123	122
速动比率（%）	149	120	114

公司的实收资本金较高，并且存在着进一步增资计划，资产负债率逐年略有增长，维持在65%上下，长期偿债能力较为可靠。流动比、速动比正常，有一定的短期偿债能力。如表 6-4 所示。

表 6-4 企业周转率情况

项目名称	2011 年	2012 年	2013 年
存货周转率（次）	29.21	24.68	16.46
应收账款周转率（次）	3.41	1.27	1.38
总资产周转率（次）	1.05	0.44	0.48

从营运指标看，2012 年和 2013 年是企业的低谷，但 2013 年较之 2012 年还是略有改观；2014 年应大幅好转。如表 6-5 所示。

表 6-5 企业营运指标情况

项目名称	2011 年	2012 年	2013 年
销售净利率（%）	2.06	-5.62	-1.44
净资产收益率（%）	5.23	-6.84	-1.75

从上述各项指标看，受全球光伏市场波动影响，申请人销售净利率、净资产收益率在 2012 年、2013 年较差，但是 2014 年行业开始回暖，至 2014 年 11 月，企业销售净利率已超过 2011 年，盈利能力较前两年大幅上升。

（六）借款用途

申请人在本行已有 6 000 万元流动资金贷款额度。总体上，公司今年生产形势较好，从年初开始产能利用率已达 95%，企业的产量稳步提升，公司的主要原材料多晶硅需提前向生产厂家预订，并支付一定比例的预付款，从而会产生更大的流动资金需求。故申请将贷款额度增加到 8 000 万元。申请人将以回笼现金来偿还贷款。

（七）担保情况

本次授信提供了银行能接受的抵押物。

二、风险评估

（一）申请人行业优势分析

（1）申请人进入了国家工信部“符合《光伏制造行业规范条件（2015 年版）》企业名单”，说明申请人在产能、生产设施等硬件环节上基本符合国家现行的要求。

（2）企业注重技术研发，生产的多晶硅电池转换效率达到 20%，单晶硅电池平均转换效率达到 21%，产品重点技术参数高出现行的规范要求，研发投入远超行业平均水平，有一定的技术优势。

（3）企业从 2008 年起正式运营，已经历了一轮完整的光伏产业发展周期，积累了较多的行业经验，在 2012 年、2013 年的市场低迷期依旧保持了一定的销售规模，说明品牌已经得到了市场的认可。

（4）申请人具备规模优势，单厂 2GW 的产能在国内位居前列，而且目前已基本达产；集团已和上游原材料生产商签订了长期供货协议，总体上可以保证生产所需。

（5）集团向上下游延伸产业链，但主要精力还是放在电池片的生产上，比较注意投资规模的控制；发展策略比较灵活，及时将市场从国外转向国内；已开始发展光伏电站，而目前光伏电站是光伏产业链利润最高的环节，有利于企业进一步的扩张。

（6）从财报看，申请人 2011 年盈利、2012 年和 2013 年亏损、2014 年触底反弹，基本符合近年来光伏行业波动的情况；在 2012 年、2013 年的市场低迷期保持了较好的现金流量，财务管理较为出色；在行业景气度提高后，银行借款规模迅速扩大，融资能力比较强。

（二）项目风险分析

（1）申请人在报告期收购了关联企业的生产线，要关注投资目的，如果后续还有固定资产投资，须审慎评估，且应符合《光伏制造行业规范条件（2015 年版）》中规定的新建产能的技术规范要求。

（2）申请人自身是电池片生产基地，下游以关联销售为主，这种销售模式在当前的光伏行业巨头中比较常见。应考察集团光伏产业的整体盈利能力，确保不存在用关联交易粉饰申请人利润水平的情况。

(3) 从申报材料看，企业没有报告海外建厂的情况，如有应予以补充，并说明主要的贸易对象、海外设厂带来的销售利润提升情况。

(4) 财报显示，申请人在2014年的盈利水平大有好转，同时也大举借债，当期报表显示流动比已小于1，须注意过度融资风险，防范企业因盲目扩张、融资负担过重引发财务危机。

三、评审结论

申请人是LF太阳能集团的电池片生产基地，其规模在光伏行业中位居前列，产品技术指标先进，并有比较明晰的发展战略；本次申请增加贷款额度，理由比较合理，可以介入。

第七章　化肥行业风险研究和授信评审案例

关键词：政策调控、规模效应、资源禀赋

第一部分　行业分析

一、综述

虽然化肥、农药的广泛使用带来了资源消耗、环境保护等各方面的问题，但无疑，**如果没有现代的化肥和农药工业，人类不可能彻底摆脱饥饿的威胁。**

化肥是指用化学和（或）物理方法制成的含有一种或几种农作物生长需要的营养元素的肥料。而肥料是指施入土壤或喷洒于作物叶片上，能直接或间接地供给作物养分，而获得高产优质的农产品，或能改善土壤理、化、生物性状，逐步提高土壤肥力，而不产生对环境有害影响的物质。

化肥的分类有很多种，按所含营养元素的种类分为单元肥料和复合肥料。**只含有一种可标明含量的营养元素的化肥称为单元肥料**，如氮肥、磷肥、钾肥及次要常量元素肥料和微量元素肥料。**含有氮、磷、钾 3 种营养元素中的两种或 3 种，且可标明其含量的化肥，称为复合肥料或混合肥料。**按肥效快慢分为速效、缓效和控释肥。按酸碱性分为酸性、碱性和中性肥料。按施肥时间分为基肥、追肥和种肥。

我国人口总数由 1950 年的 5.4 亿增长至 2013 年的 13.5 亿，是原来的 2.5 倍。同时，我国粮食产量从 1.1 亿 t 增长到 2012 年的 6.0 亿 t，粮食产量增加了近5.5倍。作物产量的提高只有通过增加种植面积和提高单产两个途径。中国耕地面积从1961年的10 331万ha到2009年的12 172万ha，增加仅17.8%。可见中国粮食产量的提高主要是依靠单产实现的，作物单产的提高相当于提高了人均耕地面积。**据研究测算，我国耕地单产的增加，其效益等同于人均耕地面积提高到世界平均水平的两倍左右。**单产增加的因素之一就是化肥。

土壤是农业的基础，而肥料是作物的“粮食”。随着种植业的不断扩大，每年将有大量的营养元素随作物离开土壤，土壤营养元素的大量缺失将导致土地肥力的显著下降。要保持土壤肥力就必须持续不断地给土壤补给养分，这就形成了农业生产对肥料的需求。化肥的使用极大地推动了农业生产的发展，大幅度地提高了作物的产量，据联合国粮农组织（FAO）的数据统计，化肥的增产作用能够占农作物产量的50%。在中国，由于地少人多、土地肥力不够（与美国相比，我国的每公顷播种面积施肥量约是美国的两倍），单亩消耗的化肥量更大：**有研究认为，目前国内粮食产量的60%以上来自于化肥的贡献。**我国是化肥生产和消费大国，化肥的总产量和消费量均占世界的1/3，耕地消费了世界35%的化肥，化肥工业保障了我国粮食安全，对国民经济的发展具有十分重要的作用。

二、产品与行业产业链

磷肥、氮肥、钾肥是植物需求量较大的化学肥料。

氮肥中含有农作物蛋白质合成过程中的必备元素，可以促使作物快速生长，在化肥应用中最为广泛，包括尿素、硝酸铵、碳酸氢铵等品种。**尿素含氮量最高，适用范围广，是目前氮肥主要生产和贸易品种。**

磷肥可增加作物产量，改善作物品质，加速谷类作物分蘖和促进籽粒饱满；促使棉花、瓜类、茄果类蔬菜及果树的开花、结果，提高结果率；增加甜菜、甘蔗、西瓜等的糖分；油菜籽的含油量。主要品种包括磷酸一铵、磷酸二铵、重过磷酸钙与过磷酸钙、钙镁磷肥等。

钾肥能调节原生质的胶体状态和提高作物光合作用的强度，促进碳水化合物的形成，对块根、块茎作物的淀粉和糖分的积累有良好作用；钾能壮秸秆，增强抗逆能力，减轻病害，防止倒伏。具体如表7-1所示。

表7-1　钾肥种类及特征

钾肥种类	特　征
氯化钾	价格最为低廉，使用量约占钾肥总量的90%。主要用于粮食作物及棉花、亚麻等大田作物

（续）

钾肥种类	特征
硫酸钾	销量仅次于氯化钾，价格高于氯化钾，施入土壤后，钾离子被作物直接吸收，不但能提高产量，还可以提高产品质量
硝酸钾	价格比氯化钾高得多，它的氮钾元素比为1:3，恰好是各种作物氮钾养分的吸收配比，无残留离子，溶解性好，有效成分能够迅速被作物吸收
钾镁肥	一种新型肥料品种，能同时向作物提供钾、硫、镁3种营养元素

化肥行业处在产业链的中段位置，**氮肥上游是煤或天然气，磷肥上游是磷矿和硫黄，钾肥上游是钾矿，下游主要为为农户**（氮肥、钾肥有一些工业用途）**。化肥三大主要品种氮肥、磷肥、钾肥均有明显的资源属性。**煤或天然气制成合成氨，再生产尿素，**我国80%尿素生产企业的主要原料是煤炭，**煤炭价格波动势必会影响到尿素价格；**磷肥主要原料是磷矿石与硫黄，**我国对磷矿石作为资源类产品加以保护和限制出口，硫黄则大多由炼油厂回收制取，但进口依存度大，价格受原油波动影响；**钾盐由于分布极不均衡及钾肥企业垄断性加强，资源性最为突出。**

化肥产业链及国内化肥施用量占比如图7-1所示。

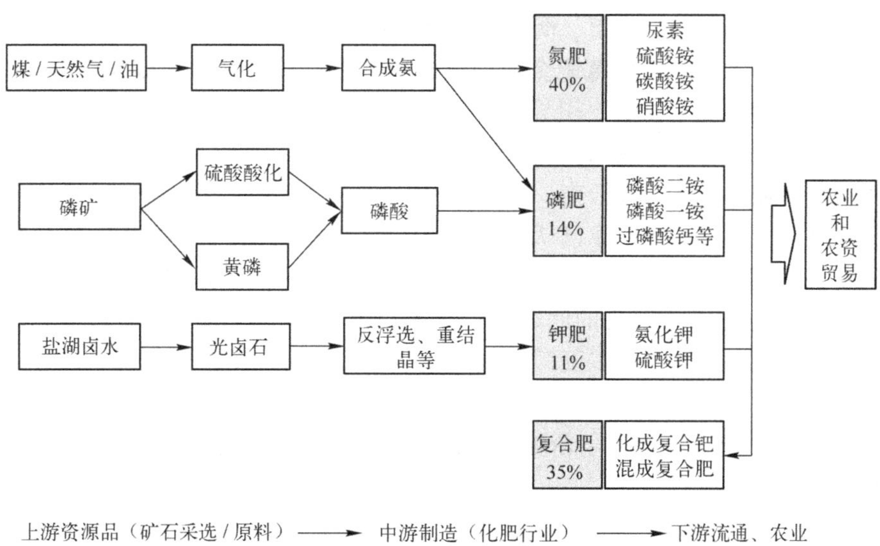

图7-1 化肥产业链及国内化肥施用量占比

三、行业政策

本行业近期最重要的政策是2012年发布的《化肥工业“十二五”发展规划》(以下简称《规划》)。

《规划》指出，“十一五”期间我国化肥规模持续增长，从依赖进口到自给有余，品种结构得到改善，企业大型化进程加快，产业布局逐渐合理。但仍存在能耗大、生产成本高、产业集中度较低等问题。我国化肥消费90%用于农业、10%用于工业。2010年，我国化肥表观消费量为6 273万t，其中农用化肥氮、磷、钾施用比例为1∶0.36∶0.18。《规划》要求，农用化肥氮、磷、钾施用比例按1∶0.38∶0.25发展，兼顾工业需求。根据《规划》，“十二五”期间，化肥将继续保持产量整体自给有余，其中氮肥、磷肥完全自给并有少量出口，钾肥国内保障能力达到60%以上。

《规划》要求**加强产业集中度，大幅减少氮肥、磷肥和复混肥企业数量，大中型氮肥企业产能比例达到80%以上，大型磷肥企业产能比例达到70%以上；**优化品种结构，单质肥复合化率、大颗粒尿素比例逐步提高。鼓励发展按配方施肥要求的复混肥和专用肥，重视发展中、微量元素肥料，缓控释肥料。

《规划》提出要逐步形成以大型化肥企业为主导的生产经营格局，鼓励大型企业通过兼并重组、淘汰落后及建设化肥基地等方式，进一步壮大经营规模和实力。**鼓励氮肥企业和煤炭企业联合建设化肥用煤生产基地，保障化肥用煤稳定供应。**引导以天然气为原料的化肥企业调整原料结构。推动磷肥技术进步，提高资源保障能力，重点开发和推广中低品位磷矿制酸及磷酸精制技术，在云南、贵州建设1 800万t的磷矿采选能力。这些举措的实施表明，目前国家已认识到磷矿资源的紧缺，由于30%以上品位的富矿越来越少，如何将低品位磷矿洗选成为可供下游使用的精矿将是“十二五”期间要重点解决的问题之一。除以上举措，还要建设大型钾肥基地。《规划》提出“十二五”期间要重点依托青海和新疆钾肥资源优势建设大型钾肥基地，青海基地进一步优化资源配置，新增100万t钾肥产能(实物量)，新疆基地力争新增170万t钾肥产能（实物量）。同时，加快境外钾肥基地建设步伐。

此外，据财政部公布的《2015年关税实施方案》细则，自2015年1月1日起，化肥行业各肥种出口关税取消淡旺季税率，全年均按统一标准计征，如尿素2015年统一执行80元/t，其余氮肥税率5%；磷酸一铵、磷酸二铵磷酸一铵、磷酸二铵2015年税率均为100元/t，其余磷肥品种全年税率5%。关税统一后，肥料生产企业总体出口成本有所下降，且出口窗期由淡季扩大至全年，出口关税松绑，利于提振行业信心，**未来国内化肥出口或有所增加，有助于化解过剩产能。**

四、氮肥行业生产分析

中国氮肥产量已居世界第一位，基本上能满足国内需求，同时也是氮肥出口大国。**氮肥是我国农业生产和消费最多的化肥品种，其种类主要包括尿素、碳铵、硫铵和硝铵等，尿素是生产和消费的主要种类。**尿素的含氮量高达46.65%，将其施入土壤后，不会在土壤中残留，长期施用也不会造成土壤变质和板结。相比之下，碳铵、硫铵和硝铵的含氮量较低，且施用后将严重影响土壤质量，导致土壤健康质量下降。当前，我国氮肥工业获得了长足的发展，已经成为了具有一定规模的生产能力、较高技术水平、布局基本合理和生产配置相对完善的重要化工行业。氮肥品种较齐全，主要有尿素、碳铵、氯化铵、硝酸铵等，其中尿素约占2/3，碳铵约占1/5。

氮肥在生产过程中是一个高耗能的过程，合成氨生产过程是化工五大（合成氨、烧碱、纯碱、电石、黄磷）能耗重点行业之一。现代氮肥工业生产所用的原料主要是合成氨，在世界范围内，合成氨生产占氮肥工业能源消费的87%. 其原料主要有煤炭、天然气、石脑油等化石能源。

我国氮肥已经形成具有中国特色的技术路线，工艺技术和设备制造基本国产化。产能增加的同时，中国氮肥装置发展大型化趋势明显。中国氮肥生产企业中大型化达到了国际水平，出现了达30万t合成氨/52万t尿素生产能力单系列装置，并且在山西、内蒙古等能源资源地出现了合成氨产能达80万t、尿素产能超过140万t的特大型装置。

根据我国能源结构的特点：煤炭资源丰富，石油、天然气资源不足，决定了我国氮肥生产原料以煤为主。世界合成氨生产2/3以天然气为原料，而中国合成氨生产3/4以煤炭为原料，而煤炭生产合成氨造成的二氧化碳排放量约为天然气的2.4倍。资源与环境代价相对较高，但是节能降耗的潜力也较大。虽然国内的技术改进一直在进行，但是能耗依然高于国际水平。世界合成氨能耗均值在1 249 kg标煤/吨氨，2011年，中国合成氨能耗平均1 575 kg标煤/吨氨，与世界水平相比高出20%。产量增加的同时，产品结构也发生了变化。氮肥产品结构从以低浓度为主变化为以高浓度为主，其中尿素是发展的主要产品。

我国氮肥产业经过了从分散到集中的过程。在20世纪末，氮肥企业曾一度达到 1 600 多家，2013 年减到 400 多家，企业规模也不断扩张。

从行业分配上看，氮肥在工业和农业间都有消费。氮肥农业消费于种植业、林业、渔业、畜牧业、草地和设施园艺等领域。工业氮肥应用领域也较广，包括人造板、三聚氰胺、民爆炸药，电厂和汽车尾气脱硝。2012 年数据显示，中国氮肥表观消费量增长到 4 491 万 t，其中工业消费量约占 16%、农业消费量占 76%。

氮肥生产需要大量的能源，尤其是合成氨工业。**氮肥的出口相当于能源的出口，这与我国能源进口的形势相矛盾。导致这一问题的主要原因是我国氮肥产能发展过快，产能过剩严重。**由于近年来国际氮肥产能过剩，氮肥出口形势并不乐观。与以天然气为原料的国际企业相比，以煤为原料的我国氮肥生产成本和环境成本并不占优势，过度依赖于国际市场的氮肥新建装置如果面临出口乏力的状况，将面临巨大的风险。

五、磷肥行业生产分析

2007 年之前，中国磷肥长期供不应求，但之后形势逆转，成为磷肥出口大国。磷肥是资源性产品，资源配置是否合理和优化，是决定磷复肥行业竞争力的基本条件。中国具有较为丰富的磷矿储量，约占世界磷矿储量的 5.7%，磷矿产区主要集中在贵、云、川、湘、鄂 5 省，5 省磷矿储量占我国磷矿总储量的 85%。但是面对日益增长的磷矿消耗量（世界产量的 38%），中国磷矿资源正面临巨大的危机。据乐观估计，中国磷矿也只能够利用 100 年左右。

磷肥目前主要以高浓度浓磷酸浆料与氨合成的磷酸二铵、磷酸一铵磷复肥产品为主，目前占比基本为 40% 和 35% 左右。

在生产上，我国经历了技术装备引进、消化吸收、自主创新、逐步实现装置大型化国产化的进程。磷肥单系列装置实现了 30 万 t 的磷酸基硫酸和磷酸二铵的配套国产化技术，产生了一批如云天化、瓮福、开磷、宜化、新洋丰等一批大型的磷复肥生产企业。以磷肥产品产能为例，我国云天化磷肥产能仅次于世界最大磷肥生产公司 Mosaic，宜化的磷肥产能也接近于俄罗斯的 PhosAgro 公司。

世界磷肥结构中，高浓度磷肥约占 90%、低浓度磷肥占 10% 左右。我国也跟随了世界潮流，以高浓度磷肥为主要发展产品，低浓度磷肥产品过磷酸钙、钙镁磷肥产品比重下降。

至 2013 年，**我国磷肥产能达 2 350 万 t 五氧化二磷/年（实际生产 1653 万 t），而我国磷肥消费量约为 1 100 万 t/年，产能过剩比较严重，必**

须通过出口来调节。

六、钾肥行业生产分析

由于受到资源的制约，中国钾肥产业发展缓慢，经过20多年漫长的钾矿资源的勘探，在20世纪80年代才开始发展本国的钾肥产业。1990年，我国钾肥产量只有3.6万t氧化钾，到2003年增长到62.4万t氧化钾。2003年之后，钾肥产量增加逐渐加快。直至2009年，我国新建了一批钾盐项目和突破了固体钾盐矿床的利用技术，才大大缓解了供需矛盾。2013年，钾肥产量增加到472.3万t氧化钾。

产能增加的同时，钾肥装置的水平不断提高，出现了大型化的生产装置，目前，中国最大的青海盐湖钾肥产品产能在260万t/年，但和世界先进水平（1 000万t/年左右）相比差距巨大。

我国钾肥产品主要是氯化钾，硫酸钾、硝酸钾等，以前两者为主。由于受资源集中的限制，我国钾肥生产主要集中在资源产地青海与新疆。2013年，青海和新疆两省钾肥产量分别为391.5万t和72.9万t，分别占资源型钾肥产量的82.9%和15.4%。加工钾肥主要分布在用肥大省。2013年，四川、广东和山东加工型钾肥合计产量42.6万t，占加工型钾肥总量的50.3%。2013年，我国钾肥企业有173家，其中资源性钾肥型企业有43家、加工钾肥130家。

随着我国钾肥产量的不断增加，进口依存度下降。1990年之前，我国钾肥产量极低，消费几乎全部依靠进口。2009年之后，稳定在50%左右。我国钾肥主要从俄罗斯、加拿大、白俄罗斯和以色列进口，占钾肥进口量的90.0%。进口产品主要是氯化钾，占总进口量的97.7%。

近年来，我国工农业钾肥消费量约600万t氧化钾，趋于稳定。**当前，我国农业钾肥消费量略少于我国化肥钾的需求量，但处在合理的消费范围。**未来随着钾肥供应进一步充足和粮食产量的提高，钾肥的消费量可能会略有增加。

注：不同种类化肥生产企业面对的主要风险

（1）氮肥：生产企业资源掌控能力较弱；尿素产能相对过剩，出口受到严重的阻碍；需求相对稳定，增长潜力较小；部分大型装置技术装备仍依靠引进；生产企业不掌控销售渠道，市场调控能力弱；集约化程度相对较低。

（2）磷肥：磷肥生产的重要原料如硫资源对外依存度高，进口依存度大；磷肥产能相对过剩，而产品出口受阻；磷肥需求从高增长转入稳定期，增长潜力小。

(3) 钾肥：钾肥资源不足，进口量较大，自给率低，在市场定价上，国外出口商有优势；资源赋存条件差，开发成本高；开拓国外资源渠道进展缓慢。

(4) 复合肥：重视生产、轻农化服务，产品不能适应精准施肥的要求，假冒伪劣产品依然存在；生产厂家众多，企业规模相对较小，营销成本偏高。

七、行业评审技术指引

(1) 化肥是农业作物生产增产保量的刚性需求产品，出于保障国内农业生产健康发展的考虑，国家政策调控较多。化肥行业目前的政策主要包括进出口关税政策、进口配额政策、淡季收储政策，要关注这些政策对具体厂家经营能力的影响。

(2) 关注企业的资质和环保达标情况。**企业主导产品须通过农业部正式登记（免予登记的产品除外）并质检合格，**同时生产、环保和能耗水平应符合《化肥工业“十二五”发展规划》的标准或强制性规范要求。在化肥生产过程中，会产生氧化硫、气态氟化物等有害物质，并且会产生大量的粉尘，有少量的氨气泄漏，对环境造成污染。由于近年来行业盈利空间收窄，部分企业对于环保设备投入力度较小，生产中的环保问题较严重。而另一方面，新环境保护法的实施对化肥企业的要求更加严格，随着未来环保整理力度加大，环保达标企业市场占有率有望提升。

(3) **化肥行业的盈利主要取决于化肥价格和原材料成本之差。**国内化肥子行业所面临的供需情况差异较大：其中原材料成本受细分行业和企业资源禀赋区别有所差异，而化肥价格取决于行业供需情况。近年来人口增速下降，种植业处于过量施肥状态，化肥消费增速可能会持续下降。而化肥行业进入壁垒较低，近年产能增长明显，尤其是2009和2012年两波投资导致产能进一步增长，**目前化肥产量持续超过需求量，产能整体过剩比较明显。**

(4) 具体到子行业，由于资源禀赋不同，国内各类化肥所面临的供需情况差异较大，行业分化趋势明显。**单肥中盈利空间从优至劣排序为钾肥、磷肥、氮肥，复合肥个体差异严重，取决于创新产品技术能力和渠道品牌优势。**氮肥国内外竞争激烈，国内产品成本相对国外没有优势，压力可能进一步加剧，盈利空间难以明显改善。从国际上来看，磷肥产能供给增速下降，加上伴随关税调整，出口可以消化一部分产能，且国内磷肥企业一体化率较高，有一定竞争优势。钾肥相对而言仍将受益于资源的稀缺性。另外，按照国内肥料升级等政策导向，钾肥和龙头的复合肥企业供需状况将保持良好。

（5）氮肥企业整体对上游议价能力不强，作为中游环节的制造业特征显著。相对而言，**气头尿素成本低于煤头尿素**（气头尿素企业的天然气成本与煤炭成本相近，不过耗电量较低，综合成本整体低于煤头尿素）。不过国内受到资源分布限制，煤头尿素产量占比达70%，气头尿素占比仅为30%。尿素最主要的成本为合成氨，目前多数企业均自配合成氨生产设备和能力，但原材料均需外购。我国煤头尿素现金生产成本主要来自煤、电力和蒸汽，占比为35%～40%、30%～35%和8%～10%，由于尿素企业主要采用电网供电，电价个体成本差异较小且年度间波动不大，因此企业间成本差异主要是煤炭成本差异及其波动影响。对于煤头尿素企业，由于生产1t尿素需要0.58t合成氨，而生产1t合成氨需要1.3t煤，因此生产1t尿素需要耗用0.75t煤炭，按此推算，**尿素吨价格－0.75t煤炭成本可以简化表示该行业基本的盈利空间。**可以据此了解具体企业的成本控制能力，测算单个企业的差异化优势和竞争能力。

对于煤头尿素企业来说，原料价格有差异，要关注企业原材料的品种，价格从低到高分别为西部煤炭、烟煤、烟混煤和无烟煤。**烟煤成本明显低于无烟煤，但具有先进煤气化技术的生产商才能利用烟煤。**目前采用先进煤气化技术利用烟煤的氮肥生产装置比例不到20%，该类企业生产成本优势显著。

氮肥由于产能过剩严重，整体景气度难以回升，但是其中具有成本优势的企业竞争能力相对较强，主要包括两类：**一是拥有稳定气源的气头尿素生产商，二是拥有先进技术、可以利用成本较低的烟煤作为原料的煤头生产商。**国内的氮肥装置向大型化发展，**一般而言，年产尿素60万t的企业就算有一定规模了。**

（6）磷肥生产企业重点了解其是否具备磷矿资源、矿石品位情况和液氨生产能力。我国磷肥行业盈利空间主要受磷肥产品价格走势影响，主要由行业供需决定。磷肥最主要的生产成本为磷矿、硫酸和液氨，**生产1t磷酸二铵，需要1.85t磷矿石、1.3t硫酸和0.22t液氨，其中磷矿为40%～50%。**目前国内磷矿产能中一体化产能占比60%，因此**磷肥企业必须有比较高的原料自给率，且磷铵肥规模在50万t以上才有竞争能力。**

（7）钾肥生产企业的资源属性较强，需要控制钾盐资源。钾盐资源集中度很高，并且国内资源稀缺，中国钾盐资源储量全球占比仅2.2%，集中在青海察尔汗湖和新疆罗布泊湖。全球150个国家消费钾肥，但只有12个国家生产钾肥，且钾盐资源集中在加拿大和俄罗斯，两国合计资源储量全球占比超过60%，因此大部分农业大国均需要从上述两国大量进口钾肥。国内钾肥价格跟随国际钾肥价格趋势变动，行业盈利空间主要受寡头垄断下的国际钾肥产品价格走势影响。由于资源禀赋较好的钾盐资源掌握在国际寡头手中，**国内基本不存在产能过剩的状况，钾肥生产企业普遍盈利能力较好。**

（8）复合肥企业进入门槛不高，处于完全竞争状态，行业整体竞争激烈，产能过剩，开工率仅25%左右。不过复合肥产品全部直接面对下游流通和农户，由于产品种类较多，市场比较分散，对应的作物种类和土地属性差异较大，需求多样化，**拥有新型肥料技术和渠道品牌的复合肥企业具有竞争优势。**

八、行业趋势展望

建国以来，我国氮肥产业发展快速，大型氮肥装置成为我国氮肥生产的主力，占我国氮肥产能约54%。但是与国外的氮肥发展相比，我国氮肥装置在规模上还有差距。按照我国目前的现状，**我国合成氨生产装置平均在16万t/套以下，而美国平均产能为32万t/年，印度平均产能为30万t/年。**在产能过剩的背景下，国家加强高效产能对低效产能的替换以化解产能过剩，同时进一步提高大型化的比例。此外，氮肥产品发展单一，利用率低，应该升级改造已有产品或者发展新产品，以达到增产、增效的目的。我国为磷肥出口大国，出口主要是产能过剩所致，但前景并不乐观。我国磷肥主要出口到印度，但印度近年来肥料补贴率下调，其次，印度周边地区磷肥产能增加，下游需求有限，竞争非常激烈。钾肥相对而言仍将受益于资源的稀缺性，保持良好的行业景气度。在复合肥方面，我国目前复合化率已与国际水平接近，但是其中普通复合肥占比高，新型肥料如水溶肥、硝基肥、缓释肥等使用比率远低于国际水平，增长空间较大。

根据农业部通知，未来国内化肥总体施用量增速进一步下降，其中氮肥受到的冲击最严重。2015年，农业部印发《到2020年化肥使用量零增长行动方案》和《到2020年农药使用量零增长行动方案》的通知，指出**我国目前亩均化肥施用量21.9 kg，远超世界平均水平（每亩8 kg），**为美国水平的2.6倍，欧盟水平的2.5倍。施肥的地域和结构不均衡，**重化肥、轻有机肥，重大量元素肥料、轻中微量元素肥料，重氮肥、轻磷钾肥“三重三轻”问题突出。**预计我国化肥施用总量未来增速将进一步下降。单质肥细分领域当中，氮肥受到的负面影响最大，磷肥和钾肥冲击较小。

随着市场竞争的加剧、环境保护意识的增强，化肥产业面临着增产模式转变、资源短缺、生产成本提高及低碳减排生产等几方面的巨大挑战，如何保证我国化肥产业的可持续发展，使我国化肥产业提升到一个新的水平，是化肥行业面临的重大战略任务。

第二部分 案例分析

一、授信申报情况

授信申报日：2013 年 12 月

申请人：YT 化肥有限责任公司

申请事由：补充流动资金

授信申请方案：流动资金贷款 5 000 万元（存量归还后再贷），期限 1 年

（一）申请人基本情况

申请人注册地址在长三角地区，前身是 20 世纪 60 年代成立的县国营化肥厂，21 世纪初完成了产权改革，当前注册资本为 3 000 万元，其中 51% 由 LC 农资销售公司控股，49% 由自然人控股。LC 农资销售公司是华东地区大型农业生产资料销售企业之一，自然人股东为改制前的厂长，现担任公司的法人代表、总经理，拥有丰富的行业经营经验。

截至 2013 年年末，企业有职工 600 余人，其中工程技术人员 100 余人。厂区位于沿海城市的经济开发区内，附近有高速公路、火车站、港口，交通便利。

公司先后通过了 ISO9001 质量管理体系、ISO14000 环境体系及国家能源管理体系等认证。

申请人比较重视环保，排污许可证、安全生产许可证齐备，投资 2 500 多万元，完善了尿素废水深度水解及污水处理设施，每年的排污运行费用在 1 000 万元左右，公司在排污的基础上进行废物再利用，售出的废物煤渣每年收入数百万元。

（二）生产能力

目前公司生产运行正常，已形成年产尿素 32 万 t、复混肥 10 万 t、甲

醇 10 万 t 的生产规模。

主产品“YT”牌尿素系中国国际农业博览会名牌产品、国家免检产品、省名牌产品，“YT”商标系省著名商标。企业所在地级市是华东农业大市，每年的化肥需求量很大，该公司产品覆盖全市及周边市县，在附近地域具有一定的知名度。

（三）申请人 2011—2013 年主要产品生产情况表

2011—2013 年主要产品生产情况表如表 7-2 所示。

表 7-2　2011—2013 年主要产品生产情况

产　品		2011 年	2012 年	2013 年 11 月
尿素	产能	320 000	320 000	320 000
	产量	187 787	210 049	206 336
	产销率	100	100	100
甲醇	产能	100 000	100 000	100 000
	产量	13 794	15 572	19 173
	产销率	100	100	100

（四）申请人供销情况

公司所需煤依靠外购解决，原材料主要从山西、河南等地煤矿进货，原材料货源供应充足。产品销售主要在长三角附近市县销售。

原材料与产成品近 3 年来价格走势如表 7-3 所示。

表 7-3　近 3 年原材料、产成品平均价格及产量调查　（单位：元/t）

品　种	2011 年	2012 年	2013 年
块煤	1 527	1 480	1 277
末煤	1 078	946	835
烟煤	1 194	880	880
尿素出厂价	2 202	2 156	1 981
甲醇出厂价	2 780	2 801	2 870

企业与附近省份的大型国有煤炭生产集团建立了长期良好的合作关系，煤炭巨头每年都安排计划煤供应给该公司，原材料供应较稳定，结算方式一般为月结 30 ~ 60 天。

销货多采用 LC 农资销售公司代理销售和厂部直销方式，其中通过 LC 农资销售公司销售的占 60%。结算部分采用现金，部分银行承兑汇票或信用证结算，现金结算占比50%，银行承兑汇票或信用证结算占比50%，货款一般结算期在3个月以内。

（五）申请人财务情况及科目明细解释

申请人近3年及当期财务数据简表如表7-4所示。

表7-4　近3年及当期财务数据简表　　（单位：万元）

序号	项　　目	2010年	2011年	2012年	2013年11月
1	总资产	63 664	73 407	74 093	77 142
1.1	流动资产	26 858	28 996	32 258	35 267
	其中：货币资金	12 283	11 308	15 871	12 831
	应收账款	1 182	1 517	456	1 462
	其他应收款	162	233	186	463
	存货	8 584	10 840	11 232	15 776
1.2	长期投资	0	0	0	0
1.3	固定资产净值	19 988	30 412	27 778	28 973
1.4	在建工程	3 581	1 100	1 434	383
2	负债总额	39 066	47 133	46 011	47 171
2.1	流动负债	30 958	30 098	29 955	39 163
	其中：短期借款	10 100	11 300	10 150	17 100
	应付票据	9 000	14 200	14 400	16 000
	应付账款	1 528	1 790	2 218	2 273
2.2	长期借款	2 004	0	0	0
	长期应付款	6 104	17 035	16 056	8 007
3	所有者权益	24 598	26 273	28 082	29 972
	其中：实收资本	3 928	3 928	3 928	3 928
4	主营业务收入	46 025	46 784	53 129	43 614
5	主营业务利润	4 401	5 114	6 126	5 196
6	投资收益	0	0	0	0
7	利润总额	2 146	2 220	2 411	2 354
8	净利润	1 610	1 675	1 809	1 889
9	经营活动现金流入量	147 920	55 359	62 388	/
10	经营活动现金净流量	6 378	11 214	10 917	/

（续）

序号	项　目	2010 年	2011 年	2012 年	2013 年 11 月
11	投资活动现金净流量	-70	-11 430	-420	/
12	筹资活动现金净流量	-5 224	-759	-5 933	/

1. 财务报表明细情况

（1）货币资金：期末货币资金主要为银行存款，其中60%是开立银行承兑汇票的保证金。

（2）应收账款：应收账款主要是物流公司和各农资公司欠款。

（3）预付账款：申请人期末预付账款4 600万元，为预付的煤炭款及电费，主要是给各煤炭集团等供货商的购煤款。

（4）存货：申请人存货构成分为3项，一是在途物资（占17%），二是原材料（占51%），三是库存商品（占32%）。截至期末，存货余额较年初增加4 500万元，系为确保年末生产，增加原材料库存，提前支付部分煤炭款。

（5）固定资产：期末固定资产净值余额为2.9亿元，主要包括房屋建筑物、机器设备、运输工具、其他设备等。其中房屋建筑物占比29%、生产设备占比69%。

（6）在建工程：2013年11月末，在建工程为383万元，较年初减少1 051万元，为公司已完工的尿素深度水解项目及污水管网改造项目结转固定资产。

（7）无形资产：2013年11月末，无形资产为1.2亿元，为土地使用权。

（8）短期借款和应付票据：这两个科目主要是银行给予申请人的融资，申请人和当地主要银行均有合作，较年初有所增加，企业融资主要用于增加原料及煤炭的储备。

（9）长期应付款：期末长期应付款余额为8 007万元，较年初减少8 049万元，为与LC农资销售公司的往来款减少。

（10）收入利润表和现金流情况：申请人近3年的销售收入年增长率为3.8%、1.65%、13.56%，利润总额基本保持在2 000余万元。2013年1—11月实现收入43 614万元、利润2 354万元，收入较去年同期略有下降，利润较去年略有上升，主要原因是本年尿素价格下跌，但公司提高了尿素、甲醇等主要产品产量，降低单位产品固定成本；并积极开拓市场保证销量，以做到尿素产品的利润水平不受市场行情影响过大。此外，2013年下半年甲醇市场价格有一定涨幅，该公司努力增加甲醇产量，以增加甲醇销售利润。

申请人近3年经营活动现金净流量为6 378万元、11 214万元和10 917万元，由于主产品尿素单位市场价格下降幅度较大，在产量略有上升的情况下，申请人销售收入略有下降，但近3年经营活动现金净流量较为稳定，始终保持正值。

2. 重点财务指标情况

近3年公司流动比率分别为86.76%、96.34%、107.69%；速动比率分别为59.03%、60.32%、70.19%，近3年公司流动比有所提高，为固定资产建设导致短贷长用的现象逐步改善，短期偿债能力较强。如表7–5所示。

表7–5　近3年资产负债率、流动比率和速动比率

项目名称	2010年	2011年	2012年
资产负债率（%）	61.36	64.21	62.10
流动比率（%）	86.76	96.34	107.69
速动比率（%）	59.03	60.32	70.19

近3年申请人资产负债率分别为61.36%、64.21%、62.10%。近3年公司整体负债水平基本保持稳定，公司长期偿债能力较强。如表7–5所示。

2012年公司总资产周转率0.72、存货周转率4.26、应收账款周转率53.88。由于2013年化肥行业整体行情下行，公司2013年营运能力指标有所下降。具体如表7–6所示。

表7–6　近3年存货周转率、应收账款周转率和总资产周转率

项目名称	2010年	2011年	2012年
存货周转率（次）	9.7	7.69	4.26
应收账款周转率（次）	42.15	34.68	53.88
总资产周转率（次）	0.72	0.68	0.72

如表7–7所示为近4年销售净利率和净资产收益率。

表7–7　近4年销售净利率和净资产收益率

项目名称	2010年	2011年	2012年	2013年11月
销售净利率（%）	3.5	3.58	3.4	4.33
净资产收益率（%）	6.54	6.58	6.65	6.51

从上述各项指标看，申请人近3年来各项利润指标较为稳定。

（六）借款用途和还款来源

借款人本次申请授信5 000万元，为存量贷款到期归还后续作，用途为购买生产用原材料及辅料，以回笼资金作为还贷来源。

（七）担保情况

本次授信由银行认可的企业提供保证担保。

二、风险评估

（一）申请人及行业优势分析

（1）申请人为氮肥生产企业，主要产品为尿素、甲醇等，主要原料是煤炭；已形成年产尿素32万t、复混肥10万t、甲醇10万t的生产规模；所在城市为农业大市，对产品有一定的需求量，公司品牌在附近地域已有一定的知名度。

（2）申请人大股东LC农资销售公司是华东地区大型农业生产资料销售企业之一，产品在销售渠道上有一定优势。

（3）申请人拥有排污许可证、安全生产许可证等，总体上环保达标，也比较注重资源的循环利用。

（4）企业具备合成氨生产设备，和当地电厂合作紧密；在煤炭采购上，与数个煤炭巨头建立了长期良好的合作关系；近年来煤炭价格下行，减轻了公司的生产成本压力。按尿素吨价格－0.75 t煤炭成本测算，企业有一定的盈利空间。

（5）从财务报表上分析，2010—2012年企业销售每年均能稳中有升，保持增长态势，负债率情况正常，总体财务指标平稳，近年经营活动现金净流量为正值；和多家金融机构合作，融资渠道较广，股东LC农资销售公司给予的资金支持力度也比较大；有一定的现金调度能力。

（二）行业风险分析

（1）申请人为氮肥生产企业，在单肥中盈利空间最小，且氮肥当前产能过剩最为严重，下游需求相对稳定，没有太大的增长空间；公司目前产能利用率不足，以后大幅改善的可能性较小。

（2）申请人年产尿素32万t，虽然高出本行业平均水平，但总体上生产能力一般，缺乏规模优势。

（3）经补充调查，申请人不具备先进煤气化技术利用烟煤的氮肥生产装置，所以虽然也使用烟煤等原料，但产品没有成本优势。

（4）借款人银行短期贷款期末增长较快，虽然可以用当期增加授信以扩大原料采购规模来解释，但考虑到企业刚对环保设备进行了升级，不能排除短贷长用、以贷还贷的问题，要对贷款资金流向加强关注。

三、评审结论

企业是典型的区域性中型煤头尿素生产商，规模有限，但在当地有一定的品牌声誉且有销售渠道优势，可以继续支持。但在额度上应该加以控制，并加强对贷款资金流向的管理。

第八章　建筑行业风险研究和授信评审案例

关键词：资质、在手工程量、挂靠与自营

第一部分　行业分析

一、综述

建筑业历来是我国国民经济的支柱产业之一，在国民经济和社会发展中有着十分重要的地位和作用，是在工业化、城市化和现代化过程中兴起、发展所形成的独立产业，同时又推动了工业化、城市化和现代化的进展，成为现代社会经济系统中不可缺失的组成部分。作为我国重要的物质生产行业，建筑业与整个国家的经济发展和生活水平的改善有着密切的联系，在整个国民经济的资源配置中发挥着确定、优化、成型的枢纽作用；其次，建筑业对相关产业的带动作用也非常明显；最后，作为劳务输出大国，建筑业对我国出口也贡献良多。

建筑业不同于一般性的制造业，与制造业面向订单式的生产活动相对应，建筑业是以项目为驱动的，以项目的形式来确定生产活动。其生产过程和建筑产品的基本特征可表现为：

（1）产品的生产和使用地点固定，其多样性和不可重复性的特点决定了建筑产品一般不可能进行工业化大生产，需要逐个分别进行设计和施工。单件一次性是建筑产品的一个典型属性。

（2）现场生产。建筑产品的生产过程是一种现场生产过程。建筑产品

的所在的现场往往都是由业主事先确定的，而承包商则必须在指定的地点进行建造。

（3）生产周期长、规模大，生产过程中的不确定因素比较多，且在生产过程中不易逆转，需要在事前做好充分准备。建筑过程中涉及的利益主体是多重的，包括设计商、材料供应商、承包商、分包商等，而要将这些不同的利益主体联系起来，共同完成建筑产品的生产，这就需要借助一些临时性的组织，比如在传统的建筑过程中一般都采用项目管理的模式，设立一个统一的对各个参与的主体进行协调或管理的项目部，这个项目部并非一个常设的组织机构，而仅仅是针对一个建筑产品的建设而成立的，是为了达到多个组织、多个主体的协调合作。

（4）机械化及自动化水平不高。与一般工业企业相比，建筑生产机械化、自动化提高相对较慢，不少工序仍以手工作业为主，劳动强度大。

建筑行业上下游有着完整的产业链，其中上游涉及钢铁行业、建材行业、咨询行业及金融行业；下游行业包括房地产、铁路、公路、桥梁、航空、地铁等行业，以及水利港口、建筑安装、装饰装修等。在这些产业链行业中，**钢铁价格由于建筑标准中用钢率的大幅提升，已成为决定建筑行业利润率的关键因素；**而水泥行业则更多地取决于建筑业下游行业的状况。水利、公路、铁路等按照“十二五”规划都会继续快速增长，房地产受到国家政策的宏观调控，但总体增长量仍然会缓慢继续；所以建筑业未来依旧有相当大的发展空间。

注：建筑业和房地产业的关联与不同

房地产行业属于第三产业。房地产行业负责的项目前期开发、物业维护和销售工作更多地体现了服务业的性质。前期开发包括项目规划、设计、项目可行性研究和水文地质勘查测绘。在房地产项目规划书中可以了解到地块的周边景观与历史，项目所属的市政规划与未来布局；需要共建的配套系统等内容；具体到房屋墙面材料、颜色、风格等工作都需要有所涉及；要确定项目的定位，明确要卖给什么样的群体，进而设计主力户型；最关键的是要做好财务规划，控制好成本，保证项目的盈利。房地产公司并不直接建设房屋，而是委托给建筑公司进行建筑。房地产公司取得土地使用权后，会请建筑公司进行建设，成为建筑公司的甲方，它会受到更多的重视，有更多的话语权。

建筑业属于第二产业。建筑业是专门从事土木工程、房屋建设和设备安装及工程勘察设计工作的生产部门。其产品是各种工厂、矿井、住宅及公共设施的建筑物、构筑物和设施。房地产业则是以土地和建筑物为经营对象，从事房地产开发、建设、经营、管理，以及维修、装饰和服务的综合性产业。建筑业的工作是生产建筑物，并不销售房屋。房屋产品没有在建筑公司手上变成现金，所以没有成为房价高涨的直接受益者。对建筑企业不利的是，尽管房地产市场保持了一定的热度，但建筑业人工成本的上升使其总成本居高不下，而伴随着竞标的“价低者赢”的规则，建筑公司虽然增加了业务量，但并没有享受到房地产行业那样的繁荣，建筑业公司平均利润率仍然不足两位数。反观房地产行业，能获得10%利润率的中小型地产商比比皆是。

注：建筑业资质及认定。

建筑业企业资质分为施工总承包、专业承包和劳务分包3个序列。取得施工总承包资质的企业，可以承接施工总承包工程。

施工总承包企业可以对所承接的施工总承包工程内各专业工程全部自行施工，也可以将专业工程或劳务作业依法分包给具有相应资质的专业承包企业或劳务分包企业。

取得专业承包资质的企业，可以承接施工总承包企业分包的专业工程和建设单位依法发包的专业工程。专业承包企业可以对所承接的专业工程全部自行施工，也可以将劳务作业依法分包给具有相应资质的劳务分包企业。

取得劳务分包资质的企业，可以承接施工总承包企业或专业承包企业分包的劳务作业。

施工总承包资质、专业承包资质、劳务分包资质序列按照工程性质和技术特点分别划分为若干资质类别。各资质类别按照规定的条件划分为若干资质等级。

二、建筑企业的“挂靠”问题

建筑市场的挂靠经营兴起于我国建筑市场资质管理制度的确立，而资质管理制度正是设置了建筑市场准入的门槛。为了保证建筑市场健康发展，维护公平有序的竞争，提高市场的竞争效率，以1984年出台的《建筑企业营业管理条例》为标志，我国开始实施对建筑企业实行资质管理的市场准入制度。条例规定，建筑企业必须严格在规定的范围内营业，不得越级承揽工程。而所谓“工程挂靠”，主要是指不具备承接某项工程资质要求的单位或个人，以某个具备资质条件的企业名义去承接施工任务，并向该资质施工企业交纳相应“管理费”的行为。建设工程的挂靠形式主要有如下两种：一种是指挂靠人或挂靠单位带着工程信息与被挂靠单位商谈承包条件，一般以缴纳少量管理费达成协议，然后由挂靠人携带被挂靠单位公章、资质证书、营业执照等有关证件与建设单位签订工程承包合同；另一种是挂靠人携带一定管理人员、机具设备、资金和队伍投靠被挂靠单位，并交付较高管理费用后以被挂靠单位名义承接工程。

注：挂靠的定义

挂靠经营并非专用的法律术语，是在市场运行过程中约定俗成的概念。在实际中如何界定挂靠经营行为，深圳市于2001年出台的《深圳市制止建设工程转包、违法分包及挂靠规定》（以下简称《规定》）对挂靠经营行为的界定比较严谨、全面。其中，第六条规定下列行为属挂靠行为：

（1）通过出租、出借资质证书或者收取管理费等方式允许他人以本单位名义承接工程的。

（2）无资质证书的单位、个人或低资质等级的单位通过各种途径或方式，利用有资质证书或高资质等级单位的名义承接工程的。

考虑到上述两条标准操作性不强，《规定》第七条又对挂靠行为的界定进行细化，强调具备下列情形之一的，以挂靠行为论处：

（1）合同约定的施工单位与现场实际施工方之间无产权关系。

（2）合同约定的施工单位与现场实际施工方之间无统一的财务管理。

（3）合同约定的施工单位与施工现场的项目经理及主要工程管理人员之间无合法的人事调动、任免、聘用及社会保险关系。

（4）合同约定的施工单位与施工现场的工人之间无合法的建筑劳动用工和社会保险关系。

挂靠行为的存在，与挂靠、被挂靠、发包企业有利可图有密切关系。被挂靠企业出借自己的资质这一无形资产，收取所谓的管理费，在不增加人员、设备，不额外投资的情况下，以自己的名义建设更多的项目，既扩大了知名度，又积累了工作业绩，为企业的升级打下了基础；而无资质或者低资质的人员、企业，通过使用被挂靠、转包单位相应的资质，承揽到自己无法承揽的工程项目，获得了更多的施工机会和利润。此外，低价中标也使挂靠成为转嫁风险的重要手段。在工程建设领域中，业主单位压工期、压造价现象严重，业主单位大幅压价，导致建筑企业失去应有的利润空间。一些建筑企业收取挂靠人的利润，既可以直接获利，省时、省力、省钱，也可以将风险转移出去。

挂靠项目的管理人员主要由挂靠人从社会各地临时招聘组成，人员素质、施工管理能力水平，以及管理制度都难以保证建设目标的实现，再加上挂靠形式的特殊性，被挂靠的建筑施工企业难以对挂靠方进行有效的管理，这就为建筑施工企业及建设工程本身带来了较大的风险。在挂靠合作中，对外经济活动都是以被挂靠企业的名义进行，挂靠企业利用被挂靠企业的资质、品牌、信誉等优势，对外承揽工程，并最大程度地为自己谋取利益。挂靠企业除了上交一定的管理费用给被挂靠企业外，通常可以自主施工，被挂靠企业难以对其实施有效的监管，一旦出现争议，依法应由被挂靠企业承担法律责任。如施工过程中的工程质量、交付期限、工程款使用、工资发放、材料款、工伤、工亡及保修、保养等，任何一个环节发生纠纷，被挂靠企业都将难辞其咎。

工程挂靠现象的存在有着深刻的社会原因和复杂的经济背景，虽然我国目前的法律对建筑企业借用资质明令禁止，但对是否属于借用资质行为没有给出具体的、可操作性的规定。因此，在建筑市场还不规范的情况下，挂靠人和被挂靠人应尽可能采取一些变通的方式，达到从形式上规避法律风险的目的。事实上被挂靠人或多或少都吃过挂靠的苦头，也知道挂靠有一定的风险，但面对竞争激烈的建设市场及目前市场的大环境，仍同意被挂靠。**挂靠现象在中国建筑市场是客观存在的，并且在一段时间内仍将会长期存在。**对风险评审人员而言，了解拟授信建筑企业对挂靠行为的管理水平是非常重要的。

三、多元化与转型升级

建筑行业具有强周期性，容易随着宏观经济的波动而大幅波动，这种性质是建筑施工行业的根本属性之一，靠一般的管理手段难以化解。面对竞争日趋激烈的市场，不少建筑施工企业面临量增利不增，甚至是量增利减的尴尬局面。与其他行业相比较，建筑行业利润率相对较低，利润率完全不能跟上建筑企业产值的增长。当原有产品由于需求停滞而无法满足发展要求时，企业必须寻求需求增长快的新产品和新市场，因此不少建筑企业试图通过多元化经营形成不同周期的产业组合，以求降低企业发展受行业波动的影响，解决建筑企业面临的先天性大周期、深波动的问题。

纵观国内建筑企业的多元化经营状况，在2010年之前，建筑企业在多元化扩张中基本选择进入房地产业。一是房地产开发的利润远超建筑业；二是建筑施工企业进入房地产业后资金和人力资源容易整合。这里主要的风险是建筑企业虽然普遍产值大，但利润率低，盈利能力不强；而在发展多元化的过程中，初入房地产市场，会有一个高投入、低产出的拓展过程，如果建筑企业在多元化的过程中片面求大，而不是求强，就会使企业资产规模的增长速度远远超出其销售收入和净利润的增长速度，需要输血的项目多，能够造血的项目少，投入大于产出。这对于利润率偏低、资金需求量高的建筑企业来说，会造成企业规模与效益的严重失衡，严重影响企业的资金流，使企业陷入现金短缺的困境。

2010 年后，随着中国房地产业黄金时代的结束、国内工程建设需求低迷并有可能趋势性下滑预期的带动下，建筑企业又开始了新一轮转型升级，为企业的持续发展奠定基础。就总体而言，建筑企业虽然盈利能力差，成长与现金流不匹配等固有缺点，但却有两个重要的优秀基因：

一是轻资产，转型时可轻装上阵。轻资产、项目制是建筑行业的典型特征，前者决定转型的成本相对较低，资产价值流动性相对较高，变现较为容易；而后者决定了建筑企业转型后，随着资产负债表中的应收账款逐步回笼，大量的现金将为转型提供坚实的资金基础。

二是具有广泛的业务关联性。建筑行业下游广泛，使得建筑企业对各专业领域都有着较为深刻的理解，比如医疗、环保、市政等，这不但为建筑企业提供了较为充足的知识准备，从另一个层次来讲，这也为建筑行业的企业家提供了相对更为广阔的人脉资源，这无疑为公司转型提供了极大便利。

现阶段建筑企业转型升级的方向包括“互联网 +”（比如家装电商）、环保、新能源，还有一些企业向文化、军工等领域拓展。盈利能力差、现金流差是建筑行业被人诟病的两大特征，这集中反映了行业的商业模式不佳、竞争壁垒低的特点；而转型就是需要改善这一业务属性。

四、当前热点：“营改增”对建筑企业的影响

“营改增”即营业税改征增值税。在当前经济环境下，营业税存在诸多问题。营业税额的计算以企业全部营业收入为基础，虽然营业税税率较低，但却容易向下游转嫁，每经过一道流通环节就要纳一次税，重复征税问题突出。而增值税只对本环节增值额部分征税。从 2011 年起，我国开始进行“营改增”试点。按照规划，我国“营改增”将实行三步走计划，建筑业近期将纳入“营改增”范围，当前 3% 的营业税很可能会改征 11% 的增值税。建筑行业利润率低，对财务指标变化敏感，税收制度的改变将对建筑企业财务指标和经营管理产生很大影响。

增值税不直接构成产品价格，对市场的干预较小，而且增值税不重复征收；相比于营业税，增值税更符合税收中性原则。但由于以下原因：①劳动力成本/折旧不能抵扣增值税，而这是建筑企业支出的重点。

② 进项和出项之间将出现税率错配，特别是沙石和混凝土等仅适用3%的进项抵扣增值税率；③ 项目所有方代替承包商采购原材料（国内常见做法）可能无法开具进项发票；④ 收入和成本的确认时点或出现错配；建筑企业实际可取得的进项抵扣远低于理论值。因此，**一般认为税改后建筑企业实际税负将上升，短期内将对建筑行业企业盈利能力带来不利影响。**

五、保证类业务

建筑施工企业的保证类业务需求主要包括投标保函、预付款退款保函、工程维修保函等。总体而言，这类表外业务风险较低，收益较高，商业银行应积极争取。

(1) 投标保函。目前施工企业的平均中标率约在10%。由于国内建筑业市场是买方市场，供给严重超过需求，施工企业为参与投标花费了大量的人力、物力、财力，一旦中标，基本上都会签订工程合同。因此，这类保函的实际风险很低。

(2) 履约保函、预付款退款保函。这类保函的风险在于施工企业不能履行工程合同约定的工期及质量等事项。由于这类保函的期限一般都覆盖整个工程工期，期限相对较长，因此，风险相对比其他保函要高。

(3) 工程维修保函。这类保函的风险在于施工企业在工程保修期内(一般是1年) 未能履行保修业务。但是，由于业主在工程竣工结算时一般都会暂扣5%的工程款作为质量保证金，施工企业为了取得工程尾款，极少会发生不履行维修义务的情况。

六、行业评审技术指引

(1) 要对实际控制人的品行、个性有确切了解。许多建筑企业往往由少数关键人物带领逐步发展壮大，对业务发展非常重要的人脉资源等集中于少数人之手，风险评审人员要对核心管理层的经营理念和企业发展愿景做到心中有数，以规避潜在风险。

(2) 关注建筑企业的资质。由于中国经济已步入“新常态”，短期内建筑行业的利润率还有进一步下降的可能，所以对建筑企业的准入资质和规模要有一定要求。一般认为房屋建筑总承包一级（含）或其他建筑资质在二级（或乙级，含）以上的企业才是比较安全的。另外值得注意的是，同一资质的企业在不同地区可能规模差别很大。例如在江苏南通地区，不少房屋建筑总承包特级资质的企业年主营收入只有40亿元左右，远小于扬州地区的房屋建筑总承包一级资质的企业。

(3) 分析企业所处的子行业。虽然建筑行业企业总体利润率偏低，但一些子行业，比如市政道路建设、矿山工程施工等，当前仍有较好的赚钱效应，利润率一般可以达到10%～15%，甚至更高。

(4) 关注建筑企业的真实收入，了解自营业务和挂靠管理占比情况，应优先支持自营业务能力强的施工企业。不过如前文所述，**目前在建筑行业，挂靠是普遍存在的现象，有调查指出，挂靠收入甚至能占建筑企业收入的50%左右。**所以，要掌握拟授信客户对挂靠方的控制能力。**这里关注的重点是企业是否管住了挂靠项目资金的收支**，挂靠项目的资金应进入被挂靠人的银行账户进行管理，否则很容易被以各种理由挪用；对规模较大的挂靠项目，要了解企业是否委派了具有工程项目经验的现场代表和财务人员。

(5) 对建筑行业企业多元化、转型升级的愿景要密切关注。以当前形势分析，房地产业似已不是最优选择。要了解企业的转型方向，管理层是否有足够的管理经验和资源，以及拟转向的行业是否符合当地乃至全国的产业布局和发展态势。

(6) 在财务上，主要关注应收账款和经营性现金流量。对应收账款的分析，不仅要分析应收账龄、拖欠的对象，对于大额应收账款，最好征得工程业主的确认，对双方有争议的金额，从谨慎性角度出发，应予扣除。建筑项目施工期限一般较长，资金实行分期结算，其销售收入不能正确反映当年企业经营状况，因此，**应对连续几年的现金流量进行比较分析，一般要求企业近两年的经营现金流量不应为负数。**

(7) 关注工程业绩和在手工程量。一般要求施工企业过往工程合格率能够达到100%，优良率应达到80%以上；了解鲁班奖、国家优质工程奖、全国建筑装饰优质工程奖等各类奖项的获得情况；**在手工程量可反映企业的市场竞争能力和持续发展能力，一般应不低于申请人1年的主营收入量。**

(8) 落实具体项目。由于建筑企业单个项目价值大，在给予授信时，尽可能落实到具体项目。同时也要关注业主的资金实力，了解付款条件、付款进度及相关条款，以制定相应的风险防范措施。对于工程业主及承建商都向银行申请信贷支持的项目，可进行封闭式运作，信贷资金实行总量控制。

(9) 合理设定授信总额。一般情况下，流动资金贷款的总量应控制在施工收入的10%以内；如有对应项目的资金需求，应根据合同价款和付款条件、工期等进行分析，一般贷款额在合同价款的35%以内。

七、行业前瞻

建筑业各子行业具有不同的竞争格局和走势。在工矿工程和铁路、水利、海洋工程等大型土木工程领域，市场份额明显向具有工程总承包能力、具备特级资质的企业集中，其中中国中铁等建筑央企占据绝对的市场优势；在大型房屋工程、建筑安装等领域，一般集中在大中型建筑业企业手中；普通房屋工程、建筑装饰等领域门槛相对较低，中小型民营企业在这个市场上比较活跃。

虽然 2015 年初至今中国政府出台了多项支持性政策且宣布了 3.2 万亿元地方债置换计划，但驱动建筑业需求的三大投资增速——基建投资增速、制造业投资增速与房地产开发投资增速均呈下滑趋势；基建投资增速预计在“稳增长”政策持续出台的背景下维持回升态势，但是地方政府债务是限制地方政府投资落地的最大瓶颈。因此从宏观层面来看，伴随着固定资产投资增速的“下台阶”，建筑工程行业景气度拐点已现。2015 年上半年建筑行业从业人数约为 4 068 万人，环比增速创下 2004 年以来的新低，此外**职工薪酬水平增长快于行业收入增长速度，这是建筑行业“去产能”的重要标志。**

近期建筑行业的热点将集中在“一带一路”、PPP 模式及企业的转型升级上。

2015 年是“一带一路”战略的落地之年，“一带一路”战略在世界范围内已有较大的影响力。“一带一路”战略的提出为建筑企业打开了新的市场，预计建筑央企将在其中获益很多。

PPP 模式在国内银行贷款、BT 等多种融资手段受到严格限制、政府转变职能、全面深化改革的时代背景下，契合了政府吸引社会资本，进行融资手段创新和转型的要求，是未来国内基建融资大势所趋。PPP 模式通过引入社会资本参与项目建设和运营，作为承包方的建筑公司其自身垫资和融资的压力降得到缓解，资产负债表和现金流量表有望改善；作为项目参与方的建筑公司，全过程参与项目建设和运营，政府补贴和公共项目运营提供的稳定现金流，将使企业收益获得更多保障，企业盈利能力的稳定性和可持续性也有望加强。**但 PPP 模式目前还在试水阶段，且需地方政府参股，结构不如 BT/BOT 清晰**，最近宣布的 PPP 项目通常由承包商和政府联合成立项目公司，支付前期建设费用，随后再对其进行补偿或以经营权的形式进行补偿。这些项目的自由现金流通常为负，尤其是在建设阶段。这对企业获取优质项目的能力提出了很高的要求。

对于建筑企业的转型升级，无论是哪个方向，其共同点都是要迎合未来经济转型的大趋势，以求打开新的市场空间。对于这一变化，风险评审人员应予以特别关注。

第二部分　案例分析

一、授信申报情况

授信申报日：2012 年 12 月

申请人：HY 建设有限公司

申请事由：补充流动资金

授信申请方案：国内保理额度 6 000 万元，品种为流动资金贷款，期限 2 年

（一）申请人基本情况

申请人 HY 建设有限公司注册地址在长三角地区，前身是 20 世纪 70 年代成立的县建筑队，21 世纪初改制，国有资本退出，成为民营企业。当前注册资本 3 亿元，自然人控股。实际控制人长期从事建筑行业，拥有丰富的经营经验和人脉关系。主公司主营业务为建筑工程施工，承包工业与建筑行业境外工程和境内国际招标工程。申请人在全国各地有 15 家分公司，控股、参股企业有 10 家，包括 1 家市政施工公司和 1 家房地产开发公司。

截至 2012 年年末，公司在职员工超过 1 500 人，其中 1/3 拥有各类职称，拥有高级职称的约有 30 人。

（二）资质和施工能力

申请人具有房屋建筑工程施工总承包壹级、机电安装工程施工总承包壹级、建筑装修装饰工程专业承包壹级、市政公用工程施工总承包贰级、钢结构工程专业承包贰级、起重设备安装专业承包贰级、消防设施工程专业承包贰级、铁路工程施工总承包叁级等多项资质，2008 年被中诚信公司评为信用等级 AAA 级。2005 年经中华人民共和国商务部审查认定公司具有对外援助成套项目 B 级实施企业资格，2008 年通过质量、环境、职业健康安全管理体系认证，目前是全国建筑业百强企业之一。

公司业务主要集中在长三角地区，近年累计创部、省、市优质工程近百项，曾经获得过鲁班奖，并荣获过中国安装之星、国家级文明工地等荣誉。

（三）申请人在建项目

2011 年，公司新签合同 150 个，合同总金额约 120 亿元；2012 年，新签合同 250 个，在建工程近 200 项，合同总价约 150 亿元。

公司所承接的项目主要有政府基建项目、地方重点工程、开发企业的开发项目。政府项目的付款方式一般是签订合同时，业主先付 10% ~20% 的预付款，后根据合同约定按工程形象进度付款，开发项目一般没有预付款，而是依据双方合同约定按工程形象进度分段付款，在工程竣工验收完毕留 3% ~5% 的工程款作为质量保证金，3 年后支付。

（四）申请人财务情况及科目明细说明

申请人近 3 年及当期财务数据简表如表 8-1 所示。

表 8-1　近 3 年及当期财务数据简表　　（单位：万元）

序号	项　目	2009 年	2010 年	2011 年	2012 年 9 月
1	总资产	203 820	246 310	293 581	355 165
1.1	流动资产	172 390	207 813	248 856	310 628
	其中：货币资金	28 349	31 866	35 269	47 851
	应收账款	65 731	78 438	90 536	118 124
	其他应收款	4 254	5 182	7 836	9 156
	存货	59 074	74 871	90 485	109 239
1.2	长期投资	6 120	6 120	6 120	6 120
1.3	固定资产净值	18 126	23 651	27 659	27 470
1.4	在建工程	4 811	6 391	8 086	8 086
2	负债总额	116 940	135 489	155 867	188 794
2.1	流动负债	116 940	135 489	155 867	188 794
	其中：短期借款	49 160	59 730	76 560	94 340
	应付票据	20 980	23 500	25 500	44 600
	应付账款	26 850	32 677	33 499	33 700
2.2	长期借款	/	/	/	/
3	所有者权益	86 860	110 821	137 714	166 370
	其中：实收资本	29 021	30 808	30 808	30 808
4	营业收入	458 165	568 824	782 935	702 012
5	营业利润	21 580	29 519	38 019	39 822
6	投资收益	425	455	562	/
7	利润总额	21 945	29 824	38 461	39 732

（续）

序号	项　目	2009 年	2010 年	2011 年	2012 年 9 月
8	净利润	16 623	22 591	28 653	29 600
9	经营活动现金流入量	439 887	555 529	770 813	669 659
10	经营活动现金净流量	3 853	6 118	1 318	/
11	投资活动现金净流量	-7 435	-9 985	-9 169	/
12	筹资活动现金净流量	8 063	7 384	11 255	/

1. 财务报表明细情况

（1）货币资金：期末货币资金主要为银行存款 1.3 亿元，另有其他货币资金 3.3 亿元，为在其他银行开立银票的保证金。

（2）应收账款：截止到 2012 年 9 月 30 日余额为 11.8 亿元，账龄在 1 年以内的占 80%，大额欠款中学校和政府工程占比较高，其中江淮中等职业学校（本次国内保理买方）欠款 1.1 亿元。

（3）其他应收款：申请人其他应收款主要是投标保证金、农民工工资保证金等，2012 年 9 月有 4 000 万元被下属房地产公司占用。

（4）存货：申请人存货构成分为两项，一是库存材料，主要是工程用主辅材料、周转材料及少量低值易耗品；二是在建工程成本，截止到 2012 年 9 月余额为 9.1 亿元。

（5）长期投资：长期投资科目余额近年没有变化，主要包括投资参股 1 家钢结构公司（2 000 万元）、1 家房地产开发公司（1 000 万元）和当地农商行（1 200 万元）。

（6）固定资产：期末公司固定资产 2.7 亿元，主要包括房屋建筑物 2 000 万元、机器设备 1.4 亿元、运输工具 3 000 万元、各种生产设备 7 000 万元等。

（7）短期借款和应付票据：这两个科目主要是银行给予申请人的融资，申请人和主流银行均有合作。

（8）应付账款：该科目主要是给合作企业的分包结算款和原材料款项，金额和合作企业近年来总体保持稳定。

（9）收入利润表和现金流情况：近年申请人主营收入和利润均保持一定规模，从 2009—2011 年总体现金流状况分析，公司近 3 年经营活动净现金流量均为正值，通过正常生产经营活动获取现金流的能力较强。

2. 重点财务指标情况

2009—2011 年末及 2012 年 9 月末，公司流动比率分别为 147.42%、

153.38%、159.66%和164.53%；速动比率分别为96.90%、98.12%、101.61%和106.67%，近3年公司短期偿债能力保持稳定，短期偿债能力较强。

2009—2011年末及2012年9月末，公司资产负债率分别为57.37%、55.01%、53.09%和53.16%。近3年公司整体负债水平基本保持稳定，公司长期偿债能力较强。

近3年公司EBITDA利息保障倍数较为稳定，主要是公司在主营规模扩大的同时，注重各项成本的控制，尤其是对于融资成本的控制，同时企业的盈利能力也在逐年提高，有较好的偿还到期债务的能力。

2009—2011年末及2012年9月末，公司存货周转率分别为6.88次/年、7.49次/年和8.40次/年、15次/年，呈稳定增长的态势；2009—2011年末及2012年9月末，公司应收账款周转率分别为为6.97次/年、7.89次/年、9.27次/年和8.97次/年，保持业内较好水平。主要原因是公司在建筑安装行业已形成一定的规模优势，在应收账款、项目的管理上比较出色。

2009—2011年末及2012年9月末公司流动资产周转率分别为2.66次/年、2.99次/年、3.43次/年和3.35次/年，固定资产周转率为14.58次/年、16.27次/年、18.82次/年和17.60次/年，总资产周转率为2.55次/年、2.53次/年、2.90次/年和2.88次/年。以上指标近3年基本保持稳定，企业资产经营效率较高，但总体指标略有上升趋势。

公司2010年营业收入比上年增长24.15%，2011年营业收入比上年增长37.64%，主要原因是公司市场认可度较高，工程承接量大幅增加，此外该公司能够根据市场的变化，不断调整经营思路，拓宽经营范围，从而取得较好的经营业绩。

2009—2011年末及2012年9月末，公司营业利润率分别为11.28%、11.79%、11.31%和8.56%，销售净利润率分别3.63%、3.97%、3.66%和4.22%；近3年公司盈利水平比较平稳。

（五）国内保理买方情况

1. 江淮中等职业学校概况

江淮中等职业学校于20世纪60年代成立，位于淮海经济区，实收资本1 000万元，为事业单位，主营业务为进行学历教育和相关的职业培训。校园占地300亩，建筑面积7万m^2，目前全日制学历教育在籍生6 600人（其中外省学生约1 000人），已形成了集中职学历教育和短期培训于一体的多层次办学格局，毕业生就业率一直保持在98%以上。学校为国家级重点职业中学、省四星级职业学校，共开设机械加工技术、电子技术应用、汽车运用与维修、烹饪、计算机技术应用、服装等14个专业，其中机械加工技术、电子技术应用、汽车运用与维修、烹饪4个专业为省级示范专业；多次获得“全国职业教育先进单位”“省职业教育先进集体”“省德育先进单位”“省教育科研先进单位”等荣誉称号；被国务院扶贫办认定为“国务院扶贫办劳动力转移培训示范基地”，科技部认定为“国家星火学校”，教育部确定为“全国首批中等职业教育德育工作实验基地”。2011年，教育部批复江淮中等职业学校为“国家中等职业教育改革发展示范学校建设计划”第一批立项建设学校，示范校建设获得中央财政专项补助。

为大幅度提高该校办学的规范化、信息化和现代化水平，使其成为全国中等职业教育改革创新的示范，打造职教品牌，在全国中等职业教育改革发展中发挥引领、骨干和辐射作用，学校所在地区准备对学校进行升级改造，包括新建教学设施，在现有学校建筑面积13万m^2的基础上，投资2.2亿元，建设占地300亩的实训基地。

2. 买方财务状况和科目明细说明

申请人主要财务数据一览表如表8-2所示。

表8-2　申请人主要财务数据一览表　（单位：万元）

项　目	2009年	2010年	2011年	2012年11月
一、资产合计	17 951	23 345	35 310	36 575
其中：现金	\	\	\	\
银行存款	57	246	443	316
对外投资	\	\	\	\
固定资产	13 128	10 991	14 847	20 355
二、负债合计	4 613	4 656	14 397	13 831
应付（预收）款项	4 453	4 656	11 897	16 381
其他负债	160	\	\	\
三、净资产合计	14 859	10 611	10 674	11 833
事业基金	1 707	\	\	\
其中：投资基金	\	\	\	\
固定基金	13 128	10 991	11 055	11 742
专用基金	25	25	25	35
四、收入合计	7 828	8 078	10 240	10 911
财政拨款	3 867	3 644	3 703	4 006

（续）

项　目	2009 年	2010 年	2011 年	2012 年 11 月
拨入专款	\	396	1 776	1 925
事业收入	3 901	4 038	4 756	4 975
其他收入	59	\	5	5
五、支出合计	9 349	7 682	9 665	10 616
事业支出	9 349	5 263	6 232	6 821
结转自筹基建	\	2 105	2 997	2 950

（1）应收及暂付账款：期末应收及暂付账款余额为 11 381 万元，主要是应收财政拨付实训基地建设工程款约 11 000 万元。

（2）固定资产：期末固定资产余额为 20 355 万元，主要是学院教学仪器设备，新建项目的房屋土地等尚未结转。

（3）应付账款：期末应付账款余额为 16 381 万元，均为工程余款，其中 HY 建设有限公司应付款为 11 700 万元。

（4）流动负债：目前有银行贷款 2 450 万元，担保方式。

（5）收支情况：学校收入构成主要是拨入专款、财政补助收入和教育事业收入。支出构成为教育事业支出和结转自筹基建。结余则是收入和支出的差额。

学校结余为每年的财政补助收入、事业收入和其他收入合计与事业支出的差额。2010 年结余 396 万元，2011 年结余 575 万元，至 2012 年 11 月，当年结余 295 万元。

（六）借款用途和还款来源

借款人是江淮中等职业学校确定的建设学院实训基地工程中标单位，双方确认应收账款总额为 11 000 万元。以国内保理方式操作，回款资金作为还贷来源。

（七）担保情况

本次授信除应收账款质押外，提供了银行可接受的抵押物。

二、风险评估

（一）申请人及行业优势分析

（1）公司实际控制人在业内经营多年，人脉广泛，历史上没有不良记录；申请人具备房屋建筑工程施工总承包一级、机电安装工程施工总承包一级、建筑装修装饰工程专业承包一级三项一级资质以及多项二、三级资质，行业资质较高；年主营收入接近 80 亿元，在民营建筑企业中规模较大；总体上具备了一定的行业地位。

（2）从历史荣誉上看，申请人赢得多个奖项，曾获得过鲁班奖，说明公司有较强的施工能力和质量控制手段。

（3）考察申请人承接的项目，除普通商品房建设外，还有市政工程、教育场所建设等，这样申请人可在一定程度上规避可能发生的房地产行业系统性风险。

（4）在业务范围上，申请人项目主要集中在经济发达地区，此区域地方财政情况较好，对申请人资金回笼有利。申请人每年新签项目都比较多，超过年收入一倍，说明申请人有较强的市场开拓能力。

（5）从财务上分析，申请人固定资产多，施工装备价值高；总体财务指标平稳，盈利性指标为行业正常值，负债率情况正常，近年经营活动现金净流量为正值；和多家金融机构合作，融资渠道较广；有一定的现金调度能力。

（6）根据补充调查，申请人挂靠收入占总收入的 15% 左右。挂靠企业需要缴纳保证金，挂靠项目的资金全部进入申请人的银行账户进行管理，同时申请人还委派有现场代表监督。总体而言，申请人自营收入占比高，对挂靠业务非常谨慎，而且在现金管理上比较严格。

（7）根据财务报表明细和现场调查，不难发现，申请人有多元化意图。申请人成立了房地产公司，并在江苏、安徽的三线城市取得了一些土地，准备进行房地产开发建设。而投资当地农商行带来了比较稳定的投资收益。

（8）本次授信方案采用保理方式，确定了具体的建设项目且项目建设难度不大；业主单位江淮中等职业学校为国家级重点职业中学、省四星级职业学校，受到当地财政支持力度大，是“国家中等职业教育改革发展示范学校建设计划”第一批立项建设学校，享有中央财政专项补助，所以资金回笼比较有保障。

（二）行业风险分析

（1）申请人下属企业较多，且有子公司从事房地产业务，据补充调查，公司在手土地有两块，分别是 150 亩商住用地和 100 亩商住土地，均在三线城市。其中前者已经进行了房地产项目建设，当前封顶，销售情况较好；后者尚未开发。地产项目没有向银行办理房地产开发项目贷款，主要通过股东借款材料方垫款、预收款、销售款支持。所以申请人依旧采取了建筑企业传统的扩张方式即向房地产行业发展，考虑到三线城市地产景气度不均，以及后续申请人还将继续进行房地产业务，银行有必要了解未来项目投资规模及融资方式，并对其项目销售前景进行评估。不难想象，公司在未来一段时间可能面临一定的资金压力。

（2）借款人银行短期借款持续增长，已经超过一般水平（年收入的1/10），财务负担较重。无疑，向房地产行业扩张挤占了公司的流动资金。银行须关注申请人的重大项目资金回笼情况和其他金融机构的融资进退情况，了解其资金调度能力以确保还款。

（3）申请人和江淮中等职业学校确认应收账款总额为11 000万元，申请贷款6 000万元，申请额度偏高。此外，银行应调阅申请人和江淮中等职业学校签订的建设合同，做到资金回笼节点和本行信贷资金还款时间相匹配。

（4）在产品设计上，银行应尽可能追加保证类业务，以提高综合收益水平。

三、评审结论

申请人是有一定实力的民营建筑公司，资质较高，发展愿景比较明晰，经营现金流情况较好。本次申请针对学校建设项目操作，总体方案可行，但在还款方案上应予以细化。

第九章　旅游项目风险研究和旅游项目评审案例

关键词：文化内涵、创意、客流量

第一部分　行业分析

一、综述

我国经济正处于积极转型期，而旅游产业涉及“吃、住、行、游、购、娱”多方面，产业链覆盖面广、关联度高，旅游消费带动系数大，因此推动旅游业健康快速发展，正符合我国目前经济转型的需要，也能够拉动餐饮、酒店、商业、交通运输业等相关产业的发展融合和转型升级。

根据行业的一般发展规律，当人均 GDP 达到 1 000 美元时，观光游进入快速发展阶段；达到 2 000 美元时，休闲游骤升；达到 3 000 美元时，旅游需求爆发式增长，度假游渐旺；人均 GDP 超过 5 000 美元后，将进入成熟的休闲度假经济时代。至 2013 年，我国人均 GDP 超过 6 500 美元，北京、上海、江苏、浙江等省市已越过 10 000 美元，国内发达地区的居民已进入休闲度假时代。

中国幅员辽阔，同时又拥有五千年文明所沉淀的博大精深的文化底蕴，自然、人文旅游资源禀赋优异。截至 2014 年，由国家旅游局确定的国家 5A 级旅游景区达到了 178 家，**我国世界遗产共达到 47 项（包括世界自然遗产 10 项、世界文化遗产 33 项、世界自然与文化双遗产 4 项），在数量上位居世界第二，**仅次于拥有 50 项世界遗产的意大利，**同时也是世界自然**

与文化双遗产数量最多的国家——与澳大利亚并列，同为4项。

2010年以来，多项重磅旅游政策的出台发布，将从根本上解决包括带薪休假等长期制约旅游业发展的矛盾、问题，有利于进一步扩大旅游消费、激活国内旅游市场，在国民消费升级、旅游基础设施建设不断完善、政策及信息技术助力等因素的推动下，我国旅游业进入前景广阔的黄金发展时代。

旅游项目是旅游业发展的支撑载体。传统旅游项目一般是指依靠优越的自然资源和特殊的历史遗存的建设过程，或是应对旅游接待而兴建的一些酒店、度假区、疗养地的建设。随着旅游业的发展，人们生活方式和理念的转变，旅游与节赛事的结合、旅游与文化的融合发展，旅游项目范畴拓展到论坛、节赛事策划、主题园区建设、影视动漫制作、会展等。一个旅游景区规划、一次旅游产品策划与营销推介会，都可视为旅游项目。

依据项目的形态，旅游项目可分为实体旅游项目与非实体旅游项目。实体旅游项目是能够形成固定资产的旅游项目，具有不可移动性。如景区、主题公园、度假区等。非实体项目一般是指不能够形成固定资产的旅游项目，如旅游节庆活动、旅游演艺活动、旅游展览活动。动漫和虚拟技术手段的运用，逐渐在混淆实体与非实体旅游项目的分野而呈现融合的态势。本章着重研究经营类形成固定资产的旅游项目。

二、旅游项目投资的特征

旅游项目的投资与其他项目投资的区别在于其不仅要考虑项目本身存在的收益价值和风险，还需要综合考虑隐性价值和风险。旅游项目投资是为旅游活动或以促进旅游目标而投资建设的项目，因为旅游行业的特殊性和行业本身的特性决定了旅游项目与其他投资项目的不同，旅游投资项目的特征主要表现在以下6个方面：

（1）季节性。由于旅游产品的消费具有较强的季节性，淡季、旺季的交替也会给旅游产品的投资带来诸多风险。当处于旺季时，资产通常会超负荷运转，带来诸多压力和经营负担，但是淡季由于消费不足，导致资产闲置浪费，财务上入不敷出，从而带来投资风险。

（2）文化性。**旅游项目区别于一般建设工程项目的一个很重要的特征就是文化内涵。**首先，旅游的文化性决定了旅游项目的文化性。旅游的本质是审美和愉悦，古今中外的旅游莫不如此，是所有旅游都必须具备的内核。因此旅游作为文化的一个内容，旅游项目更是承载这种文化的主要载体。只有提高旅游项目的文化内涵及其可审美性，才能吸引游客。其次，旅游项目开发的一个的重要目的是让旅游者得到文化和精神享受。这种享受体现在旅游观赏景观的审美过程中，美的本质体现着文化性，因此旅游项目开发本质上是一种挖掘文化内涵的活动。旅游项目的功能在于增长知识、陶冶情操、促进文明、开启智慧、提高素质和强健体魄，也体现出了文化活动的功能。同时，旅游项目开发的对象自然资源和人文资源，也是具有文化内涵的资源。总之，文化的内涵全方位体现在各类旅游项目之中，贯穿于吃、行、住、游、购、娱的全过程。因此，旅游项目建设开发过程中要充分利用本地的文化特色，并结合现代化的表现手段。

（3）创新性。旅游项目本身就是一个创新性的活动。首先，旅游者求新、求异的心理需求决定了旅游项目的创新性。旅游者离开居住地到旅游目的地旅游，为的就是体验不同的环境，得到不同感受。比如，餐饮项目在开发菜品的过程中，就应该让旅游者有新奇的感受，这种感受应该是在其他地方体验不到的，或者体验到也不是最地道、最正宗的。其次，旅游项目的目的是为了提高旅游目的地的影响力与吸引力，增加游客数量。**旅游项目必须不断地创新，才能吸引游客。很多旅游项目都是由于同质性严重缺乏创意导致投资失败。**因此旅游项目的创意至关重要。旅游项目的主题和设计是最能凸显创意的地方，如果能有更新颖的主题和设计，所建设的项目就有较高的竞争优势。

（4）资源保护与开发的矛盾。自然生态保护与文物和文化生态的保护，是对不可再生资源的保护，是可持续发展的基础。因此，旅游开发不能破坏生态与文物，这是一个不可动摇的基点。

（5）综合性。旅游产业与各行各业的联系极为紧密，旅游产品投产后的运作和企业一样，具有较为明显的需求导向性，换言之，市场需求具有多样性。游客对旅游产品的需求往往需要经历非常多元化的细分，走马观花式的消费方式已经难以满足消费者的需求，因此旅游者市场需求趋向是动态的，与各行业的联系非常密切。

（6）风险较高。这里面有几个原因。一是投资大回收期长。旅游业是一个高投入的产业，尤其是随着旅游的可持续发展和进一步完善，旅游活动带来的外部性需要企业来承担，从而增加了企业的投资数额。旅游产品消费又具有不可存储性、非完全排他性及临时使用性，从而使得旅游项目投资的风险明显增大。一般而言，旅游项目投资回收期较长，一个项目建成后需要长期运营才能实现回报和收益。二是旅游项目资产具备不可转移性。工业投资可以转产，而旅游投资一旦形成，若无人使用，其产品价值就不能转移，因此容易形成无法回收的沉淀成本，投资退出的门槛较高。三是同质化竞争问题。各地方新开发的旅游景区、乡村旅游区、旅游度假区遍地开花；而相对资源独特的项目，往往又一窝蜂地上民俗、生态环境和乡村旅游项目。由于竞争加剧，游客可选择的项目太多，一个项目如果几年不变，就会成为过时的产品，无人问津。因此，持续经营的压力很大，要求不断进行创新。

注：旅游生命周期理论

旅游地生命周期理论是从产品周期理论演化而来的，一个旅游地演化过程经历着不同的发展阶段，各个阶段在产品、市场、空间结构等方面表现出不同的特征。

目前，被学者们公认并广泛应用的旅游地生命周期理论是加拿大学者巴特勒（Butler）提出的。**巴特勒根据产品周期理论，提出旅游地演化经过6个阶段：探查阶段、参与阶段、发展阶段、巩固阶段、停滞阶段、衰落或复苏阶段。**在不同的发展阶段其主要特征及表现如下：

探查阶段：只有零散的游客，没有特别的设施，其自然和社会环境未因旅游而发展变化。

参与阶段：旅游者人数增多，旅游活动变得有组织、有规律，本地居民为旅游者提供一些简陋的膳宿设施，地方政府被迫改善设施与交通状况。

发展阶段：旅游广告加大，旅游市场开始形成，外来投资骤增，简陋膳宿设施逐渐被规模大、现代化的设施取代，旅游地自然面貌的改变比较显著。

巩固阶段：游客量持续增加但增长率下降。旅游地功能分区明显，地方经济活动与旅游业紧密相连。常住居民中开始对旅游产生反感和不满。

停滞阶段：旅游地自然和文化的吸引力被“人造设施”代替，旅游地的良好形象已不再时兴，市场量的维持艰难。旅游环境容量超载，相关问题随之而至。

衰落或复苏阶段：旅游市场衰落，进而房地产的转卖率很高，旅游设施也大量消失，最终旅游地将变成名副其实的“旅游贫民窟”；另一方面，旅游地也可能采取增加人造景观、开发新的旅游资源等措施，增强旅游地的吸引力从而进入复苏阶段。

对于旅游地生命周期的研究，能够了解旅游地在不同发展阶段的特征，合理地预测各个阶段的旅游需求规模和门槛值，最终确定适合的发展战略，为旅游项目的决策、规划、建设及评价提供有效的依据。

三、旅游项目的分类

旅游投资项目一般可以划分为旅游配套类项目、餐饮类旅游项目、宾馆类旅游项目、购物类旅游项目、景区类旅游项目、综合类旅游项目、旅游互联网类项目等。

旅游配套类项目主要包括城市旅游集散中心、城乡旅游咨询中心、旅游落地自驾服务中心、旅游交通连接线、旅游交通标示体系等建设。此类项目遍布旅游城市、郊区及乡村旅游连接节点等。

餐饮类旅游项目常见有宾馆餐饮、饮食一条街、农家宴、主题餐饮、特色餐馆、户外烧烤等。旅游餐饮项目一般是在旅游圈范围内，依附于景点。

宾馆类旅游项目主要是进行旅游饭店、主题酒店建设，进行旅游接待服务和客房服务。宾馆酒店属于实物投资，具有资金需求量较大、回报周期长的特点。宾馆如果正常经营，会形成稳定可观的现金流。

购物类旅游项目内容涉及购物类别、购物方式和购物空间。购物类别一般分为纪念品、土特产、工艺品和其他旅游纪念品；购物空间有旅游纪念品店、国际名品店、特色专营店、土特产店、工艺美术店、画店、古董店、手工艺品店、旅游购物中心等。

景区类旅游项目分为经济开发型旅游景区项目和资源保护型旅游景区项目。经济开发型旅游景区项目主要是指各类主题公园，通过提供舞台化的环境气氛为旅游者提供具有鲜明主题的旅游体验；资源保护型旅游景区项目则是依托自然景区经营，这种资源往往具有不可再生性，因此要以保护为主。

综合性旅游项目是指能满足游客的两种及以上需求的旅游项目。这也是由于我国旅游从观光旅游向休闲度假转变的必然结果。在此过程中产生了许多集观光、娱乐、购物、休闲会议等于一体的功能多样化的旅游项目。

旅游互联网类项目主要包括城市、景区、酒店、度假区、乡村旅游点等旅游要素，应用互联网技术开发的旅游科技项目，可用于服务旅游要素产品，也可作为旅游吸引物对接旅游市场。

四、旅游项目开发成败的影响因素

(1) 政府的相关政策。如前所述，旅游项目的特征是高风险、高投入、高产出。随着经济社会的发展，旅游项目投资金额日益攀升，政府的扶植作用日益凸显。很多旅游项目，都是当地政府作为投资主体，或作为项目发起人之一（一般以土地等国有资源入股）进行的，以设计、构建地方旅游要素为手段，通过建立相应层次的旅游目的地，从而达到启动地方旅游业，并以旅游业带动地方经济发展为目的开发建设项目。地方政府在旅游项目中的政策影响，重点表现在融资支持、地价政策以及基础设施建设上。

(2) 区域经济发展水平。经济基础从投资能力和消费水平两方面影响旅游项目的发展。旅游项目是旅游发展到一定阶段的产物，与人们的收入水平、休闲时间、行为偏好、审美情趣、旅游频度和强度等因素密切相关的。旅游项目想取得收益，首先就需要积聚人气，需要足够的客流量，这就决定了它对所在地区及周边地区的人口规模和密度有较高的要求。

(3) 区域旅游业发展状况。区域旅游业的成熟与否从两个方面影响旅游项目的发展。首先区域旅游业的发展状况将直接影响到进入某个区域进行游览的游客数量，而这部分游客将极有可能成为新建旅游项目的重要客源。另一方面，旅游业发展良好的区域其旅游接待能力和接待质量比较高，旅游配套设施较为完善。而完善的旅游配套设施又是游客生活的必需和投资人所看重的先决条件。

(4) 周边同类竞争产品区域分布状态。周围景点的空间聚集从正反两个方面影响旅游项目。正面作用表现在不同性质的旅游资源相互聚集，将形成区域规模优势。高水准旅游项目的集中可以形成大型旅游胜地，将大大增强对游客的整体吸引力。反面作用表现在旅游景点的集聚使客流量增加的同时，游客的选择机会也随之增加，不但使游客在空间上分流，而且在时间上分流。同一区域内类似主题的旅游项目呈密集性分布，势必会引起客源不足，导致企业恶性竞争。因此，旅游项目的选址布局应避免近距离重复建设。

(5) 主题选择与定位。这对人工景点特别重要（比如各种主题公园）。旅游项目的主题和定位是一个主观判断与理性市场分析相结合的决策过程，要求开发部门具有敏锐的市场感觉以捕捉潜在的市场机会，并运用娴熟的商业运作经验，组织专业人员对主题进行提炼、包装和设计。同时主题选择还依赖有关专业人员所做的市场调查结果。**成功的旅游项目都特点鲜明，有的甚至具有不可模仿的独特性。**

五、行业评审技术指引

(1) 关注地方政府的支持力度。旅游项目多为地方政府主导，或以地方政府为参与者，与民间投资者或其他国有投资者联合进行项目发起。**要关注参与投资的地方政府融资平台企业的层级，明确项目的重要程度，比如项目是否属于国家级或省级旅游项目。**旅游项目的资本金来源往往是财政拨款，在项目的实际运作中，这些资金的及时、全额到位是项目建设启动的前提。

在确认政府支持力度的同时，也要防范地方政府为搞政绩工程，在各项手续尚不齐备时就匆忙上马建设带来的合规性风险。新建旅游项目的合规性文件包括但不限于：发改委的立项文件、可行性研究报告、环境影响评估报告、建设项目选址意见书、国有土地使用证、建设用地规划许可证、建设工程规划许可证、建筑工程施工许可证；**对于涉及历史文化名城及世界遗产的项目需要有控制性详细规划及批复。**

景区管理企业应具备景区产权或取得授权经营；**如在国家级风景名胜区建设索道缆车，需要取得国家发改委的项目批文、国家住房和城乡建设部对索道缆车选址方案的批复、国土资源部对建设用地的批复、环境保护部对项目环境影响评价报告。**

（2）了解项目周边的城镇化水平和旅游发展基础条件。人口规模和密度与地区城镇化程度有直接关系，城镇化程度较高的地区通常有中心城市及周边的卫星城市群，形成较大规模的人口分布，也成为旅游项目最具开发价值的游客市场。旅游项目附近交通便利、经济发达、城市化水平较高、流动人口较多，相对就有越良好的客源市场条件。了解项目周边旅游要素、旅游配套和旅游环境基础，评估项目的落地性和可持续发展能力。

（3）是否有专业的团队运作。旅游项目的规划和设计是技术含量较高的工作，拥有比竞争对手更新颖的创意、更完美的设计，将会使建设项目具有较高的客观基础。旅游项目建设也很讲究与周围其他设施、景物的融合程度，使其设计内容与周围的整体风格相一致，以实现规模上的联动效应和整体效果，从而依靠某地的整体优势来提升旅游业的竞争力。因此，旅游项目需要专业人士设计运作，一个旅游项目是否有专业的开发运作团队介入，且其历史经营业绩如何，值得评审者关注。

（4）**对于经济开发型旅游景区（人造景观），要注意项目主题是否具有区域文化特色。**人造景观实质上是一种文化创造，即通过适当的方式将资源所蕴含的无形的文化内涵用具体的物化产品表现出来。在由内涵向外部转换的外化过程中，设计者首先面对的是文化内涵的选择。如果旅游项目的主题选择与所在地区的文化有明显差异，将不会受到当地游客的欢迎。旅游项目应具备针对市场空白点的创意，避免与区域内其他旅游项目相重复，结合本地文化特色，并有一定程度的超前意识。每个城市都具有其特殊的文化氛围，旅游项目要提供的正是城市娱乐休闲生活中欠缺的、但又深受游客欢迎的、且体现本地特性的旅游产品。

(5) 旅游项目是否具有区域的唯一性或独特性。**大多数旅游项目的有效客源市场半径范围为 200 ~ 300 km，**在这个范围之内应避免雷同，减少市场风险。而接近地域的同类型成熟的旅游项目，其客流量可以作为新建项目的评估参照。常见的旅游项目如酒店、乡村旅游点、度假区等，要考虑客源市场的承载力和拓展力，项目是否独特性，联动开发、联合推介工作是否开展。

(6) 有没有进行深度主题产品的开发。旅游市场竞争的结果是名牌旅游产品最终吸引、招徕更多的客源。一个旅游项目要在市场中占有一定的份额，必须实现旅游产品的品牌化，并努力提高品牌的知名度与美誉度，从而形成旅游品牌，树立起名牌形象。

(7) 还款能力测算是否合理。一般情况下，景区类、综合类项目的收入来源主要为门票收入和景区经营性项目收入。**测算项目还款能力时，要着重分析游客人数、门票价格预期实现的可能性。**应通过对旅游区的发展规划、景区的竞争能力、附近同类型景区游客历史数据的分析，合理预测贷款期内的客流量（**一般而言，30 万人/年的客流量是景区旅游项目的准入底线**）。旅游项目的门票收费标准应依据有权部门的批复，参照现行规定执行，还款期间一般会考虑收费价格的上涨，若评审中考虑上涨，需进行充分的分析论证；**新开发项目应参照同类型景区项目的收费价格确定。景区类、综合类旅游项目成本主要是景区维护费的支出情况，评审时应确保每年的景区维护费用能够满足景区保护的需要。**

(8) 单一性质的旅游项目中，餐饮类旅游项目对所在的旅游区具有很强的依赖性，受游客人数季节变动性影响大，经营过程中季节变动性明显。宾馆类旅游项目投资时间长，资金周转慢。而且宾馆作为一个独特的产品，发展阶段可分为建设期、开业期、经营期、低谷期、调整期，每个发展阶段都需要进行不断的投资，因此宾馆类旅游项目具有资金需求量较大，回报周期长（国际上酒店投资回报周期为 15 ~ 20 年）的特点。考虑到各类旅游项目的季节性、投资回收期，应有相应期限和特色的金融产品进行配套。

六、行业前瞻

我国是亚太地区最为重要的旅游目的地。过去10年，国内旅游、入境旅游、出境旅游市场规模均居世界前列，旅游需求与供给市场日益成熟。

不断增加的居民可支配收入是推动旅游业发展的主要因素。2014年，我国城镇居民可自由支配收入28 844元，农村居民纯收入9 892元，人均GDP达到46 652元。在消费升级的今天，随着生活水平的不断提高，旅游消费已经逐渐成为人民生活的必需品。

《国民旅游休闲纲要（2013—2020）》（以下简称《纲要》）的出台保障了旅游休闲时间。《纲要》指出落实《职工带薪年休假条例》，鼓励机关、团体、企事业单位引导职工灵活安排全年休假时间，完善针对民办非企业单位、有雇工的个体工商户等单位的职工的休假保障措施，加强带薪年休假落实情况的监督检查，加强职工休息权益方面的法律援助；保障了消费者的出游时间。

交通网络的全覆盖使旅游更为便捷。**从理论上讲，旅游的两个突出特征是异地性和暂时性。**随着公路、铁路、民航、水路等交通网络的不断完善，对旅游意愿、旅客的流量和流向、旅游半径等多方面产生了积极而深远的影响。京津城际高速铁路、武广高铁、郑西高铁、京沪高铁、成渝高铁等多条高铁线路的建成运行，打造了多个2～3小时城市圈，在很大程度上促进了旅游业的发展。根据高铁建设规划，到2020年，高铁会形成独立的客运专线网络，覆盖经济发达、人口密集的三大区域——环渤海地区、长江三角洲地区、珠江三角洲地区内的主要城镇。**以高铁网络为依托的“高铁休闲圈”即将形成，将为沿线景区和城市带来新的活力。**

互联网的发展丰富了消费者的选择。信息技术在旅游业的广泛应用，优化了企业流程，为企业提供了更便捷的营销渠道和更广阔的经营平台，也使得消费者信息获取渠道、购买决策渠道、支付渠道、评论渠道更为便捷和通畅，丰富了旅客的消费选项。

我国旅游还处于以国民消费为主体的大众化发展初级阶段，观光旅游在相当长的历史时期内仍然会是游客最基本的旅游需求，但随着消费升级与旅游者经验的丰富，消费者不再满足于走马观花式的旅游方式，更希望有更多的时间来体验当地生活，放慢脚步，城市周边的休闲度假地和长线度假产品将日益受到追捧；**在外在因素的不断推进下，未来数年仍是中国旅游业发展的黄金机遇期。**

第二部分 案例分析

一、授信申报情况

授信申报日：2014 年 1 月

申请人：TD 县旅游发展有限公司

申请事由：FL 湖风景区建设项目

授信申请方案：项目贷款 10 000 万元，期限 3 年，第 1 年还本 3 000 万元，第 2 年还本 3 000 万元，到期结清

（一）申请人基本情况

TD 县旅游发展有限公司于 2010 年成立，公司实收资本 20 000 万元，股东为 TD 县国有资产投资公司，占股 100%。实际控制人为 TD 县人民政府。申请人主营业务为：游览景区管理；旅游项目投资管理；旅游信息咨询；旅游产品销售；文化项目投资管理。

（二）所在地旅游市场情况

TD 县隶属 RH 市，RH 市位于长三角地区，是中国优秀旅游城市之一，本市及下属多个县拥有多个 4A 级景区，旅游资源较为丰富。2012 年，RH 市全年实现旅游收入 200 亿元。

根据近几年 TD 县旅游市场的发展状况分析，全年国内旅游人数年平均增长率 3.91%（近 3 年平均），国内旅游收入平均增长率 4.88%，据此预测，到 2015 年，全年国内旅游人数达 200 万人次，国内旅游收入达 15.68 亿元。具体情况如表 9-1 所示。

表 9-1　近几年 TD 县旅游市场的发展状况

年　份	全年国内旅游人数（万人次）	年增长	总收入（亿元）	年增长
2008	76	7%	6	36%
2009	81	6%	7	17%
2010	95	15%	8.8	26%
2011	120	21%	9	2%
2012	137	14%	10.34	15%
2013	156	14%	11.88	15%
2014（预计）	177	14%	13.65	15%

当前申请人没有项目完成结算，也未形成销售收入。

（三）项目基本情况

1. 项目由来

TD县坐拥FL湖资源，2013年，县里决定以借款人为主体，开发FL湖景区，撬动整个TD县的旅游经济，本项目由县旅游部门主导。

本次拟申报的项目是TD县“FL湖风景区一期”旅游产业建设项目，项目位于FL湖堤岸西侧，总占地265.9亩。

2. 项目实施内容

项目建设内容包括三大块：一是FL湖休闲广场；二是临湖游乐场；三是FL湖佛教文化园。

（1）FL湖休闲广场主要包括湖湾、驿站、沙滩、舞台、渔港、码头等景点，项目建设有竹楼2 500 m^2、木屋2 000 m^2、船形舞台区8 211 m^2、船屋1 449 m^2、水上木平台2 850 m^2、休闲美食长廊2 080 m^2、戏台3座、浮动码头1座、沙滩1块，以及休闲垂钓区和广场观景石等建筑。

（2）游乐场临湖而建，总占地73亩，将把现代化游乐设备与临湖的自然环境有机融合在一起；新建游乐园，配备旋转自由落体机、往复式过山车、旋转飞椅、30人大摆锤、40人海盗船和水上嘉年华等24个游乐项目。

（3）FL湖佛教文化园临近休闲广场，面积67亩，总建筑面积1.8万 m^2，主要建筑包括山门殿、大雄宝殿、居士楼、华严讲堂及各类佛像等设施，是集佛禅文化、佛教餐饮、佛教宾舍、古建筑、园林、观光休憩于一体的景点。项目建成后讲经堂可容纳3 000人讲经。

3. 项目合规性批复

（1）县发展和改革委员会办公室同意“FL湖风景区一期”旅游产业建设项目，项目占地面积约265.9亩，主要建设内容为FL湖休闲广场、游乐场和佛教园，项目计划总投资3.66亿元。

（2）本项目已取得《项目土地使用证》。

（3）县规划局核发了《建设用地规划许可证》和《建设工程规划许可证》。

（4）县住建局核发了《建筑工程施工许可证》，建设规模为3.4万 m^2，建设费用为3.52亿元。

（5）县环境保护局核发了本项目的环评，从环保角度分析，该项目可行。

（6）县物价局出具了《关于“FL湖风景区”门票收费标准的批复》，

同意FL湖休闲广场门票价格为100元/人、景区停车位收费标准为5元/小时（每天最高限为40元），游客进入景区不得再收取任何费用。

（四）可研报告摘要

1. 总投资估算

本项目总投资为3.66亿元，其中建设投资3.52亿元，建设期利息1400万元。项目总投资估算表如表9-2所示。

表9-2　项目总投资估算表

序号	项目名称		数量	单价	费用	小计	占总投资比例
			m^2（m^3）	元/m^2（m^3）	（万元）		
	建设投资				35 186.00	35 186.00	96.07%
一	工程费用			22 444.55	22 444.55	22 444.55	61.28%
1	FL湖休闲广场				7 748.77	7 748.77	21.16%
2	临湖游乐场				4 690.78	4 690.78	12.81%
3	FL湖佛教文化园				10 005.00	10 005.00	27.32%
二	工程建设其他费用				11 065.93	11 065.93	30.21%
1	土地征地费用	亩	265.90	8.00	2 127.20	2 127.20	5.81%
2	土地拆迁费用	m^2	88 136.20	675.95	5 957.53	5 957.53	16.27%
3	前期费用		22 444.55	0.02	448.89	448.89	1.23%
4	建设单位管理费		22 444.55	2% ~1%	212.56	212.56	0.58%
5	设计费	元/m^2			1 500.00	1 500.00	4.10%
6	监理费	造价	22 444.55	0.02	336.67	336.67	0.92%
7	工程保险费		22 444.55	0.01	134.67	134.67	0.37%
8	测绘费用	元/m^2	177 266.67	1.60	28.36	28.36	0.08%
9	编标费	造价	22 444.55	0.000	67.33	67.33	0.18%
10	质监费	造价	22 444.55	0.000	38.16	38.16	0.10%
11	招标费	造价	22 444.55	0.000	31.42	31.42	0.09%
12	排污费、环卫垃圾费	元/m^2	34 240.00	15.00	51.36	51.36	0.14%
13	施工临时水电等	元/m^2	177 266.67	5.00	88.63	88.63	0.24%
14	审图费	元/m^2	34 240.00	1.20	4.11	4.11	0.01%
15	防雷审核费	元/m^2	34 240.00	1.20	4.11	4.11	0.01%
16	抗震审查费	元/m^2	34 240.00	1.20	4.11	4.11	0.01%
17	规划技术服务费	元/m^2	34 240.00	1.50	5.14	5.14	0.01%

（续）

序号	项目名称		数量	单价	费用	小计	占总投资比例
			m^2 (m^3)	元/m^2 (m^3)	（万元）		
18	档案资料保管费	元/m^2	34 240.00	6.00	20.54	20.54	0.06%
19	散装水泥押金	元/m^2	34 240.00	1.50	5.14	5.14	0.01%
	一、二部分之和				33 510.48	33 510.48	91.49%
三	预备费				1 675.52	1 675.52	4.57%
1	基本预备费		34 062.86	5.00%	1 703.14	1 703.14	4.65%
四	建设期贷款利息		10 000.00	7.20%	1 441.00	1 441.00	3.93%
总投资						36 627.00	100.00%

具体细化可知，本项目建设投资构成为工程费用（2.24 亿元）和工程建设其他费用（1.11 亿元）。

工程费用主要用于 FL 湖休闲广场（7 748 万元）、临湖游乐场（4 690 万元）和 FL 湖佛教文化园建设（10 005 万元）。

工程建设其他费用包括土地费用、前期费用等。主要是土地征地费用和拆迁费用，合计土地投资为 8 084 万元。其中新征土地 265.9 亩，征地费用按每亩 8 万元计算，征地费用为 2 127 万元。本项目共拆迁 1 011 户 3 678 人，拆迁民居面积 88 136 m^2，拆迁费用共投资 5 958 万元。

本次项目的资金来源于两个方面：① 借款人自筹 26 627 万元，除借款人资本金外，其余资金即将由县财政增资到位；（2）其余申请银行贷款 10 000 万元。

2. 还款资金测算

根据企业的发展规划，本项目的营业收入主要有景点门票收入、门面出租收入、停车场收入、游乐项目收入等。

（1）门票收入。

据县物价局文件，同意 FL 湖休闲广场门票价格为 60 元/人、FL 湖佛教文化园门票价格为 40 元/人。2013 年度 TD 县旅游人次为 180 万人次，旅游收入为 17.3 亿元，按 2013 年度全县旅游人次的 25% 测算，前 3 年客流量分别为 45 万、50 万、55 万人次/年，FL 湖休闲广场和佛教文化园前 3 年预计实现门票收入 15 000 万元。

（2）门面房出租和出售收入。

该项目门面房面积共 24 087 m^2，预计出售面积约 7 226 m^2，周边门面房二手房出售价格约 10 500 元/m^2，出售比例按前 3 年 50%、30%、20%

计算，预计带来的出售收入约 7 587 万元。

该项目出租面积约 16 861 m^2，周边房屋出租均价约 11 元/m^2/天，该项目的门面房属于景区中心地带，比周边门面房出租价格更高，为保守起见，按 9 元/m^2/天测算，出租比例按前 3 年 80%、90%、100% 计算，预计门面房出租收入约 14 955 万元。

由此，门面房出租和出售收入共计 22 542 万元。

（3）停车场收入。

据县物价局文件，同意"FL 湖风景区"停车位收费标准为 5 元/小时（每天最高限为 40 元），预计前 3 年停车场收入约 1 049 万元。

（4）游乐项目及其他收入。

游乐场包括旋转自由落体机、往复式过山车、旋转飞椅、30 人大摆锤、40 人海盗船和水上嘉年华等 24 个国内外先进的游乐项目，游乐收费按平均 80 元/人次收费，游乐项目的游客按实际进入景点游客的 35% 计算，预计前 3 年游乐项目将产生收入约 7 944 万元；每年该景点都将举办承接各项活动，预计前三年将产生收入约 12 000 万元。如表 9-3 所示为项目收入估算表。

表 9-3 项目收入估算表

序号	项目	合计	建设期 2014	生产期 2015	生产期 2016	生产期 2017
一	门票收入	15 000	—	4 500	5 000	5 500
1	FL 湖休闲广场（万元）	9 000	—	2 700	3 000	3 300
1.1	游客数量（万人次）	150	—	45	50	55
1.2	门票单价（元）	180	—	60	60	60
2	FL 湖佛教文化园（万元）	6 000	—	1 800	2 000	2 200
2.1	游客数量（万人次）	150	—	45	50	55
2.2	门票单价（元）	120	—	40	40	40
二	门面出租出售收入	22 542	—	8 226	7 260	7 056
1	出售收入（万元）	7 587.3	—	3 794.7	2 275.35	1 517.25
1.1	可出售面积（m^2）	7 226	—	3 614	2 167	1 445
1.2	单价（元/m^2）	10 500	—	10 500	10 500	10 500
1.3	出售比例	100%	—	50%	30%	20%
2	出租收入（万元）	14 955	—	4 431	4 985	5 539
2.2	可出租建筑面积（m^2）	16 861	—	13 489	15 175	16 861

（续）

序号	项　　目		建设期	生　产　期		
		合计	2014	2015	2016	2017
2.3	单价（元/天/年）	9	—	9	9	9
1.3	出租比例	100%	—	80%	90%	100%
三	游乐设施收入	7 944	—	2 400	2 640	2 904
1	游客数量（万人次）	99.3	—	30	33	36.3
2	门票单价（元）	240	—	80	80	80
四	停车场收入	1 049.4	—	349.8	349.8	349.8
1	停车场车位	795	—	265	265	265
2	停车单价（元/天）	120	—	40	40	40
五	场地出租及举办活动收入	12 000	—	4 000	4 000	4 000
六	总收入	58 536	—	19 476	19 250	19 810

根据表 9-3 测算，本项目 3 年内总收入约 58 536 万元。如表 9-4 所示为项目损益分析表。

表 9-4　项目损益分析表

序号	项　　目	合计	2014 年	2015 年	2016 年	2017 年
1	经营收入	58 536	0	19 476	19 250	19 810
1.1	门票收入	15 000	0	4 500	5 000	5 500
1.2	门面出租出售收入	22 542	0	8 226	7 260	7 056
1.3	游乐设施收入	7 944	0	2 400	2 640	2 904
1.4	停车场收入	1 049	0	350	350	350
1.5	场地出租及举办活动收入	12 000	0	4 000	4 000	4 000
2.1	减：总成本费用	35 186	20 000	15 186	0	0
2.2	经营税金及附加	3 278	0	1 091	1 078	1 109
2.3	建设期财务费用	1 441	720	721	0	0
3	利润总额	18 631	-20 720	2 478	18 172	18 701
4	减：所得税	9 218	0	0	4 543	4 675
5	净利润	9 412	-20 720	2 478	13 629	14 025

经测算，本项目预计最低可实现净利润 9 412 万元，理论上该项目第

一还款来源有保障。如表 9-5 所示为项目现金流量表。

表 9-5　项目现金流量表

序号	项目	合计	2014 年	2015 年	2016 年	2017 年
1	现金流入	58 536	0	19 476	19 250	19 810
2	现金流出	36 627	20 720	15 907	0	0
3	净现金流量	21 909	－20 720	3 569	19 250	19 810
4	累计净现金流量	/	－20 720	－17 151	2 099	21 909
5	财务净现值	20 286	－19 185	3 304	17 824	18 342
6	内部收益率	36. 54%				

经测算，本项目预计财务净现值为 20 286 万元，内部收益率为 36. 54%。理论上该项目可行。

（五）当前建设情况

申请人陆续投入自有资金，工程建设进展顺利，拆迁和土地平整工作已经完成；部分商业房已封顶；游乐园内的大部分游乐设施已经入场。

（六）担保情况

本项目由县最大的政府平台公司担保，并提供足值的土地抵押。

二、风险评估

（一）申请人及行业优势分析

（1）本旅游项目依托一定的自然资源和文化底蕴，并得到了当地政府的全力支持，自有资金占比较高；项目基本取得合规性批复，手续合规。

（2）项目所在地交通便利，人口较多；所属地级市是中国优秀旅游城市之一，旅游收入高，旅游资源比较丰富，客源较广。

（3）申请人自有资金已在陆续投入，最可能延误工期的拆迁工作当前已经完成，在建设进度上没有太大的实现难度。

（4）从建设内容来看，本旅游项目有部分是商业房地产开发且准备出售，如正常销售能获得较多的现金流，有利于及时收回投资。

（5）本项目形成的有形资产中，有较多商业门面，必要时可变更用途，为后续发展增强了灵活性。

（6）根据计划，项目门面房出租以餐饮为主。FL 湖湖鲜在附近地域享有良好的口碑，而项目所在地级市一直以饮食文化著名，据现场调阅意向合同，可知当前商业门面招商比较顺利，预计能有稳定的资金回笼。

（二）行业风险分析

（1）本项目虽有一定的文化底蕴，但景点多为新开发的，据补充调查，附近县域有两个4A级景点，运营时间在10年以上，旅游人次在50万人/年左右；此外，FL湖在数个市之间，外市已临湖建设了一个4A级湿地公园，运作多年后形成30万人次/年的客流量，所以在可研报告中，前3年45万人次/年、50万人次/年、55万人次/年的客流量预估过于乐观。

（2）所在县域缺乏佛教文化氛围，之前并没有大寺存在，佛教文化园想在短期聚集较高的人气同样有较大的不确定性。

（3）基于上述理由，门面房出售比例按前3年50%、30%、20%计算，预计较难达到。

（4）据现场调研，游乐场设施大部分已到位，但并无新意，且和附近环境协调性差，预计后期收益难达预期。

（5）本项目主要由县旅游部门主导，缺乏专业化的团队运作，没有考虑深度主题产品的开发；在附近地域内有同样依托FL湖的旅游景点存在，存在同质化竞争问题，会分散客流。

三、评审结论

本项目是一个依托天然风景区的综合旅游项目，总体规模不大，得到了县政府的全力支持；有部分商业门面房，一旦售出可加快资金回笼；所在地级市为旅游大市，有一定的文化底蕴支撑；但项目总体缺乏创新性；可研报告中列举的客流量偏乐观，真正运营后较难达到。乐观估计，其餐饮部分可能会有比较好的现金回流，但是其他如娱乐、佛教文化园等能否在3年内吸引足够的人气存在较大的不确定性。总体而言，由于授信申请额度较小，且项目得到财政的支持又有有效资产抵押，产生最终风险的可能性不大，但是本旅游项目的投资回收期可能比预计的时间要长。

第十章　农药行业风险研究和授信评审案例

关键词：“三证”、品牌、渠道

第一部分　行业分析

一、综述

农药指用于预防、消灭或者控制为害农业、林业的病、虫、草和其他有害生物，以及有目的地调节植物、昆虫生长的化学合成物，或者来源于生物、其他天然物质的一种物质或者几种物质的混合物及其制剂。

农药是重要的农业生产资料，对防治有害的生物，应对爆发性病虫灾害，保障农业丰产、丰收，以及农产品储存与食品安全起着非常重要的作用。农药是粮食生产直接成本中第三大投入品，对农业生产成本影响较大。全球人口不断增加，对粮食需求的增加速度远远快于耕地面积的增加速度，为了满足不断增长的人口需求和人民生活水平的提高，增加粮食供给，施用农药提高粮食产量是重要的解决方法。

农药行业是重要的支农产业之一，投入产出比高达6～10倍。如果停止使用农药，世界农产品产量将大幅度下降，其中仅粮食产量就将下降25%～30%，蔬菜更是将下降40%～50%。据测算，在我国每年使用农药挽回的损失可解决1亿人口的衣食问题。同时，农药还用于林业、畜牧业、渔业、卫生防疫、工业、交通、通信、建筑等国民经济部门。

从20世纪90年代末开始，全球10家最大的农药公司控制了

85% ~90% 的农药原药的生产和销售，世界农药工业基本上是少数跨国公司控制。合并、兼并、收购是当今世界各农药公司发展的主要手段，并由此形成了拜耳、先正达、巴斯夫、孟山都、陶氏益农和杜邦六大超级大公司为核心的农药市场体系。这六大公司的农药销售额占全球 80% 以上的农药市场。而一些非专利农药产品生产公司的发展速度也令人惊叹。它们成为第二集团的主体，并已接近第一集团中排于末位的公司。

我国的农药科学技术是从 20 世纪 40 年代起步的，而真正的发展是从 50 年代开始的。经过多年的发展，我国农药产业现已形成了包括科研开发、原药生产和制剂加工、原材料及中间体配套的较为完善的工业体系。2005 年，我国农药产量突破百万 t，2007 年，超过美国成为世界第一的农药生产大国。但是我国企业和世界主要跨国农药公司相比还存在着巨大的差距。跨国公司大都拥有实力雄厚的研究开发机构，每年投入的研发经费占销售额的 15% ~20% （中国大型农药企业的科研投入基本在 1% ~ 2%）。国产农药缺乏知识产权，基本是仿制品，总体而言，我国的农药工业创新能力不足。

此外，我国虽然是农药出口大国，但不是农药强国，缺乏自己的品牌，在我国出口的近 2 000 个产品中，有英文商品名称的不足百种，更多的是贴牌销售，而不是以中国的农药品牌出现。目前我国农药出口大部分是以大包装发货，然后由进口商加工销售，或直接为境外客户加工定做，出口主动权往往掌握在国外客户手中。在国际市场上，标注“中国制造”的农药产品为数很少。尽管目前我国的农药出口量很大，但缺乏自己的品牌。

注：农药生产企业分类

农药企业大致可以分为创新型农药企业、仿制型原药企业、农药制剂企业和农药中间体企业。

创新型农药企业：指具备很强的研发能力，能够开发拥有知识产权的创制农药产品的企业。由于国际上对农药的环保要求和登记要求很高，成功开发一种农药新品种的费用巨大，从研制到实现产业化，平均时间需要 9.8 年，研发费用要达到 2.5 亿美元。如此昂贵的开发费用是一般农药企业无法承担的，因此国际上研发型的生产企业主要就是六大农药公司和一些日本企业。研发型企业的最大优势在于企业能凭借产品专利保护在保护期内获得独家生产权利，从而获得巨额垄断利润。而且专利保护到期后，这些企业在产品上的技术水平仍要高于仿制型企业，其产品毛利率也将长期高于业内平均水平。

仿制型原药企业：指主要生产专利期已满或是不受专利法保护的农药厂商。此类农药在应用上已经得到实践的检验，使用对象、施用方法和安全性能都得到了市场的承认，而且在技术上也比较成熟。生产仿制型农药可以为企业省却大量的研发费用，同时又能保证产品的市场需求，这成为许多中小型农药生产企业的选择。但从另一方面看，由于仿制型农药技术成熟，仿制成本不高，因此这类企业众多，竞争激烈，企业难以获得超额收益，营利能力和产品毛利水平明显低于研发型企业。目前，仿制型企业主要分布在发展中国家，中国和印度是仿制型农药生产商最为集中的两个国家。

农药制剂企业：原药作为农药的有效成分，须加上分散剂和助溶剂等原辅料加工后，才能直接应用到农业生产上。配方的合理性、助剂的应用和复配工艺过程的控制对药效具有积极作用。农药制剂企业是指采购原药，研发、生产制剂，并销售给终端用户的厂商。此类厂商靠近消费终端，必须掌控渠道、建立品牌优势才能保证竞争力。

农药中间体企业：随着国际产业分工的全球化发展，中国、印度等国家的低成本生产优势显现，国际农药巨头将其专利药的部分生产流程转移到低成本地区，催生了农药合同定制生产（CMO）企业的出现，此类企业不参与终端竞争，只为少数国际巨头客户定制服务，在专利产品高回报期内分得价值。

二、产品与行业产业链

农药行业的上游是石油化工、生物工程等，下游是农业生产，最终都是面向农户。**农药行业主要由农药中间体、原药和制剂加工三大板块构成，在农药生产中，原药是指农药中起主要作用的有效成分。**但原药无法直接使用，因为原药本身浓度过高，直接使用可能导致药害，而且许多农药的物理状态也不适于直接使用。**在原药的基础上，加上分散剂和助溶剂等原辅料，经研制、复配、加工生产得到制剂产品，制剂可以直接用于农业生产。**一般来说，农药原药品种较少，而通过制剂加工后，品种则成几何倍数增加。在农药的效用和施用范围上，制剂的配制更起到了关键作用，技术含量也更高。技术和配方的不同，直接决定着制剂产品施用效果。如图 10–1 所示为农药产业链示意图。

按不同的分类方法，农药可分为多种类别。具体如表 10–1 所示。

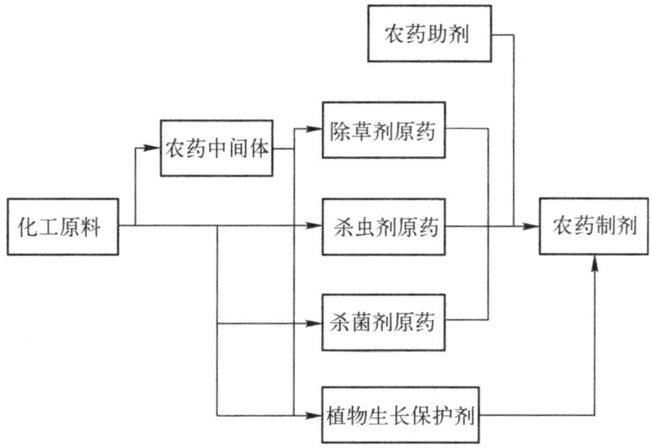

图 10-1　农药产业链

表 10-1　农药的分类

原料来源	有机农药、无机农药、植物性农药、微生物农药
作用对象	杀虫剂、杀菌剂、除草剂、植物生长调节剂、杀鼠剂
加工剂型	粉剂、可湿性粉剂、可溶性粉剂、乳剂、乳油、浓乳剂、乳膏、糊剂、胶体剂、熏烟剂、熏蒸剂、烟雾剂、油剂、颗粒剂、微粒剂
化学结构	有机磷类、有机氯类、拟除虫菊酯类
防治对象	杀虫剂、杀菌剂、杀螨剂、杀鼠剂、除草剂、特异剂和植物生长调节剂等

按不同的用途划分，杀虫剂、杀菌剂、除草剂是农药行业的三大品种。

农药的使用以果树与蔬菜为主，流通品种较集中。据资料显示，使用农药最多的是果树与蔬菜，其次为谷物、玉米、大豆、水稻和棉花。**前 6 种农作物的农药销售额占整个农药市场销售额的 80%。**各类农作物使用农药品种较集中。其中，**大豆使用农药以除草剂为主，占使用量的 90%；棉花使用农药以杀虫剂为主，占使用量的 65%；谷物田使用农药以除草剂和杀菌剂为主，占使用量的 90%。**全球研发品种流通比例较低，大多数研发品的流通率不过 30%。**除草剂销售规模较大，单个品种销售额相对较多，在销售额超过两亿美元的农药品种中，除草剂占比达到 50%。**

从世界范围看，杀虫剂、杀菌剂、除草剂 3 类农药出口占世界农药贸易的比例超过 80%。其中，除草剂一直是出口最多的农药品种，占世界农药出口的比例大于 30%。杀菌剂是第二大类农药出口品种，约占交易量的

25%左右，杀虫剂交易占比则略低于杀菌剂。

注：农药产品的生命周期

农药研发期一般需要8～10年时间，其后就是长达20年左右的专利保护期。由于此时只有专利企业可以生产销售，因此价格可以维持在高位，此阶段是创新型企业独享丰厚回报的阶段。

专利过期，仿制药企业进入市场参与竞争，由于企业众多，产品价格快速下降，得益于价格下降，使得市场需求快速上升。此时创新型企业和仿制型企业共享市场回报，但创新型企业的回报已经开始比独享市场时回落。

由于进入的厂商不断增多，产品价格降低，而创新型企业的成本较高，开始退出市场。仿制型企业的价格竞争最终稳定在盈亏平衡点。

创新型企业的新专利药开始投放市场，前期专利过期农药的市场份额开始被挤占。新专利农药一般除了效果更好外，还具有更低毒、环保的特点。随着各国环保要求的不断提高，开始陆续禁止前期的高毒农药。老产品的市场容量开始快速下滑，最终退出市场。

注：当前重要的农药品种

（1）草甘膦。**草甘膦是全球农药中最强势的品种，是目前最重要的除草剂**，目前草甘膦的工业生产大致有两大类工艺路线：一是甘氨酸路线，一是亚氨基二乙酸（IDA）路线，其中IDA法根据原料的不同，又分为氢氰酸法和二乙醇胺法两条路线。这几种路线在中国均有企业采用。甘氨酸路线是目前国内最主要的草甘膦生产路线，约占总产能的70%，此方法工艺相对简单，但污染较为严重。中国是全球最大的草甘膦生产和出口国，国内产能过剩现象明显。

（2）菊酯类农药。**拟除虫菊酯类杀虫剂可以分为卫生用及农用，特点是高效、低毒、环保。**主要品种有高效氯氰菊酯、高效氯氟氰菊酯、溴氰菊酯、氟氯氰菊酯、联苯菊酯和醚菊酯。农用拟除虫菊酯类杀虫剂中应用和销售量最大的是氯氰菊酯系列。而氟氯氰菊酯、溴氰菊酯、高效氯氰菊酯主要应用于高端领域。

（3）吡啶类农药。**吡啶是目前杂环化合物中开发应用范围最广的品种之一**，作为一种重要的精细化工原料，其衍生物主要有2－甲基吡啶、3－甲基吡啶、4－甲基吡啶、氯代吡啶等，主要应用于农药、医药、染料、日用化工、香料、饲料添加剂、橡胶助剂等领域。真正有机合成的吡啶类农药开始于20世纪50年代中期。近年来含吡啶的农药发展比较快，覆盖杀虫剂、除草剂、杀菌剂3大种类。含吡啶环的农药主要有除草剂的百草枯、敌草炔、毒莠定和杀虫剂的胺菊酯、氯氰脲、毒死蜱和甲基毒死蜱等。

三、农药行业特征

农药行业有明显的季节性和周期性。

受农业生产季节性的影响，**农药的生产和消费呈明显的季节性。从我国的情况看，一般而言，每年的3－8月份是农药生产的旺季，3－6月份达到高峰，每年的上半年生产大于销售，产销率较小，到了下半年销售大于生产，上半年形成的库存逐渐消化。**不同的自然环境、气候条件、耕种习惯决定了不同地区种植结构的差异，造成病、虫、草害危害程度的不同，产生对农药品种的不同需求，使农药的生产和消费具有明显的地域性特征。**从我国情况来看，南方农药市场以杀虫剂、杀菌剂为主，北方市场以除草剂为主。**

自然天气变化对农药或某种农药的需求变化影响较大。一般情况下，干旱可能减少除草剂的需求，但可能使杀虫剂、杀菌剂用量上升；洪涝灾害将会增加杀虫剂和杀菌剂的需求量；气候变暖将增加虫害的发生，同时也有利于杂草的生长，总体上杀虫剂、除草剂的用量上升。当然，值得说明的是，**一般发生自然灾害当时，农药用量由于受到粮食种植面积减少影响，用量减少。但在灾害天气过后，国内农药市场尤其是杀虫剂品种可能会呈现量价齐升的态势。**主要原因有3个：一是由于灾害容易滋生各种细菌（尤其是洪涝），从而引发作物病虫害；二是灾后农作物抢种和补种急需大量农药；三是灾害天气导致农药药效持续时间较短。因此自然灾害后国内农药需求可能保持较快的增长态势。

农药行业一般每两个“小年”后会出现一个“大年”，即农药需求周期一般在3～5年左右。这主要是因为各类自然灾害均具有一定的周期性，旱灾、水灾在3～5年，冰雹也基本类似，霜冻发生的周期稍长，基本为5～7年。正是因为自然灾害的周期性，使农药行业呈现比较明显的周期性波动。

四、我国农药生产概况

国内农药生产企业主要以生产农药原药为主，由于尚未出现一家全球布局渠道的农药制剂类公司，故国内的大部分农药原药需销售给国际制剂企业，制成农药制剂后再进入终端销售环节。因为原药研制投入成本高、周期长、风险大等特点，**国内大部分企业采取仿制过期专利产品的方式进**

行生产，营利能力较弱。

杀虫剂、除草剂、杀菌剂是我国生产的 3 大农药，近几年三者产量都有增加，但三者产量之和占农药总产量的比例略有下降。2000 年，3 类农药产量占农药总产量的比例约为 90%，近几年占总产量的比例有减少，但仍超过 75%。

杀虫剂是我国生产最多的农药品种，目前杀虫剂占农药产量的比例约为 1/3。除草剂是我国生产的第二大农药品种，产量增长较快，占农药总产量的比例仅比杀虫剂略低。杀菌剂是我国生产的第三大农药品种，产量占农药产量的比例约为 1/10。

我国是世界第一大农药生产国，农药产量的增加速度明显快于施用量增长速度。**农药产能过剩比较明显，无论是中间体还是原药、制剂，均呈现过剩的态势，**低端产品过多，且技术水平较低，行业利润率偏低。

我国农药行业企业数量多，企业资质参差不齐，规模偏小，没有在国际上有较大影响力的国际大品牌。**为转化国内过剩产量，我国农药原药大量出口，杀虫剂和除草剂在国外占有一定市场。**杀菌剂产量虽有所增加，但多用于国内消费较少出口。

在我国进行农药生产需取得农药登记证。农药登记证是对在我国境内生产（包括原药生产、制剂加工和分装)，以及进口农药的产品化学、毒理学、药效、残留、环境影响等各方面进行综合评价后，对符合条件者颁发的一种允许生产、加工或试验的证件。**主要有农药田间药效试验批准证、农药临时登记证、农药正式登记证和农药分装登记证。**企业取得的农药登记有有效期限制：试验许可证号有效期为 2 ~3 年；临时登记证号有效期为 1 年，期满可以续展；正式登记证号有效期为 5 年，期满可以续展；农药分装登记证号有效期为 1 年。

五、行业政策

本行业近期最重要的政策是 2012 年颁布的《农药工业“十二五”发展规划》(以下简称《规划》)。《规划》明确了农药工业在产业组织结构、产品结构、科技创新和环境资源 4 个方面的发展目标。

《规划》指出，在“十二五”期间，农药生产企业规模、产业布局要有较大的提升与变化，农药原药生产进一步集中，到 2015 年销售额在 50 亿元以上的农药生产企业要有 5 家以上，销售额 20 亿元以上的农药企业有 20 家以上，前 20 家农药生产企业的原药产量将占总产量的 50% 以上；50% 的农药原药企业进入化工集中区，通过兼并、重组、股份制改造等方式组建大型农药企业集团，培育 2 ~3 个销售额超过 100 亿元、具有国际竞争力的大型企业集团；农药行业整体技术装备水平有较大提高，大型企业主导产品的生产实现连续化、自动化（目前仅有少数企业的部分生产工序做到了连续化、自动化生产）；特殊污染物处理技术进一步提高和完善，主要污染物排放总量减少 10% 以上。农药产品收率提高 2% ~5%，副产物资源化利用率提高 30%；要大力发展高效、安全、经济和环境友好的农药，这一类农药品种的产量占总产量的 50% 以上。根据替代品种的发展逐步实施国家淘汰高毒、高残留品种方案，使其产量由 5% 降至 3% 以下。鼓励发展生物农药，使生物农药比例进一步提高。

要增强我国农药的创新能力，大型和科技型农药企业研发投入占销售收入的比例达到 5% 以上（当前为 2% 左右），农药全行业的研发投入占销售收入的 2% 以上（当前为 1%），以加快我国农药工业从以仿制为主向仿创结合的转变进程。

《规划》要求，**农药生产企业市场开拓的着力点应放在提高农化服务水平方面**，以高质量的产品、一流的服务，提高农化服务水平，规范农药使用行为，逐步建立农药从生产到使用的全流程服务体系。

六、行业评审技术指引

（1）农药产品品种繁多，由于技术含量及下游需求各不相同，因此存在着不同的价格变化和趋势。**但就整个行业而言，其营利能力在很大程度上跟随石化行业景气周期规律性波动，具有一定的长周期性特征。**农药行业价格存在着 6 年左右的周期。由于国内农药主要以仿制国外过期专利为主，自主技术不高，竞争激烈，导致议价能力并不强。在这样的情况下，农药将直接或间接受到原油价格波动的影响。**而在短期内，灾害天气对农药销量有促进作用。**一般情况下，自然灾害后国内农药需求会呈现量价齐升的态势，对农药生产厂商影响偏正面。

（2）关注合规性。由于农药具有高毒特征，加之对农业生产影响很大，国家对农药企业设有进入壁垒。2009 年 10 月，将原药企业核准注册资金提高到 5 000 万元，制剂企业提高到 3 000 万元，鼠药制剂、卫生用药提高到 1 000 万元，分装企业提高到 500 万元。同时，**我国对农药产品实施登记许可制，农药产品在生产销售前必须获得登记证、生产批准和许可证。**

（3）农药行业有多个子行业，其竞争力表现不完全相同。

原药生产企业主要看技术创新能力。原药技术壁垒相对较高，目前国内农药企业具有创新能力的企业屈指可数，大部分企业的研发主要还是建立在对引进技术消化吸收的基础上，国内企业多为仿制国外已过专利保护期的原药产品，竞争激烈，毛利率较低；**农药登记数量多的原药企业在竞争中会占有优势。**

随着我国农药产业政策的发展和企业的积累，已有部分企业可以研发和生产一些重要的中间体原料及使用原料做混配工作，代表企业是A股上市公司扬农化工、利尔化学等。对国内原药企业，要了解其对后专利药的研究和紧密跟踪，以及对引进技术优化工作的进度。**要关注企业的研发费用占比，有没有达到国内的较好水平（2%以上）。**

农药中间体企业成功的关键是要和国际农药巨头建立起良好的合作关系。农药巨头品控严格，对中间体供应商的选择、考察、建立合作关系通常需要4~5年时间，因此通过考察的中间体供应商就建立起了一定的竞争壁垒，可以较为稳定地跟随国际巨头的发展脚步，获取收益。国内的代表企业是A股上市公司联化科技。因此银行考察此类企业主要看其和上游的合作关系。如果只是初级中间体的生产厂家，则普遍面临毛利率低、产能过剩的问题。

而制剂行业，由于本身研发壁垒并不高，因此国内已有部分企业能够做一些独创性研究，代表企业是A股上市公司诺普信。**对制剂企业而言，销售渠道是关键。**在国内松散的土地耕作模式下，农药经销商作为销售主导的地位还无法撼动，制剂企业如果通过农资连锁、直销乃至电商模式来越过经销商这个环节，就能在竞争中占得上风。对拥有这方面优势的企业，银行可以积极介入。

从发展趋势来看，行业利润向下游制剂和渠道集中，制剂生产商的毛利率高于原药企业。

（4）关注农药企业的品牌建设。对农民而言，好品牌意味着好产品、好品质、好收成。特别是对种植经济作物的用户，由于产品附加值较高，他们宁愿选择价高质优的好品牌农药，以确保辛苦一年能够获得满意的收入。而一些品质没有保证的农药，不但使用效果不好，严重的还会使农民一年的辛勤劳作化为乌有。

（5）了解汇率波动、进口国的政策情况。**我国农药对外依赖度很高，农药出口在某些程度上决定着我国农药工业的走向。**汇率波动会影响行业整体的营利能力，美国等进口大国进口政策如出现调整，都可能对国内农药的生产和消费产生影响。

由于农药产品品质原因导致的赔付成本极高，国际知名农药供应商出于对自身产品品质的保证和满足其自身参与全球竞争的需要，在原药采购上非常关注产品质量的保障、合作的长期性和稳定性，一般不会轻易更换原药供应商。**对农药原药出口商而言，先行占领市场往往会获得更多的市场优势，这是跨国农药公司基于其全球竞争战略进行的合理选择。**对后专利时期的农药产品而言，先期突破该类产品的生产工艺、形成规模化生产的企业，就可以通过长期的品质保障和稳定的供应，先行与区域市场领先的农药供应商形成战略合作关系。这种合作关系具有一定程度的排他性，即使出现新的竞争者，为规避产品品质、供应风险及重新登记所花费的时间及成本，跨国农药企业也会优先选择原有供应商。所以农药企业如果已和国外农化巨头建立了合作关系，那么经营的稳定性会比较强。

（6）农药企业有从原料到制剂的全程生产企业，也有专做中间体或原药的企业。**总体上，企业产业链越长，竞争力越强。从原料到中间体再到原药的生产过程体现技术密集的特点，而从原药到制剂的生产更多的体现企业在营销及品牌上的优势。**

（7）关注农药企业的主导产品。**总体而言，国内除草剂和杀菌剂的长期发展潜力大于杀虫剂。**

拟除虫菊酯是国内农药的重要发展方向。制剂的发展重点是水基环保型农药制剂。

拟除虫菊酯杀虫剂是一类结构或生物活性类似天然除虫菊酯的仿生农药，它是在仿照天然除虫菊花有效成分及其化学结构的基础上发展起来的高效、安全、新型杀虫剂，具有杀虫广谱、低残留、对环境无害等优点。目前，国外菊酯类杀虫剂占杀虫剂总用量的20%，而我国还达不到这一比例，具有较大的发展空间。

（8）农药企业的环保壁垒主要体现在两个方面：一方面，一些高毒性、高残留、大用量及有不良影响的农药被限制使用或禁用。国际市场对农药的使用和进口越来越严格，客观上要求我国农药出口企业要积极实现产品种类和生产技术上的升级换代，在质量控制、检验、登记方面要负担更高的成本和更长的时间周期，提高了农药产品出口的市场门槛。另一方面，农药生产企业必须适应环境保护法律法规的要求，在农药生产过程中，采用清洁生产工艺和适当的末端治理措施，将农药生产对环境影响降低到最低程度，环保压力有助于高污染企业的产能向优势企业集中。

（9）无论是国家产业政策还是应对国外市场，农药行业企业都需要通过大规模整合，实现规模化、集约化以提升竞争力。**银行应积极支持行业内优势企业的并购重组业务。**

七、趋势展望

农产品是居民生活的必需品，农产品供求特性决定农业发展不受整个经济周期的影响，农业需求的稳定也使得农药的需求得到保障。在农产品种植、生产过程中，农药在防治虫害、保障农作物稳定生产方面具有不可或缺性。由于人口剧增、耕地有限加上极端气候，过去15年全球粮食供给有一半时间低于需求。若按人均粮食消费400 kg/年、世界人口从69亿增至2050年的90亿、粮食收获面积保持7.22亿公顷不变，则粮食亩产要增加30%才能满足需求，必须依靠农药这种最有效的、经济的方法实现增产。而农药行业的上游主要为石油化工和磷化工等原料行业，目前石油化工和磷化工产品价格已呈现一个普跌的现象，总体上有利于利于农药企业生产成本的控制和产品毛利率的提升。

如从专利的角度看，基本上可以将农药产品分为3类：专利产品、专利到期产品和非专利产品，而在市场占有率上这3类农药基本是三分天下的局面。据悉到2023年，全球将有166个农药专利到期，届时新增加的农药产品市场达110亿美元，**专利到期农药品种具有极大的市场空间。**而我国在新农药创制方面相较于发达国家比较薄弱，拥有自主知识产权的产品为数不多，许多农药品种产能过剩严重。因此，越来越多的国内企业将注意力转移到了专利即将到期的农药品种上。**国内业内技术优势及渠道优势较为明显的企业，如果能抢先涉足专利到期产品，并参与国外农药龙头企业的市场、研发等合作中，就能享受市场发展带来的机遇。**

相对而言，我国农药生产的行业集中度偏低。由于全行业产能过剩明显，工信部一再鼓励企业兼并重组、淘汰落后，提高产业集中度。此外，中国农药企业的环保成本偏低，随着社会环保意识的提高，农药企业环保成本未来将持续上行，对于环保不达标、营利能力不强的中小型农药企业来说，其发展将陷入瓶颈，利于业内龙头企业的兼并式扩张。随着业内兼并重组的推进，行业集中度必将进一步提高，行业竞争也将逐步规范；农药行业营利能力有改善的空间。

第二部分 案例分析

一、授信申报情况

授信申报日：2013年10月

申请人：XF 农化有限公司

申请事由：申请融资保函专项额度，在境外融资以降低融资成本

授信申请方案：融资保函专项额度 1 500 万美元，授信期限 1 年，保证金比例 50%，被担保人为 XF 农化国际贸易有限公司。

（一）申请人基本情况

申请人位于华东沿海地区，于 2000 年成立，21 世纪初完成了产权改革，当前注册资本 25 000 万元，自然人控股，是集农药生产、制剂加工、科研、开发、推广于一体的农化企业。厂区位于沿海城市化工园区内，附近有高速公路、火车站、港口，交通便利。

公司为化学农药产品生产商，长期以来比较重视拓展上下游产业链，除原药外，也加大制剂产品的研发与销售。经过十余年的发展，公司已发展成为以农药原药为主，兼有农药制剂、农药化学中间体的大型专业农化企业。

申请人自成立以来一直注重加强品牌建设。其名下的“XF”牌咪鲜胺产品被认定为“省名牌产品”，“XF”商标被授予“中国驰名商标”。

申请人为省高新技术企业，拥有国家级博士后科研工作站。多年来凭借对科技成果的转化与技术创新的大力投入，主要产品的工艺水平均处于国内领先水平，研发投入达到了 4%。截至 2012 年底，公司累计产品专利 23 个，累计高新技术产品 31 个；先后在行业内率先通过 ISO9001：2000 标准质量体系认证、ISO14001 环保管理体系认证及 OHSAS18001 职业健康安全管理体系认证；农药登记证、生产批准和许可证等合规手续齐全。

（二）生产能力

申请人的产品主要是杀菌剂和除草剂，在国内率先引进咪鲜胺、辛酰溴苯腈、氟环唑、吡氟酰草胺等产品，并进行规模化生产。具体产品如表 10-2 所示。

表 10-2　公司主要产品表

类　别	产品名称
杀菌剂	咪鲜胺（锰盐）原药及制剂、氟环唑原药及制剂等
除草剂	（辛酰）溴苯腈原药及制剂、吡氟酰草胺原药等

公司主导产品年产能：咪鲜胺 6 800 t、氟环唑 1 200 t、辛酰溴苯腈原药 5 000 t；在国内领先，且申请人有子公司专门生产咪鲜胺中间体，产量可做到自给自足。

申请人注重核心产品的衍生产品开发，丰富产品体系，并加强其下游制剂产品的研发与生产，推广其在国内的运用，目前公司登记的制剂产品

个数有近百个。

目前，公司的重点建设项目有年产 2 000 t 联苯菊酯杀虫剂生产线，将于2013 年下半年开始试生产。联苯菊酯由 FMC 公司研发，既能杀虫又能杀螨，击倒作用快，持效期较长，对棉花、蔬菜、果树、茶树等害虫有很好的防治效果。2011 年，全球销售额位列杀虫剂第 13 位，拟除虫菊酯中占第 4 位。联苯菊酯的关键中间体联苯醇由企业自产。此外还有大型化工仓储基地，容积40 万 m^3，周转能力为 488 万 t/年。公司仓储项目将采取4 种经营模式，分别为传统仓储、自主经营、金融物流及深加工。

（三）申请人产品产销情况

申请人与多家跨国农化公司形成了稳定的合作关系。公司通过了巴斯夫的考察，成为后者咪鲜胺等产品供货商，高质量的客户为公司提供了稳定的利润来源；此外也是拜耳、先正达等农化巨头的供应商。总体上，申请人产品出口和内销基本各占 50%。

（四）申请人财务情况及科目明细解释

近 3 年及当期财务数据简表如表 10–3 所示。

表 10–3　近 3 年及当期财务数据简表　（单位：万元）

序　号	项　　目	2010 年 12 月	2011 年 12 月	2012 年 12 月	2013 年 6 月
1	总资产	186 280	237 272	306 583	337 338
1.1	流动资产	143 331	161 575	184 194	185 063
	其中：货币资金	111 768	95 184	80 357	72 847
	应收账款	9 566	22 316	32 477	32 015
	其他应收款	944	2 102	2 738	5 196
	预付账款	2 911	7 041	8 210	10 430
	存货	18 104	33 846	53 130	58 061
1.2	长期投资	319	1 903	1 465	1 270
1.3	固定资产净值	29 458	50 229	76 776	90 871
1.4	在建工程	2 133	8 610	17 668	27 483
2	负债总额	25 392	64 780	113 391	140 203
2.1	流动负债	23 955	63 284	110 854	136 790
	其中：短期借款	27 392	26 915	47 456	57 920
	应付票据	11 571	11 787	26 095	28 618
	应付账款	7 446	169 12	27 877	37 670
	预收账款	2 377	4 722	2 910	4 667
2.2	长期借款	—	—	—	—

（续）

序　号	项　　目	2010 年 12 月	2011 年 12 月	2012 年 12 月	2013 年 6 月
3	所有者权益	160 888	172 491	193 192	197 135
	其中：实收资本	10 000	16 000	16 341	24 504
4	营业收入	79 243	104 793	166 715	102 058
5	营业利润	10 570	7 519	15 262	9 345
6	投资收益	—	52	74	-39
7	利润总额	11 769	8 123	16 073	9 262
8	净利润	10 080	6 712	13 158	7 489
9	经营活动现金流入量	72 693	87 713	140 884	106 968
10	经营活动现金净流量	11 843	-10 348	-7 793	3 349
11	投资活动现金净流量	-12 573	-17 009	-73 706	-3 751
12	筹资活动现金净流量	102 752	11 158	24 659	6 867

1. 财务报表明细情况

（1）货币资金：期末货币资金余额 7.3 亿元，大部分是银行存款。

（2）应收账款：应收账款余额 3 亿元，均为非关联方，账龄 1 年以内的占 97%。

（3）预付账款：预付账款余额 1 亿元，主要是预付给上游各化工企业。

（4）存货：申请人存货构成主要由原材料、在产品、库存商品组成，其中，原材料占比 25%、在产品占比 35%、库存商品占比 39%。总体而言，存货各项比例变动不大。

（5）固定资产：期末固定资产净值余额 9.1 亿元，主要包括房屋建筑物、机器设备、运输工具、其他设备等。其中生产设备占比 57%，占比最高。

（6）在建工程：期末在建工程 2.7 亿元，其中最大的建设项目为储运仓储物流建设项目。

（7）无形资产：期末无形资产 1.9 亿元，为土地使用权。

（8）短期借款和应付票据：这两个科目主要是银行给予申请人的融资，申请人和主流银行均有合作，较年初有所增加，在短期借款中，信用贷款比例达 42%。

（9）收入利润表和现金流情况说明。如表 10-4 所示为公司收入构成表。

表 10-4　公司收入构成表

项目	2010 年	2011 年	2012 年	2013 年 6 月
杀虫剂	9 253	7 049	21 955	13 181
杀菌剂	35 231	48 050	76 037	39 676
除草剂	29 394	34 292	34 437	22 521
中间体	3 018	11 395	27 700	23 593
调节剂及其他	2 122	2 970	4 365	1 599
合计	79 020	103 759	164 497	100 572

据财报显示，2010—2012 年公司主营业务收入持续递增，2010—2012 年销售收入增长率分别为 14.92%、32.24% 和 59.09%，从近期经营业绩来看，申请人经营规模保持增长态势。

（10）现金流量情况：申请人 2010—2012 年经营活动现金流入量持续递增，但经营活动现金净流量波动较大；投资活动现金净流量为负值，固定资产建设支出较多；筹资活动现金净流量大，融资渠道广。

2. 重点财务指标情况

近 3 年公司流动比率和速动比率均保持比较好的水平，资产负债率较低，长短期偿债能力较强。如表 10-5 所示。

表 10-5　近 3 年公司流动比率、速动比率及资产负债率

项 目 名 称	2010 年	2011 年	2012 年
资产负债率%	13.63	27.30	36.99
流动比率%	598.33	255.32	166.16
速动比率%	522.75	201.83	118.23

2010—2012 年，申请人总资产周转率起伏较小。如表 10-6 所示。

表 10-6　近 3 年资产周转率

项 目 名 称	2010 年	2011 年	2012 年
存货周转率（次）	2.91	3.05	2.93
应收账款周转率（次）	12.21	6.57	6.09
总资产周转率（次）	0.61	0.49	0.61

从上述各项指标看，申请人近 3 年来各项利润指标较为稳定。如表 10-7 所示。

表 10-7　近 3 年各项利润指标

项目名称	2010 年	2011 年	2012 年
销售净利率%	12.72	6.41	7.89
净资产收益率%	10.22	4.17	7.84

（五）授信方案

根据申请人提交的业务申请，确认此次申报融资保函额度用于为 XF 农化国际贸易有限公司开立融资保函，XF 农化国际贸易有限公司为 XF 农化有限公司的全资子公司，在美国设立，为申请人海外市场战略布局的重要组成部分。美洲地区的主要农作物为玉米、大豆、小麦等，申请人的产品在上述农作物应用方面有一定优势。申请人通过，XF 农化国际贸易有限公司直接向世界农化前十强的国际知名农化企业提供农药原药及制剂，实现业务的无缝对接，可规避外汇结算汇率波动风险。

本次申请融资保函，主要用于境外融资，降低申请人融资成本。

截至 2013 年 9 月末，XF 农化国际贸易有限公司的总资产为 1 676 万美元，流动资产为 1 336 万美元，非流动资产 340 万美元，主营业务收入为 2 060万美元，营业利润为 95 万美元。

（六）担保情况

本次授信采用信用方式担保。

二、风险评估

（一）申请人行业优势分析

（1）企业注册资金等符合国家农药生产企业标准，各方面合规手续齐全；财报显示生产设备价值较高；产能具备规模优势，并有一定的品牌影响力。

（2）技术与环保是公司与农化巨头长期合作的基石。跨国农化巨头选择原药供应商考虑的因素，一是产品质量及成本，二是比国内更严格的安全生产和环保等社会责任履行。公司能够成为巴斯夫、拜耳等的合作方，侧面验证这两方面公司在国内企业中具备优势。

（3）从产品上看，公司以杀菌剂为主，杀虫剂和除草剂占比较少，这样的产品比例在市场上营利能力较强。主导产品咪鲜胺、联苯菊酯等原料自产，不受制于人，对销售非常有利。

（4）查外部报告，咪鲜胺是一种广谱杀菌剂，对多种作物由子囊菌和半知菌引起的病害具有明显的防治效果，也可以与大多数杀菌剂、杀虫剂、除草剂混用，具有较好的防治效果，是我国农业部农技推广中心联合推广产品和水稻稻瘟病政府采购品种之一；氟环唑为三唑类广谱杀菌剂，是巴斯夫公司于1985年研发的一种高端产品，主要用于防治小麦、大麦、水稻、甜菜、油菜、豆科作物、蔬菜、葡萄和苹果等上的立枯病、白粉病、眼纹病等十多种病害，国内只有少数企业掌握其生产工艺。公司产品有一定的市场需求。

（5）公司拟经营的化工品仓储业务目前国内具有较大的市场缺口，建成后将成为沿海地区大型化工仓储基地。此外，项目还将对公司整体运作产生积极的影响，比如统一大量采购原材料时可降低采购成本，向上游延伸提升营利等；即将生产的联苯菊酯是拟除虫菊酯性质的杀虫剂，符合当前的发展方向。

（6）申请人具备一定的创新能力，研发投入占比远超过国内同类型企业，前端研发与产品储备、下游制剂销售及仓储贸易，总体产业链已经成型；在业内有比较明显的竞争优势；另据补充调查，公司目前在建GLP实验室（目前国内仅有极少数几家通过国际相关认证），建成后除可见的经济效益外，更搭建了高端研发交流共享平台，有利于长期发展。

（二）行业风险分析

（1）总体而言，国内农药行业竞争非常激烈；公司产品有约一半内销，从财务报表上分析，2011年起，公司营利能力有所下降，主要原因是国内市场竞争加剧，同时产能释放的压力导致产品价格下调和营销费用增长。

（2）申请人产品一半出口，而近年汇率波动较为剧烈，需关注汇率对企业利润率的影响。

（3）本次申报融资保函额度用于为XF农化国际贸易有限公司开立融资保函，而农药销售实行的是登记许可制度，该公司是否取得美国的相关登记许可，必须加以落实。

三、评审结论

企业是有一定规模的农药原药和试剂生产企业，产业链较为完整；产品杀菌剂的优势比较突出，而除草剂、杀虫剂等显得略为平淡，需关注后续产品产能的释放和营利水平。公司环保把控严格，在国内环保要求日益严厉的背景下将逐步转化为业绩。申请用途和额度有合理性，但应该明确XF农化国际贸易有限公司是否完成了相关登记许可工作。

第十一章　商业地产行业风险研究与授信评审案例

关键词：区位、营运模式、体验式消费

第一部分　行业分析

一、综述

“商业地产”这一概念最早是美国学者彼德·德鲁克在《管理实践》中提出的。房地产类型从居住功能属性上可以分为住宅房地产和非住宅房地产，商业地产是相对于住宅地产而言的，属于非住宅房地产。“商业地产”这一名词出现在中国并应用始于2000年。

对于商业地产，目前国内没有一个权威的定义，它依托的是一个泛商业的概念。对于商业地产的内涵，理论界有如下解释：

（1）商业地产是一个具有地产、商业与投资三重属性的综合性行业，从功能用途及开发模式上明显区别于住宅、别墅、写字楼等房地产形式。

（2）商业地产是集餐饮零售、娱乐休闲等用途于一体的房地产形式，是以持有物业的建设和整体运营为目的的房地产开发。

（3）商业地产的整体运营流程包括前期的投资规划预算和商圈市场定位，以及后期的持有物业招商、非持有物业销售和物业运营管理等环节，比单纯的住宅地产开发运营复杂多元，它是商业与地产结合的多元化复合型产业。

总体而言，商业地产是多种商业形态的组合运营，既有住宅，又有商

业，既有酒店，又有公寓，既有休闲娱乐场所，又有商务办公场所，是一个具有地产、商业与投资三重属性的综合性行业。

商业地产经营运作方式注重整个过程中的动态运营，项目开发结束的标志并不是商业地产销售的结束，而是一个长期的经营过程。

事实证明，商业地产的发展与宏观经济的发展关系非常密切。经济越发达，商业越发达，商业地产也越繁荣，商业地产业态越高级。表 11-1 是根据西方发达国家的经验，得到的商业地产业态与人均 GDP 的关系。

表 11-1　商业地产业态与人均 GDP 的关系

国家/地区的人均 GDP	城镇化水平	商 业 阶 段	商业地产业态
≤1 100 美元	≤25%	商业与农业经济相匹配	地摊、庙会、集贸市场
1 100 美元≤GDP≤2 000美元	≤45%	商业为工业化城市提供保障	百货商场、商业街、批发市场
2 000 美元≤GDP≤4 400美元	≤70%	出现多样化、规模化的商业	大型购物中心、超市、专卖店、精品店
4 400 美元≤GDP	≥70%	商业成为城市发展和区域进步的新动力	销品茂、旅游地产、商务地产、物流等综合商业

二、商业地产项目和普通房地产项目的区别

虽然在不少地方和普通住宅项目类似，但商业地产项目仍有自身的特点：

（1）投资资金需求大。一般而言，商业地产项目具有体量大、投资回收期长及对资金投入的要求大等特点。商业地产项目需要一次性投资建成才能形成商业氛围，而且在出租过程中，为了吸引人气、争取主力店加盟，往往采用前几年租期内低租金，甚至部分免租金的形式，这势必会减少前期回报。因此，商业地产对开发商的资本实力有较高要求。

（2）投资风险大。商业地产投资与普通住宅地产相比周期更长，投资额更高，风险也更大。此外，**商业地产还面临商业经营压力。宏观经济会影响商业地产，微观经营也会影响商业地产。**因此，商业地产项目的风险较高。

（3）不像住宅项目遍地开花，商业地产投资普遍向中心城市集中。国内商业地产的一个突出特点是相对集中在一、二线城市，三、四线城市商业地产规模较小。

对个人投资者而言，商业地产可租可售、投资回报高、增值空间大，有相当的吸引力。此外，相对于住宅、股票等投资品，商业地产具有收益

稳定、风险小的优势，个人既可自己经营，又可投资置业，可选择的余地比较多。

三、我国商业地产常见的开发运营模式

（1）整租不售模式。开发商不售产权，将商业地产整体出租或整片出租，这种方式一般适合自身财力雄厚，但对商业地产缺乏经验的企业，通过和比较有影响力的商业管理公司合作达到共赢的目的。商业管理公司可以作为“二房东”，再把商铺租给零散商户赚取管理费，也可以自己经营以获得更多的利润。

此模式的优点是开发商、运营商双方责任、权利、义务划分清晰，商业地产开发商免去了经营风险，还可以收到可观的租金；如果开发商想以后自己经营，也可以通过出租的这段时间从商业管理公司身上得到经验。这种商业地产如果经营良好，会慢慢形成商业氛围，也会带动房地产业，方便周围居民日常生活的同时，还会促进周边地区经济的繁荣发展。此模式的缺点是运营商租期普遍比较长，一般都是10～20年；给开发商的回报率往往偏低；开发商现金回笼速度慢，资金压力大。

（2）分租不售模式。该模式是开发商对各个商铺进行分开招商，租期期满之后视经营情况双方协商是否续签合同，物业统一管理。这种经营模式的优点是物业管理方议价能力强，可以实现持续稳定的资金流；物业升值空间大，一旦形成品牌效应，物业价值将会迅速增加；租期时间较短，能够及时调整经营思路。缺点是项目资金投入大，前期市场定位难度较大，一旦定位不准，损失巨大；前期招商难度大；对项目管理经营能力要求高，商户数量多，日常管理难度大。

（3）售后返租模式。此种模式是出售产权的，具体操作就是首先把产权零散售卖，但是同时和店铺购买者签订合同，开发商获得经营权，进行统一招商运营，并按合同的年返租率支付给商铺购买者租金。此模式的优点是开发商通过销售产权获得大量资金，并且通过后续的经营使得开发商和店铺购买者达到共赢，显然，商业地产的统一规划经营比起分散经营更加有竞争力。缺陷是双方签订的合同期往往较长，虽然对长期规划有好处，但是一旦期间经营失败，就会对双方带来很大损失，开发商名誉受损、店铺投资者投资回报降低。

（4）零售零租模式。这种模式与住宅地产的开发类似，是将商业地产产权零散出售，商铺购买者作为商铺的拥有者在购买之后对商铺的经营有完全自主权，运营方只是提供最基本的管理服务，适合中低规模的商业街

和社区商铺的开发。

此模式的优点是开发商能迅速获得巨额回报，资金压力低且不用担心所开发商业地产的后续经营状况；对于商铺购买者来说可以自由地利用商铺；缺点是整体性差，不能形成品牌效应；缺乏主力店，容易成为低档商品聚集地。

（5）混合模式。混合模式目前在国内比较流行，商业地产开发商一方面出售相对零散的非主要物业以在短时间内回收资金，另一方面持有相对密集的主力物业，通过出租来获得长期回报，相对灵活，可以根据自身情况适当调整租售的比例，其整租不售部分可以用于大型超市等。

一般情况下，开发商要先与大型零售公司签订合同后才开始兴建项目。这种订单式的做法，减少了招商的麻烦，强强联手之下风险也相对较低。租售并举可以让开发商获得双重利润，投资回收期相对于整租不售短并且可以持续获得回报。不足之处在于，想要与大型零售公司合作，商业地产开发企业必须要有很强的实力和知名度，而且主力店的租金往往较低，影响资金回笼速度；再者，商业地产开发商可以通过调整租售比来保证自己的利益最大化，但是不符合市场情况的比例会带来负面影响：租售比低的话投资回收期较长；租售比高，一旦商业地产的业态布局不合理，就会影响持有物业的健康发展。

注：万达集团的商业地产模式

万达集团是国内城市商业综合体的龙头企业，至2013年，万达已经开发出了3代城市商业综合体，第四代也在规划之中。

第一代商业综合体地处城市核心商圈，主要采用单体方盒形式，面积约5万m^2，地上、地下共5层商业业态，主要集中在购物中心、餐饮娱乐，同时配有停车场和电影城，以租为主。万达集团的营利模式为：将60%以上的主力店低价出租给沃尔玛等巨头商家，以此带动客流，提升项目增值空间，再通过高价出售底铺来回收投资成本，解决持续开发的资金问题。

第二代城市商业综合体以销品茂（Shopping Mall）的形式出现，面积在15万m^2左右，整个商业地产开发项目由4～5个独立建筑体组成，每个建筑主体集中一种商业形态，有万千百货、沃尔玛超市、万达影院、万达酒店等，属于纯商业定位。零售类占总经营面积的80%以上，像沃尔玛这样的主力商家仍然占据主导地位。营利模式主要为若干个没有散售的购物中心整体出售，溢价变现。

第三代城市商业综合体为建筑组群，组群内容集大型商业中心、城市步行街、五星级酒店、商务酒店、写字楼、高档公寓，集购物、餐饮、文化、娱乐等多种功能于一体，形成独立的大型商圈，建设规格在50～100万m^2。与第一代第二代商业地产产品最大的不同之处是其重点开发了高档公寓、高档写字楼等一系列可销售的商住物业，销售部分为占项目整体比例的40%～60%，实现了投资成本的快速回收，以缓解万达集团的资金压力。

万达第一代单店、第二代组合店的项目选址集中在商业核心区的黄金地段，而第三代城市综合体则选址在城市副中心和城市开发新区。

万达的第四代城市商业综合体正在规划中，基本设想为15万m^2左右的单体万达购物中心+10万m^2的创意休闲街区+10万m^2体验型娱乐中心（大剧院+会展中心+2个电影院+大型单体娱乐项目+影视主题公园）+10万$m^2$1 000间以上客房的酒店集群（2家星级酒店和3家以上经济型酒店）+20万m^2以上写字楼组成。

四、近期热点：电子商务对商业地产的影响

2010年以后，任何商业地产开发商都不能忽视电子商务对整个行业带来的冲击了。当前，电子商务主要有商家对顾客模式（B2C）、个人对个人模式（C2C）、商家对商家模式（B2B）、线上到线下模式（O2O）几种。

（1）B2C模式。该模式类似于现实中的零售业，只不过交易场所是在互联网上，这种互联网购物平台一般被称为网上商店，它可以将商品或服务直接展现给消费者，消费者在网上商店选购商品并且通过网络支付实现购物交易。目前在国内市场占有率上，天猫商城和京东商城名列第一、第二位，遥遥领先其他竞争者。天猫、京东等网上商城充当了网络上的百货商场或购物中心的角色。随着网络零售额的逐年递增，网络零售额占社会零售总额的比例不断上升，传统的百货商场和购物中心势必会受到B2C模式的冲击。此外，传统零售商在认识到B2C模式的优势时，势必有一部分放弃传统店面转战电子商务，这一部分零售商观念的转变会导致店铺出现空置或降价，从而影响到商业地产的经营。

（2）C2C模式。和B2C一样，C2C模式也属于网络零售范畴，通过互联网来开展在线销售。C2C对商业地产同样会有影响，因为C2C的交易额是消费者本来要在实体店铺购买的支付金额却用在了网上，受益的是电商和物流。这一部分支付金额使实体店铺的销售额减少了，进而实体店铺的价值也会降低，从而使商业地产开发商的利润受到影响。

（3）B2B模式。B2B是商家与商家之间通过互联网进行产品、服务及

信息的交换。批发市场是连接生产商和销售商的一个重要纽带，批发市场的繁荣和发展直接影响到批发市场类商业地产的价值。B2B 模式要进行网上批发，会把原本在专业批发市场交易的企业带到互联网上进行交易，从而影响批发市场的价值，进而影响批发市场类商业地产的运作。

（4）O2O 模式。O2O 模式是指线下的商务机构与互联网结合，让互联网成为线下交易的前台。O2O 最典型的应用是团购，团购简单地说就是线上支付、线下体验。涉及 O2O 就不能忽略移动互联网的快速发展，手机等移动终端智能化，及网速的提升是 O2O 模式发展起来的基础。消费者可以打开手机通过 O2O 软件平台搜索到附近所有提供 O2O 服务的商家信息，然后预约付款，再到实体去消费体验。尤其是在一个陌生的地方，有了 O2O 强大的信息整合，就可以在最短的时间内找到符合自己需求的服务或商品。

O2O 的潜力在于体验。电子商务能够快速发展起来离不开其强大的价格优势和便利程度，但是由于它是通过互联网设备与客户接触的，在提供给顾客实物体验方面存在严重缺陷。**O2O 模式的发展把体验服务带给消费者，比如聚餐、看电影、健身等必须亲自体验才能进行的交易活动。但这些活动是无法在线上完成的，只能亲自到实体店感受，商业地产体验类的服务是电子商务无法取代的。**

注：体验式消费

随着中国经济的迅速发展和人民生活水平的不断提高，人们的消费需求也发生着巨大的变化，人们的欲望逐渐从物质需求向精神满足转变，特别是对城市中产阶层的消费群体来说，发展享受型需求已经成为主导消费的重要内容。而体验性消费是有别于传统商业的增值内容部分。**体验性消费的特点就是强调体验和感受，注重情感消费。体验变成了一种个人休闲行为，无目的、带有偶然性等是它的显著特征。**与以往目的性很强的消费活动不同，体验式消费更强调消费者参与活动的程度和情感体验，体现的是对消费者的尊重和理解。

在体验经济时代，消费行为的结果退居到第二位，消费过程上升到第一位。消费场所的气氛、服务及消费者的参与程度甚至超越了商品本身的价值。能够创造这样体验的商家才能赢得机会，获得高额回报。有调查显示，我国一些大城市商业街的客流有65%以上是为了娱乐、旅游和休闲，仅三成多的人是专为购物而来的。时至今日，人们选择商场、商业街时，并不仅仅考虑购物，更多地关注自己购物时的心理需求、情感需求，是否愉悦，是否是自己喜欢的风格类型，是否有自己喜爱的附加配套设施等显得很重要。

现阶段经常出现在商业地产中的体验式业态主要包括：电影院、冰场、健身会馆、电玩城、KTV、美容美体、儿童体验、儿童游艺等。体验式业态有很明显的优势。第一，集客能力强，互动性较强的体验式业态可以更好地吸引消费者参与其中，为商业地产项目提供人流支持；第二，有效缩短新项目市场培育期，比如一些品牌性较强的电影院和溜冰场，会在新商业地产项目开业前期有效地带来人流，加速项目成熟；第三，延长消费者的滞留时间，从而提高他们的消费可能性；第四，对其他业态消费带动显著，比如电影院这种业态，就会吸引很多前来观影的人群在其周边就餐或进行其他活动，这就会对影院周边的餐饮、书店这类业态起到极佳的推动作用。

五、网络消费时代商业地产的成功要素

(1) 契合城市规划选择合适的地段。商业地产的选址是否合理在很大程度上会影响后续的客流量和商户入驻率，从而影响整个商业地产项目的成败。商业地产项目要符合城市的文化、城市的格局、消费者需求、城市交通布局，满足城市居民对商业的功能需求和环境需求，契合整个城市的发展方向，才能在城市中得以生存和发展。

从选址来看，要关注区位优势、交通优势、商务优势、旅游优势；**客流规划是商业选址时重点考虑的因素。人口密度是商业项目规模的主要参考指标。**同时，人口职业分布、年龄和收入是影响购买力和购买习惯的主要因素，而其决定了商业的特色和内容；街道交叉路口客流最多，是选址的最佳位置；对于大型的商业项目，除了适应客流规律之外，也可以选择有开发前景的区域，开辟新的道路交通系统，主动引导和创造客流，进而创造新的商业环境。

(2) 经营定位和业态比例要合理。要针对所在城市的经济发展水平、人文理念、居民收入水平和消费能力、人口数量、消费品供求关系等方面进行布局。商业地产项目在城市中的区位，不外乎城市核心地段、城市副核心地段、城市未来的核心地段、社区中间及城乡接合部。**区域核心商业地段的项目，面对的是消费能力较高的消费者，应围绕高端服务和一线品牌销售进行功能规划；处于城乡接合部地段的商业地产，面对的是综合性的消费需求，应围绕娱乐及参与性强的服务业态进行功能规划。**定位好商业地产项目的主要功能和要表现出的主题之后，就是对主力店的规划和选择，以及主力店主要的功能、数量及品牌。对于区域核心地段的商业地产

项目，应控制主力店的数量和占有面积，多一些次主力店和业态丰富的小商铺；对于城乡接合部的商业地产项目，主力店的数量应该较多，以保障商业地产项目运营的稳定。

单一地考虑商业地产项目功能的业态组合，已经跟不上消费者日益增长的消费需求，**商业地产项目应将互相有关联的业态进行合理的组合，形成一个业态链条，加强多种业态在经营上的相互配合，形成关联优势。**设计合理高效的人流动线，重视整体功能性组合，使各个业态之间所吸引的消费群体达成共享，促进消费者产生多次消费。要规避重复业态造成的内部竞争问题，使各个业态形成错位经营，每个业态之间的功能缺失可以实现互补，以提高商业地产项目的整体经营能力。

注：业态的含义

业态一词，原是日本经济学界用于说明零售业、饮食业等营业形态的表述，在20世纪90年代初传入我国，意指企业的营业形态。这里讲的“商业业态”包含两层含义，一个是卖什么，指销售什么样的商品或服务；一个是怎么卖，指销售商品或服务的营业形态。从销售商品或服务的种类看，单体商业地产业态可以分为零售购物、餐饮服务和文化娱乐三大类。从销售商品或服务的营业形态看，商业地产业态可分为百货店、超级市场、大型综合超市、便利店、专业市场、专卖店、购物中心和仓储式商场等8种形式。

(3) 以淘宝、京东为代表的电商零售崛起后，人们的消费习惯和消费心态也发生了变化，**在网络时代，商业地产的业种选择应控制那些网络商务已经非常成熟的品种**，比如书店、家电和数码、质量可控的运动休闲服装品牌、家具建材等。相对而言，奢侈品、珠宝、餐饮等受网络购物的影响相对有限。

(4) 应积极实现实体经营与电子商务的结合。在当前，商业地产应跟上信息时代的步伐，建立涵盖商业推广、业务运营、快捷服务、线上线下相互结合的电子商务平台，从而降低原有运营、推广、服务成本。移动互联网客户终端是电商与用户最直接的终端连接桥梁，**商业地产开发商绝不能忽视移动客户端将带来的巨大消费群体**，要通过移动互联网客户终端将线上的客户资源引导到线下实体商场中进行消费，实现电商和传统零售商业的有机结合和优势互补。

六、行业评审技术指引

(1) 分析项目所在区位是否合理。从地理位置角度分析，商业地产项目，特别是大型商业地产项目位于一、二线城市或其城乡接合部时，经营风险相对较小。要考察项目所在地是否符合城市发展规划，了解周边商业地产的规模和数量，**商业地产的战略布局是否考虑有效辐射半径（一般约3～5 km），其中一线城市同质项目距离应大于8 km**，以避免恶性竞争。

（2）商业地产要有合适的定位，体量要适度。在英国和美国，购物中心最佳建造规模一般在10万m^2左右，比照中国不同地区的人口密度及城镇化发展趋势，**国内单体商业地产项目的规模设定在3～10万m^2比较合适**，最大控制在15万m^2以内。体量到了一定的限度后比较效益会下降，而且一次性投入过高，普通开发商难以承受。

（3）考察项目的动线规划与客流导向。要关注室外交通的规划设计。**交通便捷度是影响商业聚集的重要因素。**商业地产项目应争取大交通设站、或者就近设置交通出口等方式，方便导入更多人流。若不具备上述条件，应有足够大的停车场以吸引客流。

（4）要关注业态组合与主力店的情况。**查阅入驻物业业态，特别是体验式消费业态的比例。**近年来，电商异军突起，很多商家的销售模式也在向网络销售加实体展示的方向转变，所以，**传统商业地产的物业业态类型的黄金比例，即购物52∶娱乐30∶餐饮18；今后可能会发生重大变化，购物比例将呈现下降态势，有不少研究认为，在未来数年，购物40∶娱乐30∶餐饮30是比较合理的比例。**如果互动形式、体验式的消费业态占比过小或者过于小众，会严重影响商业地产项目未来的人流量。大中型的商业地产项目，应建立自身的电子商务平台，促进线上业务的开展。

调查入驻商家的合作情况。对大中型商业地产项目，在项目规划设计阶段，主力店和次力店招商应该已经完成。了解主力店、次力店的租金水平、签约期限，合理评估商业地产的整体现金流量情况。

重点了解主力店的历史经营情况，以及摆布位置是否合理。主力店堪称商业地产的灵魂，其知名度与经营特色是吸引人流的重要原因，堪称商业地产的磁极。主力店的布置原则是拉动人流，加强商店之间人气的交流，一般把主力店布置在物业的两端，分隔一段距离布置有相当集客能力与吸引力的次主力店，以使人们不断地有兴趣走下去。

（5）了解项目营运管理的能力。商业的物业管理工作是非常重要的。**商业地产开业的前3年是商业运营成功与否的关键时间段，**一般开业第一年换铺率在30%左右、第二年在20%左右、后续每年都有一定比例的调整。在开业的前3年，人员、设备、保安、保洁队伍等各个环节都处在一个磨合期，所以，大型商业地产项目应配备一个高效的商业物业管理团队。

由于商业地产项目资金回笼速度往往无法和住宅项目相提并论，一般一个超过10万平米的项目需要10亿元以上的资金投入，且回收期在10年以上。所以开发商资金压力较大，而且还涉及商业经营能力，**因此对开发商的准入标准应高于住宅开发企业。**

（6）关注客流与租金收缴率。**商业地产的客流量、平均租金水平及收缴率对项目的投资回收产生直接影响。**提高客流量的常见方法，一是在项目内提供能够吸引消费者的商品、优质的服务；二是平时或节假日举办的各种丰富的体验式活动。对于如何提高平均租金水平，其实质与项目内所能提供的有效商品的丰富度与优质服务是相关的：平时的客流量大，各租赁业主的销售业绩就好，相应的租金水平就会高。否则，平时的客流量不足，租赁业主的业绩就不理想，提高租金水平的难度就大，收缴就困难。银行应对附近同质商业地产的租金水平进行调研，以判断项目租金水平是否合理；而了解租金收缴情况则要调阅银行对账单，观察是否有稳定而持续的现金流入。

七、行业前瞻

商业地产关联性极强，能够带动多行业共同发展，成功的商业地产项目对GDP贡献值大。此外，商业地产也具有社会属性，它是社会公共基础设施的一部分，能够提高居民的生活质量，带来大量的客流，是城市商业是否繁荣的标志，体现了政府在经济发展方面的业绩；因此，商业地产项目很受地方政府的喜爱，全国各级城市对商业地产项目的引入态度普遍积极，项目的体量也越来越大。但繁荣的表面掩盖不了一些严重的问题。

人均商业面积是业界比较认同的判断城市商业地产是否过热的重要指标之一，在西方发达国家，核心城市的人均商业面积一般在1.2 m^2左右；在中国，许多二线城市的人均商业面积已超过1.2 m^2，部分城市甚至达到2～3 m^2，已显现过热信号。商业地产面临短期内项目供应量过大、企业的开发运营能力参差不齐、人才瓶颈、融资困境等多重风险，未来3～5年内，有些商业项目将不得不面对关闭、重组和被收购的命运。

更严峻的挑战来自于网络。2012年12月21日，上海市第十届市委三次全会上，上海市委书记韩正在参加小组讨论时说："现在一些实体商场变成了展示柜台，青年人试了衣服再去网上买，传统商业模式正在发生深刻变化，上海应该如何面对?"这就是著名的"试衣间之问"。在城市商业地产经营中，网络购物对其冲击最大，持有物业的经营压力也呈上升趋势。

虽然电商近年来强势崛起，但购物中心仍然有其优势，如多业种的组合、满足实体店挑选的购物心态、实际商品展示、试穿、试用的消费方式等，这些都是电子商务所无法比拟的。**对于开发运营商而言，对商业地产的规划设计需满足传统商业与电子商务的结合，从单一百货向体验式商业转型。**新型商业地产如果顺应这一潮流，把握其相对优势，前景仍然可观。

第二部分　案例分析

一、授信申报情况

授信申报日：2013 年 6 月

申请人：MC 市 ZH 商城控股有限公司

申请事由：经营性物业贷款，用于归还股东借款和置换其他银行贷款

授信申请方案：经营性物业贷款 12 000 万元整，期限 10 年

（一）申请人和物业基本情况

申请人注册资本 200 万元，注册地址在皖江地区地级市 MC 市，自然人控股，业务范围是批发零售家用电器、百货。实际控制人名下有多个公司，主要利润来源是房地产开发，并参与过百货业经营，对商业地产运作有一定经验。

申请人主要负责 MC 市 ZH 商城经营管理。该广场由公司实际控制人购买，于 2009 年开业，位于 MC 市中心地带、核心商圈内，共有 5 层（含地下一层），登记面积 20 557.93 m^2，其中套内建筑面积为 20 351.71 m^2，公共部位与公共房屋分摊建筑面积为 206.22 m^2。土地使用权面积为 8 516.33 平米，土地使用年限自 2003 年至 2043 年。

ZH 商城自开业以来，汇集了来自中原、华东、华南等地的生产厂商、区域经销商商户，经营品类涵盖了大小百货、工艺礼品、美容美甲、DIY、佛具、通信器材、男女服饰、休闲运动服饰、中老年服装及特色服饰、针织、内衣、儿童服饰、皮鞋、箱包、床品、家纺，经营的商品品种超过 6 万余种，年交易额约 6 亿元。

ZH 商城是 MC 市唯一集批发、零售于一体的专业性商场化市场，周边商业氛围较浓，有家乐福超市等多个大型超市，另有八佰伴百货商场在建。

ZH 商城的管理人员由公司自行委派。整个商城共有商业专业管理人员 60 余人。

（二）招商情况

ZH 商城主要招商对象为：各类批发零售商。另有餐饮、职业培训、儿童游乐场等。各楼层品类具体定位如下：

一层：广派服饰及厂家直销专区；二层：杭派服饰及厂家直销专区；三层：精品男女装、品牌折扣店、运动休闲专区；四层：餐饮及休闲娱乐中心；负一层：家居家饰区、电子电器区、五金家电区、钟表区、鞋类、箱包、床品、美容美甲、生活百货、化妆品等。

负一层至三层为各种小商铺，面积最小的 4 m^2，面积最大的 90.21 m^2，签订的租赁合同认定第二年开始租金递增 15%；四层为某职业培训学校、撞球吧和儿童游乐场，此 3 家签订的租金合同在上一年基础上递增 5%。

申请人和承租人签订租赁合同，并对商城做日常经营管理。与负一至三层的小商户租赁合同每两年一签，所有租约时间为 2011 年 10 月 1 日至 2013 年 9 月 30 日，承租人在签订合同时，按年度一次性支付，承租人如续租，须提前 3 个月向 ZH 商城提出申请，协商同意后重新签订租赁合同，合同约定第二年租金递增 15%。与四层 3 位商户签订租约为 5 年，租金按季支付，合同约定租金按照每年 5% 的速度递增。

负一至三层的小商户于 2013 年 9 月 30 日租约统一到期后，ZH 商城向政府承诺的创业期租金优惠政策到期，将走入市场化程序，目前规划 2013 年租金较 2012 年上涨 15%，2014 年商铺租金较 2013 年租金上涨 10%，以后每年较上年租金上涨 5%。

截至报告日，ZH 商城的出租率接近 100%。

（三）所在地经济实力

MC 市为皖江地区地级市，2012 年实现地区生产总值 1 200 亿元，同比增长 12%；财政收入 210.6 亿元，同比增长 13%；规模以上工业增加值 530 亿元，同比增长 14%；城市居民人均可支配收入 30 900 元，同比增长 13.1%；农民人均纯收入11 200元，同比增长 17.8%。

（四）近年财务简表和财务指标

近 3 年及近期财务数据简表如表 11–2 所示。

表 11–2　近 3 年及近期财务数据简表　（单位：万元）

序号	项　目	2010 年	2011 年	2012 年	2013 年 5 月
1	总资产	21 097	21 886	21 122	20 794
1.1	流动资产	11 774	2 903	2 977	2 872

（续）

序号	项　　目	2010 年	2011 年	2012 年	2013 年 5 月
	其中：货币资金	404	1 947	2 019	1 882
	应收账款	0	0	0	0
	其他应收款	528	468	566	598
	存货	785	487	392	392
	预付账款	10 057	0	0	0
1. 2	长期投资	0	0	0	0
1. 3	固定资产净值	5 794	17 955	17 120	16 898
1. 4	在建工程	3 528	1 028	1 024	1 024
2	负债总额	18 352	17 968	10 760	9 831
2. 1	流动负债	14 432	11 658	5 026	4 355
	其中：短期借款	0	0	0	0
	应付票据	0	0	0	0
	应付账款	7 280	490	288	389
2. 2	长期借款	3 920	6 310	5 734	5 476
3	所有者权益	2 745	3 918	10 362	10 963
	其中：实收资本	200	200	200	200
4	营业收入	2 133	2 363	2 451	1 011
5	营业利润	1 311	1 392	1 444	601
6	投资收益	0	0	0	0
7	利润总额	1 311	1 392	1 444	601
8	净利润	1 311	1 392	1 444	601
9	经营活动现金流入量	2 167	5 433	2 167	165
10	经营活动现金净流量	744	9 210	1 152	120
11	投资活动现金净流量	-4 136	-10 057	0	0
12	筹资活动现金净流量	3 687	2 390	-1 080	-257

1. 财务报表重点科目明细说明

（1）货币资金：主要是银行存款。

（2）固定资产和在建工程：2013 年 5 月余额与 2012 年末相当，均为 ZH 商城固定资产及装饰工程。

（3）其他应付款：主要是股东借款。

（4）长期借款：是某银行给本物业的经营性物业贷款，原额度 7 200 万元，期限 10 年；当前陆续还款至 5 476 万元。

2. 收入利润情况

申请人的收入基本是各商户缴纳的租金，开业以来逐年递增，2012 年全年为 1 990 万元，申请人其他收入来源主要是广告费、建材批发收入等。具体情况如表 11-3 所示。

表 11-3　收入利润情况

	面　积	实租面积	租金平均单价	2012 年租金
负一层	4 390.77	3 376.54	3	4 207 600.68
一层	2 525.91	1 942.46	6	4 825 070.64
二层	4 509.35	3 503.28	3	4 351 073.76
三层	4 565.95	4 297.04	2.5	4 447 431.23
四层	4 565.95	3 065	1	1 169 754.60
合计	20 557.93	16 184.32	–	19 000 930.91

（五）申请用途

此次申请人以 ZH 商城为抵押物，向银行申请经营性物业贷款12 000万元，该笔贷款一部分用于归还公司股东 ZH 集团有限公司股东借款，MC 市 ZH 商城控股有限公司于 2007 年向公司股东借款，借款用于 ZH 商城的购买，借款总金额为 17 000 万元，目前余额为 4 631 万元。该款项在企业财务报表的其他应付款中反映。

一部分用于置换 2010 年 6 月向某银行申请的经营性物业贷款，目前贷款余额为 5 476 万元。该笔借款在企业报表的长期借款中反映。

一部分用于本物业的设备更新和改造，预计工程成本约为 4 000 万元。企业提供了该项工程的工程施工合同，合同承包方为 MC 市 BM 商业管理有限公司，合同总造价为 3 000 万元整。

（六）还款来源和还贷方案

还款来源是该物业贷款期内各年的租金收入。预计 2013 年可达 2 185 万元，往后逐年递增，至 2022 年达 3 551 万元。根据收入及经营税金和附加、管理费用、财务费用、所得税等项目，编制项目经营收入、经营税金分析表、项目成本费用分析表、项目损益分析表、项目现金流量分析表（如表 11-4 至表 11-7 所示）。经测算，该项目经营收入累计 28 688.76 万元，利润总额 12 517.01 万元，净利润 9 387.75 万元，项目累计产生自由现金流 20 109.63 万元，取基准折现率为 7%，财务净现值 14 227.06 万元。

（1）还本付息情况分析。

项目申请人还本付息表如表 11-8 所示，经测算 2013—2022 年度偿债覆盖率分别为 2.03、2.19、0.81、0.88、0.95、1.02、1.11、1.22、1.33、1.47；平均偿债覆盖率为 1.17。贷款偿还期计划为 10 年，前两年为宽限期，后 8 年每年偿还 1 500 万元，偿还期为每年 6 月 21 日、12 月 21 日，每次偿还 750 万元，利率按同期基准利率执行。

表 11-4　项目经营收入、经营税金分析表　　（单位：万元）

序号	项目	取值标准	贷款期间									
			2013	2014	2015	2016	2017	2018	2019	2020	2021	2022
1	经营收入		2 185. 11	2 403. 62	2 523. 8	2 649. 99	2 782. 49	2 921. 61	3 067. 69	3 221. 08	3 382. 13	3 551. 24
1. 1	出租收入	合同	2 185. 11	2 403. 62	2 523. 8	2 649. 99	2 782. 49	2 921. 61	3 067. 69	3 221. 08	3 382. 13	3 551. 24
1. 2	其他收入	合同及市场	0	0	0	0	0	0	0	0	0	0
2	经营税金											
2. 1	房产税	租金 12%	262. 21	288. 43	302. 86	318	333. 9	350. 59	368. 12	386. 53	405. 86	426. 15
2. 2	营业税	经营收入 5%	109. 26	120. 18	126. 19	132. 5	139. 12	146. 08	153. 38	161. 05	169. 11	177. 56
2. 3	消费税		0	0	0	0	0	0	0	0	0	0
2. 4	城市维护建设税	营业税 7%	7. 65	8. 41	8. 83	9. 27	9. 74	10. 23	10. 74	11. 27	11. 84	12. 43
2. 5	教育费附加	营业税 4%	4. 37	4. 81	5. 05	5. 3	5. 56	5. 84	6. 14	6. 44	6. 76	7. 1

表 11-5　项目成本费用分析表　（单位：万元）

序号	项目	取值标准	贷款期间									
			2013	2014	2015	2016	2017	2018	2019	2020	2021	2022
1	外购材料	装饰材料	0	0	0	0	0	0	0	0	0	0
2	工资及福利	物业管理人员	20	20	21	21	21	22	22	22	23	23
3	修理费	商铺维修费用	6	6	7	7	7	8	8	8	9	9
4	管理费用	办公费招待费	11	11	12	12	12	13	13	13	14	14
5	营销费用	企业广告等费用	0	0	0	0	0	0	0	0	0	0
6	折旧费	房屋折旧费	540	540	540	540	540	540	540	540	540	540
7	摊销费		0	0	0	0	0	0	0	0	0	0
8	利息支出		825. 3	825. 3	799. 51	696. 35	593. 18	490. 02	386. 86	283. 70	180. 53	77. 37
9	总成本费用（1+2+…+10）		1 402. 30	1 402. 30	1 379. 51	1 276. 35	1 173. 18	1 073. 02	969. 86	866. 70	766. 53	663. 37
9. 1	其中：固定成本		1 382. 30	1 382. 30	1 358. 51	1 255. 35	1 152. 18	1 051. 02	947. 86	844. 70	743. 53	640. 37
9. 2	可变成本		20	20	21	21	21	22	22	22	23	23
10	经营成本（1+2+…+5）		37	37	40	40	40	43	43	43	46	46

表 11–6　项目损益分析表

（单位：万元）

序号	项目	贷款期间									
		2013	2014	2015	2016	2017	2018	2019	2020	2021	2022
1	经营收入		2 403.62	2 523.80	2 649.99	2 782.49	2 921.61	3 067.69	3 221.08	3 382.13	3 551.24
	减：经营税金及附加	383.49	421.84	442.93	465.07	488.33	512.74	538.38	565.30	593.56	623.24
	经营成本	37.00	37.00	40.00	40.00	40.00	43.00	43.00	43.00	46.00	46.00
2	息税折旧摊销前利润（EBITDA）	1 764.62	1 944.78	2 040.87	2 144.92	2 254.16	2 365.87	2 486.31	2 612.78	2 742.57	2 882.00
	减：折旧	540.00	540.00	540.00	540.00	540.00	540.00	540.00	540.00	540.00	540.00
	摊销	0.00	0.00	0.00	0.00	0.00	0.00	0.00	0.00	0.00	0.00
3	息税前利润（EBIT）	1 224.62	1 404.78	1 500.87	1 604.92	1 714.16	1 825.87	1 946.31	2 072.78	2 202.57	2 342.00
	减：利息支出	825.30	825.30	799.51	696.35	593.18	490.02	386.86	283.70	180.53	77.37
4	利润总额	399.32	579.48	701.36	908.57	1 120.98	1 335.85	1 559.45	1 789.08	2 022.04	2 264.63
	减：所得税 25%	99.83	144.87	175.34	227.14	280.24	333.96	389.86	447.27	505.51	566.16
5	净利润	299.49	434.61	526.02	681.43	840.73	1 001.89	1 169.59	1 341.81	1 516.53	1 698.47

表 11-7 项目现金流量分析表

（单位：万元）

序号	项目	贷款期间									
		2013	2014	2015	2016	2017	2018	2019	2020	2021	2022
1	息税折旧摊销前利润(EBITDA)	1 764.62	1 944.78	2 040.87	2 144.92	2 254.16	2 365.87	2 486.31	2 612.78	2 742.57	2 882.00
2	减：所得税	93.28	138.32	168.99	221.62	275.54	330.07	386.79	445.02	504.08	565.54
3	减：固定资产投资(或加：固定资产净值回收)	0.00	0.00	0.00	0.00	0.00	0.00	0.00	0.00	0.00	0.00
4	减：流动资金的增加(或加：流动资金的减少)	0.00	0.00	0.00	0.00	0.00	0.00	0.00	0.00	0.00	0.00
5	项目自由现金流（项目 FCF）	1 671.34	1 806.46	1 871.88	1 923.30	1 978.62	2 035.80	2 099.52	2 167.76	2 238.49	2 316.46
6	项目 FCF 累计	1 671.34	3 477.80	5 349.68	7 272.98	9 251.60	11 287.40	13 386.92	15 554.68	17 793.17	20 109.63
	FIRR = %		FNPV = 万元			Pt = 年					

表 11-8　申请人还本付息表

（单位：万元）

序号	项　　目	合　　计	贷款期间									
			2013	2014	2015	2016	2017	2018	2019	2020	2021	2022
1	公司借款及还本付息											
1.1	年初借款余额		12 000.00	12 000.00	12 000.00	10 500.00	9 000.00	75 000.00	6 000.00	4 500.00	3 000.00	1 500.00
1.1.1	本行贷款		12 000.00	12 000.00	12 000.00	10 500.00	9 000.00	75 000.00	6 000.00	4 500.00	3 000.00	1 500.00
1.1.2	他行贷款											
1.2	本年借款		12 000.00	12 000.00	12 000.00	10 500.00	9 000.00	75 000.00	6 000.00	4 500.00	3 000.00	1 500.00
1.2.1	本行贷款		12 000.00	12 000.00	12 000.00	10 500.00	9 000.00	75 000.00	6 000.00	4 500.00	3 000.00	1 500.00
1.2.2	他行贷款											
1.3	本年应计利息	5 158.13	825.30	825.30	799.51	696.35	593.18	490.02	386.86	283.70	180.53	77.37
1.4	本年还本	12 000.00	0.00	0.00	1 500.00	1 500.00	1 500.00	1 500.00	1 500.00	1 500.00	1 500.00	1 500.00
1.4.1	本行贷款	17 158.13	825.30	825.30	2 299.51	2 196.35	2 093.18	1 990.02	1 886.86	1 783.70	1 680.53	1 577.37
1.4.2	他行贷款											
1.5	本年付息	5 158.13	825.30	825.30	799.51	696.35	593.18	490.02	386.86	283.70	180.53	77.37
2	公司还款现金流量合计	20 109.63	1 671.34	1 806.46	1 871.88	1 923.30	1 978.62	2 035.80	2 099.52	2 167.76	2 238.49	2 316.46
2.1	本项目自由现金流	20 109.63	1 671.34	1 806.46	1 871.88	1 923.30	1 978.62	2 035.80	2 099.52	2 167.76	2 238.49	2 316.46
2.2	申请人自由现金流（不含本项目）		0.00	0.00	0.00	0.00	0.00	0.00	0.00	0.00	0.00	0.00

（续）

序号	项目	合计	贷款期间									
			2013	2014	2015	2016	2017	2018	2019	2020	2021	2022
2.2.1	申请人税后净利润											
2.2.2	折旧											
2.2.3	摊销											
2.2.4	利息支出											
3	年度综合偿债覆盖率	1.17	2.03	2.19	0.81	0.88	0.95	1.02	1.11	1.22	1.33	1.47

（2）不确定性分析。

不确定性分析如表 11–9 所示。

表 11–9

序　号	敏感因素变动幅度			敏感性分析结果		
		经营收入（万元）	经营成本（万元）	财务净现值（万元）	内部收益率（%）	投资回收期（年）
1	基本方案	28 688. 76	415	14 227. 06	/	8. 12
2		－10%		12 254. 35	/	9. 42
3			10%	13 667. 06	/	8. 14

对经营收入、经营成本等进行敏感性分析可得：当经营收入减少 10% 时，财务净现值减少 1 972. 17 万元，投资回收期增加 1. 3 年；当经营成本增加 10% 时，财务净现值减少 42 万元，投资回收期增加 0. 02 年。结果表明，该项目对经营收入的变动较敏感。

（七）担保状况

本次授信以 ZH 商城为抵押物。

二、风险评估

（一）申请人行业优势分析

（1）实际控制人从事房地产开发并从事过百货业经营，有一定行业经营经验。

（2）ZH 商城所在位置为城市的核心商圈，附近有较强的商业氛围，开业以来，出租率维持在比较高的水平。

（3）是全市唯一集批发、零售于一体的专业性商场化市场，物业体量比较适中，管理相对便利。

（二）行业风险分析

（1）项目所处城市为三、四线城市，经济实力一般，外来人口少，皖江地区高端购物受南京等中心城市影响明显，总体缺乏商业氛围和辐射力。

（2）物业在当地没有品牌影响力，且附近有八佰伴商场在建，该品牌在皖江地区有良好的口碑，本项目未来可能面对较激烈的市场竞争。

（3）从物业业态看比例不合理。购物占比过高，而中低档的服装、运动休闲服装品牌、家具建材是最容易受到网购打击的业种。互动式、体验式业态过少，而且受众较小，难以留住客流。

（4）本地产项目缺乏主力店，据现场调查，箱包、生活百货是低档商品聚集地，服装等档次也不高，缺乏品牌效应。

（5）申请人规模小，注册资金只有200万元；没有聘请专业的物业管理团队，本项目商户数量多，总体定位、商户招租、日常管理难度大。

（6）当前租金水平较低，但是后期准备一次性提价15%，幅度较高，租户能否接受存在不确定性。

（7）总体而言，本物业租金收入水平不高，当前在1 900万元左右，贷款方案中后8年每年须还本1 500万元，还本付息的压力较大。除租金外的其他收入偏高，真实性值得怀疑。如果出现租金平均水平下浮或同业态商户普遍经营景气度下降的情况，很可能引发资金危机。

（8）物业竣工两年多就要进行大规模的装修改造，申报用途不甚合理，高额的装修合同可信度较低。应考察企业的发展愿景，装修施工方是否和借款人有实际关联关系，把握借款人申请银行信贷资金的真实用途。

三、评审结论

本商业地产项目位于三线城市，总体而言缺乏外来人口和特色，消费能力有限；物业虽然位于城市中心地域，但竞争比较激烈；租金水平不高，入驻业态比例不尽合理，长期稳定经营的不确定性较大；资金真实流向存疑。不适宜介入。

注：经营性物业贷款风控要点

因为商业地产运营商向金融机构申请授信多以经营性物业贷款的形式为主，因此针对此类型贷款的风险管控要点做一些补充说明。

对经营性物业贷款，要关注物业价值本身的合理估值，审慎确定贷款金额和期限。同时要定期分析经营性物业的出租率、租金水平等关键指标，一旦发现借款人出现逃避资金监管的行为（如回笼资金专户租金收入不及时到账等），应及时要求借款人整改。

（1）一般情况下，经营性物业须整体抵押，若部分抵押，一旦出险很难处置。

（2）经营性物业产生的现金流应充足。对租金水平的预测应持审慎、客观的态度。在贷款存续期内，除非租赁合同有明确约定，原则上应按现行的租金水平测算，且为安全起见，贷款期内物业经营收入与贷款本息之比应高于130%。

（3）加强对经营性物业贷款用途审查，对经营性物业贷款用于归还股东借款的，应审查用途的真实性和合理性，特别是股东从事房地产开发的，应从严审慎，必要时应要求借款人提供相关凭证予以证明，防止银行贷款被违规使用。

（4）对房地产开发商自留的、未销售的经营性物业项目介入要非常谨慎。开发商的主体应具有持续经营能力。

（5）为防止借款人利用“买卖不破租赁”原则，以恶意签订长期租赁协议并一次性提前收取租金的方式对抗银行实现抵押权，在贷款发放前，应严格调查手续，并要求借款人出具不存在上述情况的书面承诺。

第十二章　水泥行业风险研究与授信评审案例

关键词： 兼并重组、区域性、生产成本

第一部分　行业分析

一、综述

水泥为粉状水硬性无机胶凝材料，加水搅拌后成浆体，能在空气中或水中硬化，并能把砂、石等材料牢固地胶结在一起。水泥是重要的建筑材料，用水泥制成的砂浆或混凝土，坚固耐久，广泛应用于土木建筑、水利、国防等工程。

水泥产业在产业链条中处于中间环节，其上游产业包括矿山资源（石灰石、粉煤灰、粘土等）、能源（煤炭、电力等）产业，为水泥产业提供生产原料和生产动力，其横向相关产业主要包括运输业（铁路、公路、水路）和金融服务业（银行、资本市场等），为其提供融资支持，而房地产、基础设施、农村地区需求等，是水泥产业的输出对象和消化空间。**其中房地产市场所占的比例约为 30%，基建和农村地区需求占比分别达到 40%和 30%。**

水泥为强周期性行业，与宏观经济高度正相关，受固定资产投资活动的周期性影响非常明显，**一般认为水泥行业的发展周期较国民经济的发展周期滞后 1 年左右。**

水泥行业有很强的区域性。一般情况下，300 km 为水泥产品的有效销

售半径。水泥产品储存期短、产品单价低、运输成本高，运输距离对产品的市场竞争力有较大影响。

由于水泥行业的高污染、低附加值、高能源消耗和高资源消耗特点，要求**水泥行业必须具有较高的产业集中度，才能最大限度地降低污染、能源和资源消耗。**当前我国水泥行业已经进入了集中度迅速提升的发展阶段，过去6年里前十强水泥企业熟料产量集中度已从20%上升至50%以上，水泥产量集中度也超过了30%。伴随着集中度的迅速提升，行业内的并购也进行得如火如荼。其中最具代表性的当属中国建材行业巨头中国建材在水泥行业的崛起，2007年成立南方水泥、2009年成立北方水泥、2011年成立西南水泥，通过大规模地收购兼并熟料产能，从不足2 000万t增长至3亿t左右，短短6年时间里产能规模扩张近15倍。

由于水泥行业属于产能过剩行业，企业通过自己新建产能来实现规模增长已经非常困难，部分小规模区域性水泥企业正面临着难以突破的发展瓶颈，因此近年来上市水泥企业出售水泥资产转型其他行业的事件也屡有发生。受制于行业产能过剩的影响，近几年我国新建熟料产能一直在不断地减少，在新建熟料产能受限的情况下，**龙头企业依靠自己新建产能来实现市场占有率的提升已经非常困难，行业大并购的时代已经来临。**

二、生产技术

水泥生产技术按煅烧熟料窑的结构可分为立窖和回转窑两种，而按生料制备方法可分为湿法和干法。湿法是将原料加水粉磨成生料浆（含水33~40%）后喂入湿法回转窑煅烧成熟料。将湿法制备的生料浆脱水后，制成生料块入窑煅烧，称为半湿法。干法是将原料同时烘干与粉磨或先烘干后粉磨成生料粉，而后喂入干法窑内煅烧成熟料。半干法是将生料粉加入适量水分制成生料球，而后喂入立窑内煅烧成熟料的方法。

立窑生产的优点是占地小、投资小、可以就地取材、生产快，缺点是生产规模小、熟料质量差、单产低、环保达标难。回转窑可用于湿法、干法或半干法工序，而立窑仅可用于半干法工序，因此回转窖生产具有节能、产量高、质量稳定、生产效率和环保效果均较好的优点，尤其是新型干法生产技术在我国得到了大力提倡和推广。

水泥生产过程主要包括3个阶段（所谓“两磨一烧”）：第一阶段，生料粉磨。首先，使用破碎设备将石灰质原料、黏土质原料、少量的校正原料和辅助材料中大块物料破碎成细小、均匀的粒度，经破碎或烘干后，按一定比例配合、磨细，并制备为成分合适、质量均匀的生料；第二阶段，熟料煅烧。将生料加入水泥窑中煅烧至部分熔融，得到以硅酸钙为主要成分的水泥熟料；第三阶段，水泥粉磨。将熟料加入适量的石膏，有时还加入一些混合材料，共同磨细为水泥。

从20世纪50年代开始，新型干法水泥生产技术逐步发展，成为目前主导的水泥生产技术。新型干法水泥生产线是指采用窑外分解新工艺生产的水泥。其生产以悬浮预热器和窑外分解技术为核心，采用新型原料、燃料均化和节能粉磨技术及装备，全线采用计算机集散控制，实现水泥生产过程自动化和高效、优质、低耗、环保。

我国过去投资建设的大量规模小、能耗高、环境污染严重、资源利用程度低的水泥生产线，从2008年以来逐步被淘汰，**新型干法水泥生产技术已经成为我国主流生产技术**，我国新型干法水泥在生产工艺、技术装备、基建成本、生产管理等方面取得了突破性进展，但与国际上先进水平相比，我国新型干法水泥生产线能耗的平均水平与国际水平仍然存在较大差距（部分国内先进水平与国际先进水平则比较接近），**进口生产线的能耗指标仍然优于国产生产线，不同生产规模生产线的能耗指标仍然存在显著差异，大型生产线的能耗指标仍然优于中小型生产线。**

注：新型干法水泥生产过程

（1）破碎及预均化。破碎比较容易理解，就是将石灰石打碎，而预均化就是使破碎后的石灰石成分、大小均匀分布，是控制水泥质量非常关键的一步。

（2）生料制备。把均化后的石灰石、砂岩、页岩、铁粉、煤矸石等原料按比例配成混料。

（3）生料均化。在新型干法水泥生产过程中，入窖生料成分的稳定均匀是提高熟料质量的前提，生料均化系统起着稳定入窖生料成分的作用。

（4）预热分解。生料的预热和部分分解由预热器来完成，预热分解可以提高熟料产量和质量。

（5）水泥熟料的烧成。生料在旋风预热器中完成预热和预分解后，下一道工序是进入回转窑中进行熟料的烧成。

（6）水泥粉磨。水泥粉磨是水泥制造的最后工序，也是耗电最多的工序。其主要功能在于将水泥熟料（及胶凝剂、性能调节材料等）粉磨至适宜的粒度，形成一定的颗粒级配，增大其水化面积，加速水化速度，满足水泥浆体凝结、硬化的要求。

（7）水泥包装。水泥包装是采取适当的包装材料将水泥包装为适宜搬运、装卸和运输的水泥产品形式，目前出厂主要有袋装和散装两种发运

方式。

注：水泥熟料和水泥的关系

硅酸盐水泥成分一般由硅酸盐水泥熟料、石膏调凝剂和混合材料3部分组成。

水泥熟料是以石灰石等主要原料，按适当比例配制成生料，烧至部分或全部熔融，并经冷却而获得的半成品。

在水泥工业中，最常用的硅酸盐水泥熟料主要化学成分为氧化钙、二氧化硅和少量的氧化铝和氧化铁。主要矿物组成为硅酸三钙、硅酸二钙、铝酸三钙和铁铝酸四钙。硅酸盐水泥熟料加适量石膏共同磨细后，即成硅酸盐水泥。所以水泥熟料是水泥的半成品。石膏是起缓凝作用，混合料是掺入的其他物料以形成不同性质的各种水泥。

三、成本构成

水泥生产成本主要由煤炭、电力、原料、折旧等构成，**煤炭和电力成本在整个生产成本中所占比例较大，一般在60%以上（煤炭大约占35%，电力大约占27%），原料成本（石灰石、石膏、矿渣、黏土、铁粉）仅为15%左右，**人工和折旧成本在23%左右。

运输业是将水泥产品运往消费地或将水泥生产用原料、辅料或燃料运进厂区必须依赖的行业。目前就我国而言，水泥运输主要包括水路、铁路和公路，一般而言，公路运输单位成本最高，铁路次之，水路运输成本最低。受运输成本的限制，依赖于不同运输渠道的投资项目有不同的销售半径和运输成本，水泥厂家所依赖的运输通路、工具和运输（物流）企业是否稳定，会直接影响到水泥投资项目的销售半径和销售成本。目前在我国单位水泥销售价格中，水泥产品运输成本占了近30%的比例。

四、行业政策

2015年1月20日，工信部印发了《水泥行业规范条件（2015年本）》（以下简称《规范》）并于2015年3月1日实施，较之旧标准，新的文件强化了环保、能耗、质量和安全等标准约束。

《规范》在涉及新增水泥熟料产能上，不再规定人均产能上线，而再次强调坚持“等量或减量置换”原则，且规定了新建项目必须兼顾协同处置和固体废弃物。在生产上，水泥建设项目应按《产业结构调整指导目录》要求，提高信息化技术与自动化水平。水泥熟料项目应有设计开采年限不低于30年的石灰岩资源保障。

在清洁生产和环境保护上，水泥行业应符合国家发改委《水泥行业清洁生产评价指标体系》《水泥工业大气污染排放标准》，建立主要污染物在线监控系统，并强调水泥熟料脱销率不低于60%等。

在节能降耗方面，水泥企业需统筹建设企业能源管理中心，单位产品能耗限额按《水泥单位产品能源消耗限额》执行。《规范》还规定年耗标准煤5 000 t以上的企业，应定期向工业节能主管部门报送企业能源利用状况报告。

另外，在质量管理上，企业需建立水泥产品质量保证制度和企业质量管理体系，按《水泥企业质量管理规程》设立专门质量保障机构和合格的化验室，建立水泥产品质量对比验证和内部抽查制度。

此外，《规定》对安全及社会责任也做了相关要求，要求符合《水泥工厂职业安全卫生设计规范》，鼓励企业发布社会责任报告。

环境保护：水泥熟料项目采用抑制氮氧化物产生的工艺和原燃料，配套建设脱硝装置（效率不低于60%）和除尘装置；水泥粉磨项目配套建设除尘装置；气体排放达到《水泥工业大气污染物排放标准》（GB 4915）；完善噪声防治措施，厂界噪声符合《工业企业厂界环境噪声排放标准》（GB 12348）；开展废物协同处置，须严格执行《水泥窑协同处置固体废弃物污染控制标准》（GB 30485）；石灰岩矿山建设、生产坚持生态保护、安全生产和资源综合利用，严格按照批复的矿产资源开发利用方案进行，严防水土流失。

能源消耗：水泥企业主要生产工序能源消耗指标须符合《水泥单位产品能源消耗限额（GB 16780)》。

根据2013年工信部、财政部、发改委等部门联合发布的《关于加快推进重点行业企业兼并重组的指导意见》，到2015年形成3~4家熟料产能1亿t以上，矿山、骨料、商品混凝土、水泥基材料制品等产业链完整，核心竞争力和国际影响力强的建材企业集团。从目前我国水泥熟料产能前十强企业的数据来看，中国建材和海螺水泥已经进入了第一梯队，熟料产能达到1亿t以上，成为全国性水泥龙头企业，紧随其后的是中材股份和冀东水泥。

此外，根据《产业结构调整指导目录（2011年本)(2013修正)》，水泥行业限制类产能包括：2 000 t/日以下熟料新型干法水泥生产线、60万t/年以下水泥粉磨站。淘汰类产能主要包括：窑径3米及以上水泥机立窑(2012年)、干法中空窑（生产高铝水泥、硫铝酸盐水泥等特种水泥除外)、立波尔窑、湿法窑；直径3米以下水泥粉磨设备。

五、行业评审技术指引

（1）评估宏观经济波动情况。水泥行业作为我国基础原料工业，对国内和国际经济波动和变化的反应极其敏感，其发展繁荣或萧条紧跟经济发展变化的步调。由于诸如经济增长速度、GDP和固定资产投资规模等宏观经济因素会对水泥行业市场需求产生决定性的影响，房地产行业、基建行业的政策和景气度会迅速传导到水泥行业，因此，宏观经济波动是一个重要的风险因素，在分析水泥行业风险时须首先加以注意。

（2）评估区域风险，包括区域交通条件和市场需求。水泥产品质量大，体积重，价格相对低廉，水泥运输条件的优劣将限制其市场的覆盖面及销售价格的竞争力。其中水路的运费最低，相同运费条件下可以覆盖更广阔的区域。我国华东、中南和西南地区的内河航道占比较高，因此位居这些地方的水泥企业由于良好的水运条件而竞争更加激烈。要关注企业所在地区落后水泥产能淘汰进度及水泥市场整体供需情况，重点分析区域市场的产能情况、市场供需情况、行业集中度情况及该区域的固定资产投资情况，**以市场需求量较大、企业集中度相对较高，价格竞争较为有序的区域市场为主介入。**

（3）评估成本风险，**主要是煤炭和电力供应。**就我国目前的水泥行业生产而言，特种水泥生产量较少，大部分产能为普通水泥，行业市场上水泥产品的同质性程度较高，产品差异小。尤其是在产能过剩的背景下，**行业市场竞争的主要焦点在于价格，而决定水泥企业价格空间的主要因素在于其生产成本。**

煤炭是水泥生产的主要燃料和原料，占水泥生产成本的比例最大，在分析水泥企业风险时，要对本地区的煤炭供应数量、价格和运输条件等方面的内容做充分了解。水泥行业对煤炭价格的议价能力较弱，因此，应该对水泥企业所在地理位置获取煤炭供应的来源、价格现状及趋势进行评估，并了解企业是否采取相应的控制措施来规避或减弱风险，如煤炭供应不稳定、价格波动较大，要关注是否与煤炭供应商签订长期供货合约来锁定煤炭供应的数量和价格，如果存在煤炭期货市场，则可以通过期货市场来规避煤炭供应的风险。

由于电力供应是否连续稳定会影响水泥生产是否能够正常进行并达到设计产能，电力供应价格是否平稳能影响水泥生产成本的稳定性，从而对水泥产量和生产成本产生直接影响，所以必须对水泥企业所在地理位置电力供应的稳定性和价格进行评估。对于电力供应不稳定的地区，要了解企业是否对可能出现的限电或停电情况有预案，如通过余热发电或自备工厂应急用小型发电机，来避免限电或短期停电导致的停产，减少电力供应成本，保证生产运营的正常。

水泥生产原材料主要包括石灰石、粉煤灰、黏土、砂、铁矿石等，这些资源主要通过矿山开采，水泥产业投资项目所拥有或所依赖矿山资源的数量、质量、开采和运输成本（供应成本）直接影响的是水泥生产成本、产量和水泥产品质量，随着水泥生产规模的扩大，水泥生产用矿山成为水泥产业发展的重要制约因素，虽然中国的石灰石矿产资源丰富，**但拥有质量高、储量大的矿山（至少满足30年的供应）仍是水泥厂家持续发展的重要保证。**

我国水泥运输主要包括水路、铁路和公路，公路运输单位成本最高，铁路次之，水路运输成本最低，受运输成本的限制，依赖于不同运输渠道的投资项目有不同的销售半径和运输成本，由于运输价格主要受到人力、石油等价格的影响，水泥行业企业的议价能力较弱，而单位产品运输成本占单位产品销售价格比例较大，因而要关注水泥企业依赖的运输通路、工具和运输（物流）企业是否稳定，以及运输价格现状和可能的变化趋势，是否与物流企业签订长期运输合同来锁定供应量及价格，或者通过自备运输工具的措施来规避运输供应风险。

（4）技术水平评估。目前对我国水泥行业而言，新型干法水泥生产技术是主要的选择，但同样是新型干法水泥生产线，其产能、产品质量、生产成本、能源消耗、劳动生产率、环境污染、资源消耗等方面的水平也是不同的。由于水泥产品同质性程度较高，反映水泥生产技术和生产工艺先进性水平主要看其单位产品的能源消耗量，该指标直接用单位水泥产品的煤耗和电耗量之和（可以换算成相同的热量单位）来度量，即单位产品能源消耗量=单位产品煤耗量+单位产品综合电耗量。此外，水泥企业生产线的年运转率也值得关注，如果生产设备需要经常停产检修，则说明其采用的生产技术的可靠性和成熟度不够，会影响厂家的总体效益。

以某国有银行为例，其水泥行业企业技术准入标准为**4 000 t/天及以上生产线水泥熟料综合煤耗≤107 kgce/t，综合电耗≤60 kWh/t；2 500 t/天（含）－4 000 t/天生产线水泥熟料综合煤耗≤112 kgce/t，综合电耗≤62 Kwh/t。**

注：当前我国水泥生产的技术水平

在原料均化技术方面，我国已经广泛采用矿化模型系统进行矿山开采设计，既保证了所开采矿石主要成分的稳定，又为低品位矿石的应用创造

了条件，具备了满足各种生产规模的均化效果良好的原料、燃料预均化堆场技术装备，配置了精确的块状和粉状物料计量装置，可以确保各种原料的喂料比例，研制出了系列高均化效果、低耗电和高卸空率的生料均化库。

在原料破碎技术方面，我国已经研发并生产出适应各种原料性状和形式的大型破碎机系统，这些破碎机的单机生产能力就能够满足目前我国所有不同生产规模熟料生产的配套要求，例如我国生产的单段锤式破碎机产能可以达到1 700 t每小时，大型齿型辊式破碎机产能可以达到550 t每小时，大型反击式破碎机产能可以达到400 t每小时，大型颚式破碎机产能可以达到800 t每小时。

在熟料烧成技术方面，实现了各种规模（最高达到12 000 t每天）熟料烧成系统设备的国产化，主要包括预热、预分解系统、回转窑和熟料冷却机，悬浮预热和窑外分解技术的特点是增设窑尾预热器和分解炉使物料在悬浮状态下与炽热气流换热，换热速率大大高于传统回转窑的堆积态换热，将传统回转窑燃料由全部窑头加入的模式，改变为大部分由分解炉内加入，使燃料燃烧的放热过程与熟料煅烧中耗热最大的碳酸盐分解的吸热过程在分解炉内的悬浮状态下极其迅速地进行，不仅可以减轻窑内带的热负荷，提高系统的热效率，而且有利于缩小窑的规格，提高劳动生产率，有利于水泥工业的清洁生产和更充分地利用二次资源、能源、工业或生活垃圾，窑外预分解技术是新型干法水泥技术的核心，也是当代新型干法水泥熟料煅烧技术发展的主流。在吸收国外先进技术的基础上，我国已自行开发出了第三代和第四代熟料冷却机并得到推广应用，紧跟当今世界工业发展的节能和环保两大主题，我国熟料煅烧技术取得了较大进步，开发了能够适应不同燃料性能的燃烧器系列。

在节能技术方面，主要包括余热发电技术和变频技术等。利用余热发电可以获得较好的技术经济效益，因此得到国内许多水泥企业的重视，目前，我国纯低温余热发电技术已经很成熟，在国际上处于领先地位。对变频技术，目前我国许多水泥企业对生产线进行了改进，**将窑尾高温风机由液偶调速改为变频调速，可显著降低熟料综合电耗，减少对电网的冲击，可节电25%左右，通过改变以球磨、管磨为主的粉磨工艺，采用性能先进的、以料层挤压粉磨工艺为主的辊式磨、辊压机及辊筒磨等技术装备来降低电耗，粉磨工艺改进可以节约电耗30%左右。**此外，在利用劣质煤和低品位石灰石原料，以及利用回转窑焚烧部分垃圾以替代部分原燃材料技术等方面，也都取得显著效果。

总体上来讲，我国水泥行业生产技术与装备的研究、设计与制造主要围绕如何节约资源、废物利用、节约煤电、减少环境污染、提高劳动生产率和设备运转率等方面进行展开，取得了显著成绩，水泥工业技术与装备已形成系列化、大型化、生态化态势，总体水平已经接近世界先进水平，某些技术在国际上处于领先地位，水泥企业生产的主流技术大多为新型干法生产技术。

(5) 产品和客户选择。由于单纯地扩大产能受到严格限制，**对水泥行业企业的非流动性资金支持已基本局限于并购贷款和绿色信贷领域，后者中又以余热回收利用项目、节能型磨粉机生产线改造项目为主。**

2006 年，国家发改委公布了国家重点支持水泥工业结构调整大型企业（集团）名单，共有 60 家企业入围，**其中有 12 家被确定为全国性大型水泥企业**（安徽海螺集团有限责任公司、山东山水水泥集团有限公司、浙江三狮集团有限公司、湖北华新水泥股份有限公司、河北唐山冀东水泥股份有限公司、中国联合水泥有限责任公司、吉林亚泰（集团）股份有限公司、中国材料工业科工集团公司（含天山水泥股份公司）、北京金隅集团有限责任公司（含河北太行集团）、河南天瑞集团公司、红狮控股集团有限公司、甘肃祁连山水泥集团股份有限公司）。在行业大并购的背景下，在名单内选择龙头企业或区域内大型企业作为授信对象无疑是较为安全的做法。**在生产能力上，应以熟料生产企业的新型干法工艺生产线日产 4 000 t/日以上，水泥粉磨企业年产能不低于 90 万 t；水泥标号可稳定在 42. 5R 或42. 5R以上作为准入标准（现在完全取消 32. 5 标号水泥已提上议事日程）。**

六、行业前瞻

水泥行业是国民经济的重要基础性原料产业，在国民经济中占有重要的地位，改革开放以来，随着我国经济的高速发展，水泥行业得到了长足的发展和巨大的成就，连续多年占世界水泥总产量的 50% 以上，在水泥产量上一直居第一位，水泥工业总产值占全国 GDP 的比例大约在 1. 5% 左右波动。

水泥需求变化一般呈现周期性的 S 形曲线变化规律，在经济起步阶段的早期，水泥消费量较低，且围绕一个较低的水平上下波动，经济社会进入大规模建设时期后，水泥需求及消费量开始逐年增大且增速加快，当经济建设达到顶峰时期，水泥需求量达到最高值后，水泥需求开始逐年下降，直到大规模建设阶段结束，经济社会发展步入成熟期，对水泥的需求量趋于一个较低的稳定值，并以该值为基础上下波动，维持一个动态平衡，就目前而言，欧、美、日等发达国家早已渡过大规模建设阶段，这些国家或地区水泥消费量基本维持在年人均水泥消费300～500kg的水平，而我国的情况不同，本轮经济周期的重点发展对象包括基建和房地产，水泥消费需求尚处在上行区间，较多研究均预计我国水泥消费峰值期大约在2020年左右出现。

2014年以来，受宏观经济下行、房地产投资景气度下滑、基建对冲有限的影响，水泥需求较弱，行业整体增速显著放缓。但行业淘汰产能政策执行及行业整体自律意识增强，抑制行业新增产能，产能压力趋缓，行业负债率和经营现金流质量有一定改善。随着“一带一路”战略的推进、住房金融服务等房地产新政及流动性定向宽松利好政策的落实及铁路项目建设进度的加速，预计将对水泥需求有较好的提振作用，行业仍将维持平稳发展趋势。但行业内产能过剩的总体局面没有改变，水泥行业企业数量众多、产能过剩问题仍较突出，随着新建在建项目产能继续释放，市场竞争进一步加剧，不具规模、品牌和销售渠道优势的中小水泥企业将面临更大的经营风险。同时，水泥生产具有高耗能、高污染特点，随着节能减排工作的推进，水泥企业面临环保压力日趋严峻。严格控制新增产能，淘汰落后产能，加大对水泥企业节能减排、联合重组的支持力度，提升水泥行业集中度，将是行业未来的主要发展趋势。

第二部分　案例分析

一、授信申报情况

授信申报日：2013年11月

申请人：HJ水泥股份有限公司

申请事由：申请流动资金贷款

授信申请方案：流动资金贷款3 000万元，授信期限1年

（一）申请人基本情况

申请人位于长三角地区，2000年成立，注册资本两亿元，自然人控股。主营业务范围是熟料水泥生产、销售；建筑材料销售；水泥生产技术咨询服务。地方政府对该公司环境行为评级为绿色。

申请人有两家关联企业：HJ矿业有限公司和HJ物流有限公司。

HJ 矿业有限公司名下资产主要是矿产，累计石灰岩储量约两亿 t，按 HJ 水泥有限公司的产量，每年约需要石灰石矿 400 万 t，HJ 矿业有限公司的石灰石储量可保证申请人的水泥生产 50 年以上。

HJ 物流有限公司主要固定资产为沿长江的码头设施，目前正在建设 5 万 t 级公用码头及相应的配套设施。项目总投资 6.12 亿元，目前已陆续投资 3 亿元，计划于 2014 年建成。截止 2013 年 9 月末，物流公司总资产为 8.1 亿元，总负债 5.1 亿元。

申请人通过了 ISO9001 质量体系认证和产品认证，产品质量稳定可靠。“HJ”牌商标被所在地级市评为知名商标，“HJ”牌水泥被评为市名牌产品。

HJ 水泥公司在 2010 年就投资建设余热发电站，利用水泥生产过程中产生的蒸汽，电站发电供企业自用，形成了热资源的循环利用；2012 年上马电站二期项目，如今余热发电站年可发电 1.8 亿千瓦时，占公司生产用电的 55% 以上。公司主要生产技术指标如下：熟料烧成热耗为 103.79 kg 标煤/t 熟料，综合电耗为 84.78 千瓦时/t 水泥，废气粉尘排放浓度为 40 毫克/标准 m^3。

（二）生产能力

HJ 水泥公司主要产品有：普通硅酸盐水泥和硅酸盐水泥熟料。生产的水泥品种主要有 32.5 水泥和 42.5 水泥，占比分别为 15% 和 85%，明年将上线 52.5 水泥。公司现有日产 2 500 t 熟料和 4 500 t 熟料的新型干法旋窑线各一条；新建的 4 500 t/日三期生产线获得工信部批文，认为“该公司利用水泥装置协同处置长期积累的大宗工业固体废弃物，实现无害化、资源化综合利用，符合资源综合利用政策和水泥工业‘十二五’发展规划”。三期生产线于 2013 年 10 月建成，目前试运行；2014 年正式投产后申请人将成为周边地区大型的水泥生产企业之一。生产工艺全部为新型干法旋窑，无落后产能装备。公司生产能力在华东地区位居前列。

（三）申请人供销情况

HJ 水泥主要生产原料是建材石、废石、水渣、粉煤灰等，与上游客户建立了长期而稳定的供货关系，主要供应商：HJ 矿业有限公司供应石灰石矿；HR 煤炭销售有限公司等供应煤；GN 电业发展总公司供电。

申请人主要下游市场为附近几个地级市，主要贸易对象为各水泥搅拌站、混凝土公司、城际铁路、京沪高铁、MF 市地下铁道有限责任公司等，此外在上海市、苏南地区也有销售。公司与下游销售商保持长期稳定的合作关系，产品销售有保障。

（四）申请人财务情况及科目明细解释

近3年及当期财务数据简表如表12-1所示。

表12-1　近3年及当期财务数据简表　　（单位：万元）

序　号	项　目	2010年	2011年	2012年	2013年9月
1	总资产	126 063	153 580	156 148	180 629
1.1	流动资产	30 844	64 764	36 974	33 467
	其中：货币资金	7 168	4 739	4 770	6 947
	应收账款	2 289	5 811	5 682	4 085
	其他应收款	215	11 785	2 241	1 014
	存货	7 476	6 159	5 953	8 059
1.2	长期投资	1 900	1 900	15 000	15 000
1.3	固定资产净值	90 795	82 035	79 297	98 613
1.4	在建工程	127	100	9 576	12 179
2	负债总额	89 981	92 050	97 614	121 291
2.1	流动负债	37 930	52 767	62 930	79 629
	其中：短期借款	15 600	28 100	31 400	34 000
	应付票据	3 857	0	0	8 000
	应付账款	7 169	8 662	19 189	21 241
	其他应付款	3 961	4 606	4 987	13 966
2.2	长期借款	42 000	31 000	30 000	38 000
3	所有者权益	36 082	61 529	58 534	59 338
	其中：实收资本	20 000	20 000	20 000	20 000
4	营业收入	115 775	167 472	129 569	101 962
5	营业利润	17 289	32 099	11 933	6 817
6	投资收益	0	0	0	0
7	利润总额	15 977	27 539	10 072	6 386
8	经营活动现金流入量	142 341	190 926	185 137	-
9	经营活动现金净流量	31 493	31 739	31 342	-
10	投资活动现金净流量	-24 223	-20 438	-19 616	-
11	筹资活动现金净流量	-3 280	-13 730	-11 696	-

1. 财务报表重点科目说明

（1）货币资金：主要是各家银行签发银行承兑汇票的保证金。

（2）应收票据：为企业业务往来过程中应收的银行承兑汇票。

（3）应收账款：主要是应收下游客户业务往来款，其中金额较大的是下游混凝土企业和水泥供销企业，主要分布在周边地区。

（4）存货：主要为库存的生产原料及半成品、产成品等；增加的主要原因是近期原材料备货所致。

（5）长期股权投资：均为对控股公司的投资。

（6）固定资产和在建工程：增加的原因主要是新一期水泥生产线工程在建。

（7）短期借款和应付票据：在短期贷款科目，本行已有 2 000 万元存量额度。

（8）应付账款：为企业应付在建工程承接商、上游原料供应商的业务往来款。其中占用在建工程承接商资金占总额的 1/3 左右。申请人上游原料供应商较为分散，包括电力公司、矿产企业等。

（9）其他应付款：期末有较大增幅，主要是对关联企业和地方政府平台公司的资金占用。

（10）长期借款：金融机构给予的新建产能的固定资产贷款。

2. 销售利润和现金流量分析

申请人 2011 年销售收入有所提高，利润水平也大幅提高，当年实现利润总额 2. 8 亿元；2012 年由于水泥价格下降导致销售收入下降，较上年下降23%，但营业收入仍维持在 13 亿元左右；由于销售成本并未同比例下降，因此利润空间受到压缩，实现利润总额 1 亿元，保持了营利能力。总体而言，申请人近年保持营利，但因供需关系和原材料价格波动，利润率起伏比较大。

申请人各年的经营活动现金净流量较为稳定，但因新上生产线，所以投资活动现金流支出较多。

3. 重点财务指标情况

近 3 年资产负债率较低，长期偿债能力较强。但 2012 年起流动比率下降明显，短期偿债能力一般。如表 12-2 所示。

表 12-2　近 3 年资产负债率、流动比率及速动比率

项 目 名 称	2010 年	2011 年	2012 年
资产负债率%	71. 38	59. 94	62. 51
流动比率%	81. 32	122. 74	58. 75
速动比率%	61. 61	111. 06	49. 29

2012 年企业总资产周转率下降明显，但预计 2013 年会有所提升。具体如表 12-3 所示。

表 12-3　近 3 年存货周转率、应收账款周转率及总资产周转率

项 目 名 称	2010 年	2011 年	2012 年
存货周转率（次）	14.21	16.44	18.73
应收账款周转率（次）	56.86	41.35	22.55
总资产周转率（次）	1.1	1.20	0.83

（五）借款用途和还款来源

申请人向银行申请流动资金贷款（现在本行有 2 000 万元，申请增加到 3 000 万元），主要用于流动资金周转及向上游客户支付货款，该公司三期生产线将于 2014 年正式投产，随着生产规模的扩大需要增加原材料供应，以及向物流企业支付运输费用等，因此申请增贷。还款来源为水泥的销售收入。

（六）担保情况

本次授信以银行认可的担保公司保证。

二、风险评估

（一）申请人及行业优势分析

（1）申请人所处长三角地区，经济发达，房地产市场交易活跃，基建需求比较旺盛，重大建设项目较多；地域环境对水泥企业有利。

（2）企业现有日产 2 500 t 熟料和 4 500 t 熟料的新型干法旋窑线各一条，新一条 4 500 t/日的生产线即将投产，产能在全省单产排名前列，在附近地域具备了一定的规模优势和品牌效应。

（3）申请人新建的生产线入选了“工信部公示符合准入条件水泥生产线名单”；生产工艺全部为新型干法旋窑，无落后产能装备；从技术指标来看，申请人熟料烧成热耗为 103.79 kg 标煤/t 熟料，综合电耗为 84.78 千瓦时/t 水泥，废气粉尘排放浓度 40 毫克/标准 m^3；综合能耗低于平均水平，环保达标。

（4）申请人自备余热发电站，形成了热资源的循环利用；关联企业控制石灰石矿产，在原材料端的电力和矿石方面有成本和供应优势；拥有码头设施并在扩建，通过水运可有效地降低运输费用以控制成本，提高营利水平。

（5）申请人下游有城际铁路、高铁、地铁用户，客户需求量较大，也是国家或省重点工程，货款回笼有一定保障。

（6）从财报分析，企业 2011 年销售利润达到高峰，2012 年之后下降明显，基本符合近期水泥行业的波动情况；申请人近年保持营利，且经营现金流情况比较良好，有一定的财务管理能力。

（二）行业风险分析

（1）煤炭的价格走势没有回升的迹象，水泥煤炭的价格差预计继续收窄，所以近期水泥行业的总体营利能力暂时不会好转，宏观经济形势对企业不利。

（2）申请人在煤炭供应方面没有亮点，且附近地域缺少产煤区，不利于总体成本的控制。

（3）从申请人产品看，部分产品还在 42.5 标号以下（现在完全取消 32.5 标号水泥已提上议事日程），须考察后续的产品升级情况。

（4）财报显示，公司当期流动比小于 1，短贷长用明显，而且有向关联企业、政府平台企业拆借资金的现象；考虑到申请人还在新建码头，须关注后续建设情况、银行负债变动情况，防止因固定资产投资过大引发现金流紧张。

三、评审结论

申请人是有一定规模的区域性水泥企业，在原料端具备电力、矿产优势，如物流设施建设完毕，可进一步降低成本。增贷理由有一定的合理性，可以介入，但要关注企业后续的固定资产建设进度和其他金融机构融资进退情况。

第十三章　水务行业风险研究和信贷案例

关键词： 水价、处理能力、配套管网

第一部分　行业分析

一、综述

水是人类赖以生存的重要物质，对整个人类的发展有不可替代的作用。我国淡水储藏量世界排名第六位，但从人均的角度来看，水资源比世界平均水准要低很多，有关调查显示，我国每人的淡水资源量为 2 200 m^3，仅为世界平均水平的 1/4，世界排名第 110 位，是世界 13 个人均水资源最贫乏的国家之一。我国 668 个城市统计显示其中 400 多个城市有明显的水供给压力，其中水资源十分缺乏的就有 136 个。从另一个角度看，我国的各种水污染事件层出不穷，工业化、城镇化进程对水资源的需求量越来越大，污水处理工艺进展缓慢，这使我国城市正面临严重的水资源危机。目前国内城市缺乏足够的污水处理系统与二次处理系统，污水超排已经十分严重，有多于 80% 的没处理的水直接排入水体管网中，这样恶性循环，不仅使得水质越来越差，也会使下一代的水质问题更加严重。数据显示，我国的水域大部分区段，按国标来评定，其中未达 III 类国标水质较差的约有 80%，而另有 90% 以上的城镇管网遭受严重的污染。城市水务问题不但使得城市的发展受限，而且会对可持续发展的理念形成严重的挑战。

注：水的分类

依据地表水水域环境功能和保护目标，我国的地表水按功能高低分为五类：I、II、III、IV、V。

I 类主要适用于源头水、国家自然保护区；II 类主要适用于集中式生活饮用水地表水源地一级保护区、珍稀水生生物栖息地、鱼虾类产卵场、仔稚幼鱼的索饵场等；III 类主要适用于集中式生活饮用水地表水源地二级保护区、鱼虾类越冬场、洄游通道、水产养殖区等渔业水域及游泳区；IV 类主要适用于一般工业用水区及人体非直接接触的娱乐用水区；V 类主要适用于农业用水区及一般景观要求水域。劣 V 类水是指污染程度已超过 V 类的水。

水资源的现状与涉水事务的管理密切相关，水务事业是国民经济中最重要的基础行业之一，水务事业的发展不仅关系到经济发展与社会进步，还涉及自然生态问题。水务产业是指由原水、供水、节水、排水、污水处理及水资源回收利用等形成的产业链。就是水从自然状态进入人工使用，然后又被还原成自然状态的过程。水务产业直接影响着人们的生活，对社会生活的稳定和国民经济的可持续发展起着着重要的作用。

我国水务行业以前一直由政府垄断经营，谈不上是市场化经济。它有两个显著特点：一是政企不分，供水的生产、经营、投资基本上全部由政府包办；二是水价是由政府制定并公开的，水的价格与价值严重背离，中国城市居民用水价格具有很强的公益色彩，企业没有自主的定价权。由此形成了“低水价 + 亏损 + 财政补贴”模式。这种情况严重制约了我国水务企业的商业化运营和发展。水务行业相对其他行业来说，其改革仍处于滞后状态，水务企业体制老化，一些水务企业处于经营亏损或保本状态。而且目前开征污水费的城市数量比较少，还不到全国城市总数的一半，而且收费标准相对偏低，难以满足污水处理设施的日常运行与维护。

过去的 20 来年是我国水务行业发展最快的时间段。但是，目前全国范围内的水务设施的总体投入，仍然与社会对水务发展的需要量具有很大的差距。我国水务行业已经形成投资主体多元化的格局。因为水务行业自身存在的投资回报率相对较低、回收期长，企业自有资金有限的特点，决定了这一行业不可能完全依靠自筹资金的模式进行大规模水务项目建设，大部分资金还是要通过融资方式来解决资金短缺状况。

注：近期热点：“水十条”的发布

2015 年 4 月，国务院正式下发《水污染防治行动计划》，业内称之为“水十条”，提出了今后水务产业的规划目标及具体控制措施，**并分解到执**

行主体和责任方。

《行动计划》分为10大项和35款238项措施，形成了一套完备的行动计划。计划以工业污染防治为重点，兼顾城镇生活污染治理、农业农村污染防治和船舶港口污染控制，全方位强化污染源头控制。同时提出控制用水总量、提高用水效率、切实保护水资源，实现了治污与节流两手抓。

《行动计划》将工业污染治理提到重要位置，要求狠抓工业污染防治，包括专项整治十大重点行业，制定造纸、焦化、印染、农副食品加工等行业专项治理方案；同时集中治理工业聚集区水污染。2017年底前，造纸行业力争完成纸浆无元素氯漂白改造或采取其他低污染制浆技术，钢铁企业焦炉完成干熄焦技术改造，氮肥行业尿素生产完成工艺冷凝液水解解析技术改造，印染行业实施低排水染整工艺改造，制药（抗生素、维生素）行业实施绿色酶法生产技术改造，制革行业实施铬减量化和封闭循环利用技术改造。2017年底前，工业集聚区应按规定建成污水集中处理设施，并安装自动在线监控装置，京津冀、长三角、珠三角等区域提前一年完成；逾期未完成的，一律暂停审批和核准其增加水污染物排放的建设项目，并依照有关规定撤销其园区资格。

《行动计划》要求强化城镇生活污染治理，推进污泥处理处置。敏感区域（重点湖泊、重点水库、近岸海域汇水区域）城镇污水处理设施应于2017年底前全面达到一级A排放标准；现有污泥处理处置设施应于2017年底前基本完成达标改造，地级及以上城市污泥无害化处理处置率应于2020年底前达到90%以上。

《行动计划》强调了对水环境的监测能力，2017年底前，京津冀、长三角、珠三角等区域、海域建成统一的水环境监测网。同时发挥市场机制作用，加快水价改革，**2020年底前，全面实行非居民用水超定额、超计划累进加价制度**；推进多元融资，引导和鼓励社会资本加大水环境保护投入。

根据中国水网相关测算，**到2020年，完成“水十条”相应目标需要投入资金约4~5万亿元（其中近3年投入约为两万亿元），需各级地方政府投入约1.5万亿元。**

二、水务行业的特点

1. 资源性

水务产业是通过对水的净化处理，提高水的使用价值以实现它为经济发展和人民生活服务的一种产业。水务产业必须依附于水资源的存在。水

资源的形态、分布总量的大小和质量的高低，都会对水务产业的生存和发展产生具有重大的影响。正是这种资源性特点，使得水务产业的可持续性发展不可能作为一种孤立的现象而独立存在，它可以表明整个社会经济是否能够实现可持续发展。

2. 基础性

水是生命之源，具有其他物质资源不可替代的作用。因此，水务产业已成为社会经济发展中的基础产业。而且水务产业随着经济的发展和城市化程度的提高，它的基础性作用发挥得越来越显著。如果水务产业发展相对滞后，从表面上看来是用水资源不够，但实质上它却是关系到人类生存和发展的质量，影响到社会和经济的稳定。

3. 公益性与稳定性

和其他产业的以利润为中心的生产和经营管理方式不同，水务产业因为它对于人们生活的不可或缺性，这就决定了每个水务企业都必须把社会效益放在首要的地位，并在保持社会效益第一的前提下促进利润的增长。水务产业的这种公益性特征，是以政府控制水价为外在表现的形式，企业并不能根据市场需求来确定水价。与此同时，水务产业投资的特征有：市场风险小、稳定的现金流、稳定的行业投资收益。加上我国的水资源战略地位的提高，以及我国的社会经济发展日益对水的依赖关系，使水务产业具备比一般基础设施更加强大的投资吸引力。

4. 供求的区域垄断性

水务产业的生产经营活动一般具有供给的区域垄断性，生产经营区域一般不会存在激烈的市场竞争，这也能促使企业收入趋于稳定。

三、水务行业的产业链

水务产业包括原水生产和供应、自来水生产和供应、自来水销售、污水收集与处理、中水生产等子行业，形成了一条完整的水务产业链。

原水的生产和供应主要是指水务企业从自然界获取原水后经简单处理转移到水处理厂的工程。自来水生产和供应主要是指水务企业对水进行净化处理以使其符合使用标准，这个水务企业一般指自来水厂。自来水销售主要是指水务企业通过给用户安装水表，经过水管网向用户销售。而污水收集与处理主要是通过水管网收集终端用户的污水用于进行处理以达到无害化排放。污水经深度处理后可产生中水，主要用于绿化或清洁，目前中水产业规模还不大。

原水行业中的企业通常的运营模式是通过建设水库等蓄水设施将天然

的水资源开发存储起来，通过管网将其输送到自来水厂，同时收取相应的费用。与此同时，原水企业需要按规定向政府缴纳水资源费。

供水行业的企业主要是自来水供应商。此类企业将水供给终端用户并直接向用户收取用水水费，而水价由政府控制。由于自来水价格上涨直接反映在终端用户层面，社会影响相对较大，这也导致了水价上涨的困难。

而污水处理行业又有所不同。终端用户缴纳的污水处理费由政府的污水基金收取，再由政府加上部分财政补贴转给污水处理厂。污水处理厂不直接向终端用户收费，而是根据预先约定的合同，按污水处理量和处理标准向政府收费。如图 13-1 所示为水务产业链。

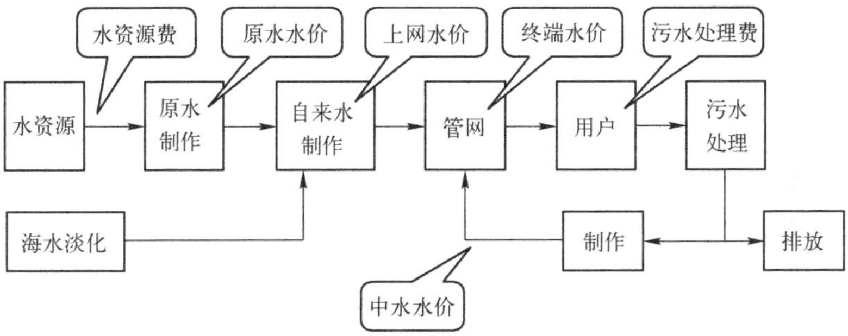

图 13-1　水务产业链

四、我国水价的构成和发展趋势

水费是城市水务系统收益的主要来源，是水务企业与公共利益发生直接冲突的焦点。长期以来，我国供水价格带有政策性意味，水价并不是由企业供水成本决定的。随着管网投资、建设管理成本逐步计入水价，以及污水治理、饮用水水质提高等投资支出的增加，水务行业的成本逐渐升高。而为了降低通胀率、遏制物价上升势头以稳定民心，政府往往遏制水价调整，从而导致行业大面积甚至全行业亏损。

1998 年，《城市供水价格管理办法》出台，为我国水价的制定提供了法律基础。该办法确定了水价制定应遵循“补偿成本、合理收益、节约用水、公平负担”的原则，即利润加成本的定价模式，保本微利，以及关于资源型价格调整的思想。规定由城市人民政府负责批准水价；要求水价应能收回运行和维护成本、固定资产折旧额和利息成本；视资金来源不同，供水企业合理盈利的平均水平应当是净资产利润率的 8% ~10%。制定城市供水价格的决策过程中应实行听证会制度和公告制度。

当前水价主要由3部分构成。

1. 资源水价（即水资源费）

国家是水资源的产权所有者，用水者取用水资源要缴纳水资源费，体现了水资源的产权价值；同时，国家在水资源管理过程中投入了必要的成本，以水资源费的形式向用水者收取，体现了水资源的劳动价值。

2. 工程水价（即制水供水费用）

生产者缴纳水资源费取得水权之后，进行必要的劳动投入以产品水的形式向其他用水部门出售，进一步体现了水资源的劳动价值。

3. 环境水价（即污水处理费）

用水过程将产生外部性影响，国家作为管理者要使这种外部性影响内部化，引导企业对污水进行处理，并向用水者收取排污补偿，体现了水资源的补偿价值。

所以城市民众和企业日常缴纳的水费=自来水价格（包括原水生产成本、原水厂利润、自来水生产成本、自来水厂及管网建设和维护成本及相关税费等）+污水处理费+水资源费（受益地区还加收了南水北调基金）。

我国水价是由政府价格部门确定的，并由自来水公司直接向用户征收费用，政府的水资源费、污水处理费都隐含在自来水公司的水价之中，水资源费计入成本、污水处理费为代收项目。

污水处理费是由城市污水集中处理企业按照规定向排污者提供污水处理的有偿服务而收取的费用，以保证污水集中处理设施的正常运行。据中国水网统计，在所有省会城市居民自来水价格中，污水处理费的范围为0.3~1.4元/m³，占居民生活水价的范围为14%~46%。污水处理费一般包含在自来水水费里，由供水公司代收，然后交给地方财政，再由财政划拨给污水处理公司。

我国目前各地现行水资源费标准存在较大差别。水资源费由县级以上地方水行政主管部门按照取水审批权限负责征收。主要对城市中取水的单位征收，供水单位向用水方代收，最终纳入地方财政（一部分归水利部），作为开发利用水资源和水管理的专项资金。

据国家统计局统计，全国86个城市居民生活用水价格平均每吨2.6元，其中，自来水价格占综合水价的66%左右，污水处理费占29%。目前，各地供水服务成本在1.0~2.5元不等，污水处理费在0.3~1.4元/t不等，水资源费各地差异巨大；总体存在较大缺口。

我国现行水价偏低，水费支出占比低。衡量一个国家水价的高低，国际上一般是按承受率判断的，并认为**水费支出占人均可支配收入的3%是**

合理的。但目前我国的平均居民水费支出占人均可支配收入的比例仅为0.63%。

2007年，国家发布了新的国标，水质标准大幅提高，基本和国际接轨，出水标准的提高，必将带来大量供水设施改造的投入。此外，在正常情况下，处理一吨污水的成本要远高于供一吨自来水的成本，因此，污水处理费大于等于水资源费加供水成本是合理的，但我国目前污水处理费不到终端水价的30%左右。

从长期发展来看，我国水价的趋势仍是上涨。只有当水价真正反映了资源稀缺程度和环境损害成本时，一个节水型社会和可持续利用的水资源体系才能真正建立。

五、我国水务行业运营模式

在我国，供水和排水的行业管理部门是水务局，饮用水水质标准由卫生部门制定，环保排放标准管理和执法部门为环保部门，水价的管理为物价部门。

我国水务项目的借款人主要有政府平台企业和非政府平台企业。

政府平台企业一般是代表政府管理国有资产的国资委控股的水务集团、供水公司及污水处理公司等，出现运营亏损则由政府补助。非政府平台企业指通过市场化运作的社会资本控股的企业，由政府授予特许经营权实行自主经营，自负盈亏。在运作模式上，政府平台企业往往实行水务一体化运营，包括区域供水一体化、供排水一体化、城乡供水一体化和跨区域水务资本一体化。

供水一体化是指以本区域大型供水企业为主体，成立供水集团，运用国有资产划转方式对其他供水业务单位吸收合并，或者以市场化的兼并收购方式重组。供排水一体化基本以城市供水企业为主体，整合区域内全部涉水的国有资产，组建水务集团。城乡供水一体化以区域中心城市的大型水务企业为主体，整合周边区县的供水企业和乡镇水厂。垮区域水务资本一体化的含义是以大型水务集团为主体，对跨区域的水务企业进行市场化的兼并收购，实施水务资本的异地扩张。

政府平台类水务企业分为企业法人管理模式和行政事业法人管理模式两种。后者供水公司和水务局是一套人马，两块牌子，一般用于县级及以下区域。企业法人管理的水务企业经常运用的运营模式有BOT、TOT、DBO、委托经营等。BOT（建设—经营—移交）模式是建设方投入建设所需的全部资金，项目建设后获得一定期限的特许经营权，特许期结束后，企业按约定将设施无偿移交给政府部门；适用于新建项目，对承建方的资金要求比较高。TOT（移交—经营—移交）是指政府部门将建设好的项目一定期限的产权或经营权有偿转让给投资人，由其进行运营管理；期满之后再将该项目交还政府部门；TOT方式有利于降低政府的初始资金投入，提高工程项目的运行管理水平和运行的稳定性，加快基础设施建设的速度。DBO（设计—建设—移交）是由政府出资，承包商设计并建设水务设施，并负责运营、设施的维护保养，以及更换在合同期内已超过使用期的资产，合同期满，资产所有权移交回公共部门；此种模式下由政府出资，更看重企业的技术和运营能力。委托经营模式是政府部门进行招标，将水务设施直接委托给企业经营管理，运营企业可以统筹安排其技术、人力等资源，通过资源的优化配置降低运营成本。

六、行业评审技术指引

1. 供水项目

供水项目须取得核准（备案）、用地、环评等合法性批文；符合城市发展总体规划，属于地方政府支持的重点民生保障工程；供排水项目配套管网应在水厂建成投产日前先期建成或同步建设。

（1）供水项目建设规模通常以万t/日为单位，银行支持的项目规模一般应在5万t/日以上。供水水源一般分为地表取水（大多数情况）和地下取水。要经过混合、反应、沉淀、过滤、消毒等处理工艺，经过供水泵房加压输送到城市管网中。通常供水厂的单位建设成本在1 000～2 000元/(t/日)（不含管网），管网则根据铺设长度计量成本，包括购置成本和安装成本。供水管网一般采用球墨铸铁管和PE管材，口径从DN80到DN2600不等。

（2）对于城市供水项目的需求端，城市居民用水占据绝大部分（工业园区除外）。建设部发布的《城市居民生活用水量标准》确定了全国6个分区标准值，具体如表13-1所示。

表13-1　城市居民生活用水量标准

地域分区	适用范围	单人日用水量（升）
一	黑龙江、吉林、辽宁、内蒙古	80～135
二	北京、天津、河北、山东、河南、山西、陕西、宁夏、甘肃	85～140
三	上海、江苏、浙江、福建、江西、湖北、湖南、安徽	120～180

（续）

地域分区	适用范围	单人日用水量（升）
四	广西、广东、海南	150～220
五	重庆、四川、贵州、云南	100～140
六	新疆、西藏、青海	75～125

供水项目市场需求预测中，在合理确定人均用水的基础上，还要考虑人口增长数据，人口增长数据取值需要结合城市规划等因素。

(3) 在供给端，城镇居民对自来水的需求有较强的季节性，夏季达到最高峰。需求的波动性使得供水单位必须按最大需求量设计生产能力和输送能力。管网配套建设要同步（已有配套供水管网的项目可优先支持），同时还要考虑管网漏损（不大于12%）和需求的年均增长（3%～4%）。

2. 污水处理项目，合规性、管网配套等前提条件和供水项目一致

(1) 污水处理项目建设规模通常以万 t/日为单位，规模分为大型（大于10万t/日）、中型（1万t/日～10万t/日）和小型（小于1万t/日）3种。污水处理厂的建设规模要注意和城镇发展相匹配，银行支持的项目应该在2万t/日以上。过小的话不能满足需求，过大的话运行成本太高。

目前，国内污水处理环节应用最广泛的生产工艺是生物物理法，包括氧化沟、A2/O法、SBR、传统活性污泥法，A/O法等。按处理程度分，从低至高可分为一级B、一级A、二级和三级处理（排放至少要达到一级A）。

注：主要污水处理技术介绍

活性污泥法是生物污水处理技术的基础。活性污泥法是由曝气池、沉淀池、污泥回流和剩余污泥排除系统所组成的。污水和回流的活性污泥一起进入曝气池形成混合液。在曝气池中通过曝气设备充入空气，使活性污泥混合液产生好氧代谢反应。随后混合液流入沉淀池，混合液中的悬浮固体在沉淀池中和水分离。流出沉淀池的就是净化水。

氧化沟是活性污泥法的一种变形，其曝气池呈封闭的沟渠型，相比传统活性污泥法，处理设施大大简化。但除氮效果有限，而对除磷几乎不起作用。

A/O工艺也叫厌氧好氧工艺法，A就是厌氧段，主要用于脱氮除磷；O就是好氧段，主要用于去除水中的有机物。流程简单，以原污水为碳源，建设和运行费用较低。

A2/O工艺亦称A－A－O（Anaerobic－Anoxic－Oxic）工艺，即厌氧—缺氧—好氧法，是流程最简单、应用最广泛的脱氮除磷工艺。该工艺一般适用于要求脱氮除磷的大中型城市污水厂，但A2/O工艺的基建费和运行费均高于普通活性污泥法，运行管理要求高。

批序式活性污泥法（Sequencing Batch Reactor，SBR），是一种按间歇曝气方式来运行的污水处理技术。SBR工艺拥有净化效果好、便于操作和维护管理、利于废水处理厂的扩建和改造、具有良好的脱氮除磷效果，以及造价低、占地面积省等优点；缺点是：自动化控制要求高，后处理设备要求大；适合中小城镇生活污水和厂矿企业的工业废水；需要较高出水水质的地方，如风景游览区、湖泊和港湾等；水资源紧缺的地方；用地紧张的地方；对已建污水处理厂的改造。

在我国，主要使用的污水处理技术是生物污水处理法，物理化学类方法是次要的。其中又以氧化沟（约占1/4）、A2/O法（约占1/5）、SBR（约占15%）、传统活性污泥法（略高于10%），A/O法为主（略低于10%），而代表当今世界生物污水处理技术发展方向的生物膜类方法（如MBR、BAF等）现在在我国的应用还较少。

（2）污水总量分析。城市污水包括生产污水和生活污水，排放总量与城市居民人数和工业企业数量成正比。具体人均污水排放量因各地居民生活习惯而异，企业排放则由企业生产性质及用水多少决定。

（3）一般情况下，建设污水处理厂要考虑当地实际污水处理总量，没有必要过度超前建设。要特别关注管网配套建设必须和项目同步。从污水处理工艺角度来说，不同浓度的污水则要采用不同的工艺，浓度越高越难处理的污水则要使用到较先进的工艺，如A2/O、MBR，而浓度不高的一般污水只需用普通的污水处理技术即可。

（4）如果污水处理费低于实际处理成本、达不到盈亏平衡点、与政府签订的污水处理费协议价格偏低导致企业经营效益差，银行不能介入。

总体来看，**污水处理企业投资较大，收益率不高（一般在1.00元/m^3才能保证污水处理企业获得稳定收益，但目前国内城市收费平均水平在0.77元/m^3左右），在运营期间，要关注原材料特别是电费波动（电费在供排水行业中的运营成本中占比约20%～30%）带来的风险。**

3. 供水项目的还款来源以供水收入、财政补贴为主

要关注水价与成本比（这里的水价指的是对自来水终端用户剔除污水处理费后的吨水供水净价），该指标是自来水生产和供应行业最重要的经济指标之一，大多在1～1.3，项目质量的优劣与该项指标高低相关性最强。

污水处理项目的还款来源基本是政府返还的污水处理费用。供水与污水处理费均合并在综合水价中。**一般而言，在水价的构成中，城市供水价格占65%，污水处理费占30%。**

对于城市供水项目，需关注当地自来水水价、水费收缴率、价格调整机制、财政补贴到位的可靠性、及时性，以及水源稳定性；对于污水处理项目，需关注配套污水管网的建设进度、资金到位情况，以及特许经营协议或委托经营协议中规定的保底水量条款等。

4. 水务企业在很多情况下依赖于政府补贴收入

当地政府财力如何、有没有及时划拨资金的意愿，对水务项目的贷款偿还有着直接的影响。银行应要求客户在本行开立资金监管账户，将水费收入、污水处理费收入、财政补贴收入，以及与项目相关的其他收入等及时归集，项目的特许经营权、收费权等，应质押给银行。

七、行业展望

我国水务行业的主体公司是以城市供水作为起点逐步发展起来的，然后才是污水、废水处理，再接着完善水环境修复、水源地保护、回用水等环节。目前我们所说的水务行业，主要还是指城市供水和污废水处理这两部分。目前我国供水行业基本可以满足经济和社会发展的需求，但污水处理行业起步稍晚，还有较多的地方需要完善和提高。

就水务各子行业来看，供水行业是最早发展的子行业，目前相对成熟，我国综合供水能力在过去10年得到较大提升，从2004年到2013年提升了一倍，避免了设施超负荷运行，保证了供水质量。供水行业在量增的同时，也在进行着提标改造，对指标的要求增多，规格趋严。随着城镇化的推进，城镇污水排放量增速明显，污水处理行业还有不小的发展空间。另外，随着城镇污水排污标准的不断严格，**城镇化的推进带来增量的需求，扩能提标成为污水处理行业的新增长点。**管网建设工作则随着水务行业的发展而稳步增长，并且市场后续对智能管网的需求将会提升，“海绵城市”概念的火爆也为管网建设市场提供增量。**再生水行业的优势是再生水价格相对便宜，工业和民用都存在市场，能提高水资源的利用率，缓解水资源不足的现实，是国家鼓励发展的方向。**

近年来我国水务产业集中度逐渐提高，排名前30位的水务公司供排水能力占全国总能力的23%，北控水务、威立雅中国、首创股份等3家企业已具备超千吨的供排水能力。水务资产以其稳定的现金流回报，成为经济下行期的优质防守型资产，备受资本青睐，行业并购重组逐步活跃。

随着我国城镇化进程的持续推进和城镇人口的不断增加，自来水、污水等处理设施及管网的建设投入将继续加大。根据《全国城镇供水设施改造与建设“十二五”规划及2020年远景目标》，“十二五”期间，供水规划总投资4 100 亿元；据《“十二五”全国城镇污水处理及再生利用设施建设规划》，预计污水处理设施及再生利用设施建设投资近4 300 亿元。同时，伴随着PPP和政府采购服务模式的推进，以及阶梯水价的推广，水务行业投资吸引力在逐渐上升。

国家提出的目标是，“十二五”节能环保产业达到4.5 万亿，成为国民经济新的支柱产业。**水务行业是环保产业的第一大子行业，饮水本身就是民众的刚需，直接关乎个人利益，无论是宏观还是微观，对搞好水务都有很强的诉求**；近期水务行业展望向好。

第二部分 案例分析

一、授信申报情况

授信申报日：2015 年 9 月

申请人：GL 市第一污水处理厂

申请事由：GL 市第一污水处理厂二期扩建工程（含污水总管）

授信申请方案：项目贷款 20 000 万元，期限 7 年，宽限期 1 年，前两年各还本 3 000 万元，后 4 年各还本 3 500 万元。

（一）申请人基本情况

GL 市第一污水处理厂位于长三角地区某地级市，经济比较发达。企业注册资金 500 万元，由当地 PX 区水务有限公司全额出资设立。公司实际控制人为 GL 市 PX 区政府。申请人主要从事污水处理，以及污水管网的投资、建设、运营。

（二）近年财务报表及明细说明

2012—2014 年度和 2015 年 8 月财务简表如表 13-2 所示。

表 13-2 2012—2014 年度和 2015 年 8 月财务简表 （单位：万元）

序号	项 目	2012 年	2013 年	2014 年	2015 年 8 月
1	总资产	22 804	26 542	28 881	47 704
1.1	流动资产	4 351	4 644	5 563	26 292

（续）

序号	项　目	2012 年	2013 年	2014 年	2015 年 8 月
	其中：货币资金	859	1 305	1 483	4 001
	应收账款	1 092	1 139	1 461	559
	其他应收款	579	771	565	6 018
	存货	1 164	1 259	1 548	1 689
1. 2	预付账款	655	168	104	16 492
1. 3	固定资产净值	17 419	21 564	20 825	20 379
1. 4	在建工程	0	0	0	0
1. 5	无形资产	871	871	871	871
2	负债总额	3 362	3 710	3 789	4 110
2. 1	流动负债	3 362	3 710	3 789	4 110
	其中：短期借款	0	0	0	0
	应付票据	0	0	0	0
	应付账款	345	685	453	381
	其他应付款	3 016	2 672	3 335	3 259
2. 2	长期借款	0	0	0	0
	预收账款	0	353	0	0
3	所有者权益	19 488	23 222	25 092	37 042
3. 1	其中：实收资本	500	500	500	500
4	主营业务收入	3 504	3 732	3 816	2 544
5	主营业务利润	573	682	751	539
6	投资收益	0	0	0	0
7	利润总额	338	412	469	371
8	净利润	338	412	469	371

1. 资产负债表明细说明

（1）货币资金：全部为银行活期存款，企业银行存款中没有被冻结和质押的资金。

（2）应收账款：全部为应收污水处理费，主要是工业园区企业欠款。

（3）其他应收款：主要为支付工程建设其他费用，如管理费、咨询费等。

（4）预付账款：全部为预付给工程公司的本污水处理厂二期工程建设款。

（5）无形资产：全部为土地使用权。

(6) 固定资产净值：中房屋及建筑物0.5亿元，设备1.5亿元。

(7) 其他应付款：主要是向政府融资平台拆借的资金。

2. 收入利润情况说明

如表13-3所示为近3年的污水处理收入及收费明细表。

表13-3 近3年的污水处理收入及收费明细表

序号	名 称	2012年	2013年	2014年
1	总收入	3 504万元	3 732万元	3 816万元
1.1	PX区（生活污水）	438万元	413万元	427万元
1.2	PX工业园区（工业污水）	3 285万元	3 319万元	3 389万元
2	污水处理收费标准			
2.1	生活污水	1.2元/t	1.2元/t	1.2元/t
2.2	工业污水	4.2元/t	4.2元/t	4.2元/t

(三) 项目基本情况

1. 项目由来

目前GL市PX区及PX工业园区的污水纳入GL市第一污水处理厂处理。该厂现处理能力为3万m^3/日。老城区虽有排水系统，但标准低，排水系统很不完善，现有管道均为合流排污体制，污水直排河流。随着城市的快速发展和新的工业园区的设立，今后PX高新技术产业园、PX化工园污水均纳入第一污水处理厂服务范围。随着人口数量和企业数量的增多，现有的排水系统已无法满足城市发展的需要，因而建设污水处理厂二期扩建工程项目（含污水总管）已势在必行。

目前第一污水处理厂的主要收入来源为PX工业园区的大部分企业，2012年至2014年的收费均按照4.2元/t的收费标准来收取。现PX区内已获准设立PX高新技术产业园和PX化工园，原工业园区亦将有新企业入驻，为招商引资，当地政府决定从2015年1月开始，将工业污水收费标准降为3.5元/t。

扩建后的GL市第一污水处理厂，日处理能力将达到6万m^3/日；考虑到贷款期限，PX区财政承诺，在贷款全部归还前，每季度给予本厂600万元财政补贴，用于归还贷款本息。

2. 一期的情况

第一污水处理厂一期2011年底基本建成投产运行，规模为3万m^3/日，主体工艺为水解酸化+A2/O工艺，出水水质基本达到《城镇污水处理厂污染物排放标准》一级A排放标准。通过对一期工程的现状分析，对其工艺路线和工艺参数核算，认为一期工程的设计比较符合其水质特征。整体运行效果较为稳定，目前达到水质排放要求。

3. 项目实施内容

项目实施扩建规模为3.0万m^3/日，工艺为A2/O，出水水质达到一级A标准，配设DN1200－1800污水主干管道21.15km，沿线污水提升泵站4座；用地2.34公顷，总投资估算4.22亿元。

4. 项目合规性批复

2015年4月，区发展和改革委员会已批复了本项目可研报告。

2015年5月，市环境保护局批准本项目环评。

2015年5月，市国土资源局同意本项目用地预审。

2015年6月—8月，取得项目《建设工程规划许可证》《建设用地规划许可证》和《建筑工程施工许可证》。

本项目合规性手续齐备。

（四）可研报告摘要

1. 总投资估算

项目总投资42 200万元，其中静态总投资40 400万元、建设期贷款利息1 800万元。如表13-4所示为项目总投资确认表。

表13-4　项目总投资确认表　　（单位：万元）

项目	工程或费用名称	单位	数量	金额
（一）	污水处理厂工程	t/日	30 000	
1	土建部分			
1.1	粗格栅井及进水泵房	座	1	230
1.2	细格栅井及沉砂池	座	1	57.5
1.3	调节池	座	1	891.25
1.4	水解酸化池（扩建处）	座	1	914.25
1.5	A/A/O生物反应池	座	1	1 127
1.6	配水井及污泥泵房	座	1	92
1.7	二沉池	座	3	569.25
1.8	高效沉淀池A	座	1	189.75
1.9	滤布滤池	座	1	63.25
1.10	紫外线消毒池	座	1	80.5
1.11	储泥池	座	1	57.5
1.12	水解酸化＋A/A/O池（原一期处）	座	1	701.5

（续）

项目	工程或费用名称	单位	数量	金额
1.13	高效沉淀池 B	座	1	161
1.14	转盘滤池	座	1	63.25
1.15	污泥脱水机房	m^2	64.8	10.37
1.16	鼓风机房	m^2	54	8.64
1.17	变配电间	m^2	120	19.2
1.18	储药间	m^2	254.84	40.77
1.19	进水泵房上层建筑	m^2	170	27.2
小计				5 304.18
2	主要机械设备			1745.7
3	电气设备			910.8
4	仪表设备			814.2
5	机修设备			80
6	运输设备			100
7	化验设备			60
8	平面布置			2 444
9	地基处理			850
（二）	管网工程			16 868
1	开槽埋管	米	7 000	3 850
2	顶管	米	14 150	13 018
（三）	泵站			3 778
1	1#泵站	万 t/天	4.88	680
2	2#泵站	万 t/天	10.2	908.4
3	3#泵站	万 t/天	14.66	1 042
3	4#泵站	万 t/天	17.28	1 148
	第一部分费用小计			32 955.28
（四）	工程建设其他费用			
1	建设用地费			829.95
1.1	征地费	亩	43.94	703.05
1.2	青苗补偿费	m^2	63 450	126.9
2	建设单位管理费			369.1
3	工程监理费			596.49

注：1 亩 =666.66 m^2。

（续）

项目	工程或费用名称	单位	数量	金额
4	建设项目前期咨询费			122.65
4.1	编制项目建议书			33.4
4.2	编制可行性研究报告			67.6
4.3	评估项目建议书			9.6
4.4	评估可行性研究报告			12.05
5	工程勘察费			362.51
6	工程设计费			1 074.42
7	施工图预算编制费			107.44
8	竣工图编制费			85.95
9	环境影响咨询服务费			31.75
10	生产准备费			14.4
11	办公及生活家具购置费			4
12	联合试运转费（1%）			45.78
13	招标代理服务费			25.55
14	施工图及抗震设计审查费			19.77
15	劳动安全卫生评审费			65.91
16	场地准备及临时设施费			329.55
17	工程保险费			99.13
18	外接电源费			1 000
	第二部分费用小计			5 184.1
（五）	预备费			2 260.36
（六）	建设期贷款利息			1 800
合计				42 199.74

本项目静态投资中，主要是管网建设费用1.69亿元（占42%）、各种设备及平面布置7 004万元（占17%）、土建部分5 304万元（占13%）、泵站建设费用3 778万元（占9%）。

2. 资金筹措计划

项目的资金来源计划主要有两个渠道，其中自有资金投入22 000万元，占项目总投资的52.13%；向银行申请贷款20 000万元，占项目总投资的47.87%。

3. 收入、成本和利润测算

（1）收入测算。

根据园区扩建情况、各园区入驻企业数量和性质预测，该污水处理厂完全建成后年收入可达到 6 837.5 万元，预测明细如表 13-5 所示。

表 13-5　收入测算

序号	名　　称	达产后
1	总收入	6 837.5 万元
1.1	PX 城区（生活污水）	500 万元
1.2	PX 工业园区（工业污水）	3 600 万元
1.3	PX 化工园区（工业污水）	1 800 万元
1.4	PX 高新技术产业园（工业污水）	937.5 万元
2	污水处理收费标准	
2.1	生活污水	1 元/t
2.2	工业污水	3.5 元/t

（2）成本测算。

2014 年及二期项目建成后污水处理主要成本明细（不含维护费、污泥处置费用、人员工资、利息费用等）如表 13-6 所示。

表 13-6　成本测算

序号	名称	2014 年	达产后（原材料价格有所降低）
1	动力费	408 万元	1 017 万元
2	水处理剂	1 361 万元	1 858.5 万元
3	高分子絮凝剂	130 万元	189 万元
4	污水脱色剂	162 万元	236 万元
5	折旧及摊销费用	340 万元	1 040.5 万元
合计		2 401 万元	4 341 万元

（3）利润分配表。

如表 13-7 所示为利润分配表。

表 13-7　利润分配

<table>
<tr><td>序号</td><td>项目</td><td>合计</td><td>建设期</td><td colspan="6"></td></tr>
<tr><td></td><td></td><td></td><td>1</td><td>2</td><td>3</td><td>4</td><td>5</td><td>6</td><td>7</td></tr>
<tr><td rowspan="2"></td><td rowspan="2">生产负荷</td><td colspan="2">工业污水</td><td>5 万 t</td><td>5 万 t</td><td>5 万 t</td><td>5 万 t</td><td>5 万 t</td><td>5 万 t</td></tr>
<tr><td colspan="2">居民生活污水</td><td>1 万 t</td><td>1 万 t</td><td>1 万 t</td><td>1 万 t</td><td>1 万 t</td><td>1 万 t</td></tr>
<tr><td>一</td><td>污水处理收入</td><td>41 025</td><td>0</td><td>6 837.5</td><td>6 837.5</td><td>6 837.5</td><td>6 837.5</td><td>6 837.5</td><td>6 837.5</td></tr>
<tr><td>二</td><td>销售税金及附加</td><td>0.00</td><td></td><td>0</td><td>0</td><td>0</td><td>0</td><td>0</td><td>0</td></tr>
</table>

（续）

序号	项目	合计	建设期						
			1	2	3	4	5	6	7
	生产负荷	工业污水		5万t	5万t	5万t	5万t	5万t	5万t
		居民生活污水		1万t	1万t	1万t	1万t	1万t	1万t
三	总处理成本费用	35 715		6 447.5	6 267.5	6 080	5 870	5 600	5 450
四	利润总额	5 309.96	0	390	570	757.5	967.5	1 237.5	1 387.5
五	弥补以前年度亏损额	0		0	0	0	0	0	0
六	应纳所得税额	5 309.96		390	570	757.5	967.5	1 237.5	1 387.5
七	所得税25%	1327.48		97.5	142.5	189.37	241.87	309.37	346.87
八	税后利润：（六~七）	3 982.48		292.5	427.5	568.12	725.62	928.12	1 040.62
九	可供分配利润	3 982.48		292.5	427.5	568.12	725.62	928.12	1 040.62
十	提取法定盈余公积金			0	0	0	0	0	0
十一	未分配利润	3 982.48		292.5	427.5	568.12	725.62	928.12	1 040.62
十二	累积未分配利润			292.5	720	1 288.12	2 013.74	2 941.86	3 982.48

（4）项目财务效益测算。

本项目建设期1.5年，按收费标准3.5元/t测算，得出在投产经营期间，借款期6年内税后利润总额为5 340万元，年平均利润总额为885万元。

4. 还本付息计划

本项目银行贷款期限为7年（含建设期），项目借款按季付息，宽限期1年，实际偿还期限为6年；前两年各还本3 000万元，后4年各还本3 500万元。如表13-8所示为借款还本付息计划表。

表13-8　借款还本付息计划表

序号	项目	合计	建设期	投产期					
			1	2	3	4	5	6	7
一	借款及还本付息								
1	年初借款余额		20 000	20 000	17 000	14 000	10 500	7 000	3 500
2	本年借款	20 000	20 000						
3	本年应计利息			1 155	975	787.5	577.5	367.5	157.5
4	本年还本	20 000	0	3 000	3 000	3 500	3 500	3 500	3 500
二	偿还本金资金来源	11 815.5		2 188	2 443	2 396.12	2 343.62	2 336.12	2 238.62

（续）

序号	项目	合计	建设期	投产期					
			1	2	3	4	5	6	7
1	可用于还款的税后利润（付息前）	5 872.5		1 447.5	1 402.5	1 355.62	1 303.12	1 295.62	1 198.12
2	可用于还款的折旧与摊销费	6 243		1 040.5	1 040.5	1 040.5	1 040.5	1 040.5	1 040.5

在投产经营期间，借款期6年内税后利润总额为5 309.96万元，同时，区财政承诺每季度补贴第一污水处理厂600万元优先用来偿还银行贷款本息；每年可用来还款的资金为当年可用于还款的税后利润+可用于还款的折旧与摊销费+政府补贴，均高于当年还本付息总额，可以偿还银行贷款本息。

（五）当前建设情况

申请人自有资金陆续投入，工程建设进展顺利，管网已在铺设中。

（六）担保情况

本项目由区最大的政府平台公司担保，并按季提供财政补贴600万元。

二、风险评估

（一）申请人及行业优势分析

（1）本项目所在区域经济比较发达，从污水处理厂往年收入来看，财政部门基本可以及时返还污水处理费；扩建项目规模为3万m^3/日，属于银行可以支持的对象。

（2）本项目得到了当地政府的全力支持，已承诺每季度均有财政补贴；项目自有资金占比较高；项目合规性批复基本取得，手续合规。

（3）所在地域工业厂家较多，且将有新企业入驻、新园区在建；上一期项目运作良好，从近年收入分析，当前处理量已较为饱满，确有比较强的新增污水处理需求。

（4）申请人自有资金已陆续投入，污水管网铺设在进行中，可以做到管网配套建设和项目同步。

（5）从建设内容来看，本项目采用A2/O处理技术，排放达到一级A，工艺比较先进，污水处理厂自身造价（去除管网建设等）可以接受。

（二）行业风险分析

（1）本项目总体收益不高，从成本利润情况分析，必须依赖财政补贴才能按期偿还全部贷款，今后本地区财政可用财力情况将对项目能否如约还贷有直接影响。

（2）由于原材料降价、园区招商引资等因素，污水处理费从2015年开始下调，会影响本项目的盈利能力。

（3）在利润测算上，可研报告按建成后即达产的模式预测，过于乐观。本项目在贷款期内的盈利未达可研报告中预计的总利润是大概率事件。

三、评审结论

本项目内容为一个中型污水处理厂的扩建，当前确实存在有关需求；地方政府财政实力较强，以往应返还的排污费均可以及时到位；管网同步铺设，技术上采用成熟工艺，总体上可行。但财政资金的支持对本项目能否及时还贷有重要影响，须加以关注落实。

第十四章　土地储备行业研究和土地整理项目评审案例

关键词：拆迁、规划、历史成交价格

第一部分　行业分析

一、综述

土地属于稀缺资源，与人类日益增长的需求之间存在矛盾关系，因此土地制度在全球大部分国家都是关乎社会稳定的重要因素。我国把土地资源视为基础产业，由国土资源部统一管理。随着城镇化的逐步发展，土地整理储备成为重中之重。

土地储备一词，最早源于德国，随后被法国、俄国等其他国家使用，1996 年在我国上海以地方政府创新性制度引进，作为城市土地改革的创新点。土地储备在社会不同的发展阶段主要内容有所不同，我国所说的土地储备制度是指：政府根据社会、经济环境等可持续发展的长远目标，依照法律程序，运用市场机制，按照土地利用整体规划和城市发展战略，通过招标拍卖回购、收购、置换征用等方式从分散的土地使用者手中把土地集中收集起来，经过前期开发以满足市场供应和土地规划建设用地需求的一种经济管理制度。

根据《国务院办公厅关于规范国有土地使用权出让收支管理的通知》(国办法［2006］100 号)、《财政部、国土资源部关于印发 < 土地储备资

金财务管理办法 > 的通知》（财综［2007］17 号）等办法规定**土地出让收支全额纳入预算，实行“收支两条线”管理。**

土地储备贷款是指银行向土地整理储备机构发放的用于土地收购和开发的周转性贷款。其主要用途是用于支付一级开发总成本。一级开发总成本主要包括征地拆迁土地、前期工程费、配套设施建设费、建安费、开发期间费和市政基础设施建设费。还款来源为土地出让收益。土地储备贷款的贷款人往往是各地土地储备中心。土地储备中心隶属于国土资源局，属于事业单位。

由于土地一级开发贷款总体而言和土地储备贷款类似（资金用途主要是支付拆迁费用，还款来源为土地出让收益），本章内容同样适用于土地一级开发项目。

二、土地储备的运行机制

我国土地储备运行机制与国外大同小异，**总的来说基本都分为土地收购、土地开发整理、土地储备与土地供应 4 个环节。**

1. 土地收购

土地收购是政府根据城市土地利用总体规划、土地年度利用计划、城市规划等要素，结合市场产业结构调整和产业结构升级目标，对城市市区范围内纳入收购储备的国有土地和拟征用的农用地进行统一购买、收回、置换和征用。按照拟收购储备土地性质划分，收购的土地主要来自两个方面：存量土地和新征储备土地。

对于存量土地，主要是通过购买、置换和收回等方式取得土地，按产权来划分，存量土地可分为没有处置权的划拨用地和有处分权的出让土地。对于划拨用地可以结合企业改制，通过给予原用地者一定的补偿，采用购买或者置换等方式取得；对于出让土地，由土地储备机构收回或者购买。对于新增储备土地，在范围上要严格按照城市规划和土地利用规划规定的范围，在数量上要严格控制在土地利用年度计划指标之内。

2. 土地开发整理

土地储备机构取得的土地一般是未进行基础设施开发的生地或者毛地，因此土地储备机构要根据城市规划和土地供应计划，有计划地组织土地前期开发。这也是土地储备贷款的主要资金用途。城市土地的前期开发包括基础设施的开发和公共项目的开发。基础设施的开发建设，包括地上建筑物和附着物的拆迁，使生地、毛地变成“三通一平”“五通一平”或“七通一平”后的熟地。当前，土地储备贷款的资金流向主要是支付各项

拆迁费用。实施城市土地的基础设施开发，可以增加土地储备机构的经营利润，对于城市土地储备机构而言，只要科学安排这些市场土地的前期开发，有助于土地价值升值，也是政府经营城市的一项重要内容。土储办法规定前期开发涉及道路、供水、供电、供气、排水、通信、照明、绿化、土地平整等基础设施建设的，要按照有关规定，通过公开招标方式选择工程实施单位。

3. 土地储备

土地储备机构将拟收购储备土地进行基础设施开发后，将土地纳入储备体系，土地储备机构根据需要制订土地供应计划后适时供应市场。在未将土地供应之前，由土地储备机构负责对储备土地进行管理和保护，防止他人侵占、破坏储备土地。在土地储备期间，土地储备机构要对储备土地进行经营管理，可以依法将储备的土地使用权单独或连同地上的建筑物进行出租、抵押或者临时改变用途，以防止土地闲置或者浪费。临时利用的收入按照规定上缴财政。

4. 土地供应

对于已进入土地储备库的土地，由土地储备机构根据城市发展需要和土地市场需求制订土地供应计划，有计划地供应土地。根据现行的土地管理法规，储备土地的供应方式主要有招标、拍卖、挂牌和协议等几种类型。对于开发性和经营性建设用地，应采用市场机制，以拍卖、招标等方式确立土地使用权，最大限度地实现土地资产价值。而对于拍卖或招标有一定困难的土地使用权的出让，则可采用挂牌出让的方式，即土地储备机构先评估出拟出让的土地使用权底价，并进行挂牌公示，由各申请者按时间先后顺序和申请价格逐步提高的原则进行申请，最后价格最高者即为土地使用权的受让者。土地出让收益再扣除必要的支出后，成为土地储备贷款的还贷来源。

三、行业政策

2001 年 5 月，国务院发出《关于加强国有土地资产管理的通知》（国发［2001］15 号），要求“对已经列入城市建设用地范围的村镇建设和乡镇企业用地要按城镇化要求，统一规划、开发。”“有条件的地方政府要对建设用地试行收购储备。”通知明确了土地储备制度，将征用农民的集体土地纳入储备范围，并通过积极推进经营性用地的招标、拍卖和挂牌的出让制度，显化了土地的市场价值，增加了政府的土地级差收益，提高了土地的利用效率。

鉴于土地储备制度在实际运作中有诸多需要规范和完善之处，国土资源部、财政部和中国人民银行于2007年11月19日共同出台了《土地储备管理办法》（国土资发［2007］277号），进一步对土地储备贷款的发放条件进行了规定，明确“土地储备机构向银行等金融机构申请的贷款应为担保贷款，其中抵押贷款必须具有合法的土地使用证；申请贷款的土地储备机构必须满足商业银行及其他金融机构的贷款要求。土地储备机构举借的贷款规模，应当与年度土地储备计划、土地储备资金项目预算相衔接，并报经同级财政部门批准，不得超计划、超规模贷款。土地储备机构申请贷款时，应持财政部门的贷款批准文件及同级人民政府的项目实施方案等书面材料向当地商业银行及其他金融机构申请担保贷款”，“土地储备贷款应实行专款专用、封闭管理、不得挪用”。

2012年11月，国土资源部、财政部、中国人民银行、中国银行业监督管理委员会联合发布了《关于加强土地储备与融资管理的通知》，要求土地储备机构的融资纳入地方政府性债务统一管理，执行地方政府性债务管理的统一政策。同级财政部门应会同国土资源主管部门、人民银行分支机构，根据年度土地储备计划，核定土地储备融资规模，经同级人民政府审核后，按财政管理级次逐级上报至省级财政部门。**省级财政部门依据地方政府性债务管理法律法规和政策规定核准后，向土地储备机构核发年度融资规模控制卡，明确年度可融资规模并同时反映已发生的融资额度。**土地储备机构向银行业金融机构贷款，贷款期限最长不超过五年。

四、土地整理（储备）项目主要风险

1. 市场风险

从2008年金融危机以来，国家对房地产行业调控始终没有停止过，为了刺激消费抑或平抑房价，正反两方面的手段无所不用极，造成房地产市场的巨幅波动。再加受人口红利和城镇化率这两个最重要的外部因素影响，中国房地产行业的黄金时代已经终结。房地产交易市场景气度不高的背景直接影响了土地需求以及土地价格，近年来土地流标流拍及“退地”现象在一线城市也屡有出现。**而土地储备贷款以项目土地拍卖收入为还款来源，如果项目土地不能按计划成交，则会出现不能到期偿还或不能到期足额偿还土地储备贷款的风险。**

另外，土地储备贷款是土地收购储备成本的一部分。按照相关规定，项目土地拍卖价款要先从中扣除需缴纳的土地使用权出让金后，再按照规定程序返还土地储备机构收购储备成本。如果土地拍卖价格较低，可能存在拍卖价款中缴纳土地使用权出让金后的余额不足以偿还银行贷款的情形，并且这种风险在目前土地市场不景气的情况下尤为突出。

2. 区域风险

房地产市场存在较大的区域性差别，同时土地储备机构的性质、运作模式等，也决定了土地储备贷款风险受区域金融生态环境的影响。

首先地方政策形成的区域金融生态环境，决定着政府信用风险高低。地区区域金融生态环境较差、政府存在信用风险，则可能会出现政府逃废银行债务、新官不理旧账、指令收购土地、干预银行处置抵押权、不按照土地储备相关规定执行等情况，会直接给金融机构的土地储备贷款带来风险。其次，由于土地储备涉及的内容非常广泛，不仅包括土地、房地产方面的问题，还涉及城市规划、行政管理、信息管理等方方面面，任何一个方面不完善都会影响土地储备工作。如有的地方政府缺乏详细的分区规划，有的中途修改规划，有的没有有效、公开的土地收储计划和供应计划来引导市场等。另外，土地储备涉及的政府职能部门，如不能有效地协调、沟通也将影响具体工作的实施，导致成本增加、时间延误。

3. 社会和谐稳定方面的风险

拆迁是土地储备工作中的重点。随着经济的发展，旧城改造、企业搬迁、居民拆迁等一直是引发社会问题、影响社会安定的因素。这些因素通常与土地储备工作能否顺利进行息息相关。在土地储备、土地整理项目中，不能忽视其在收购土地中影响社会安定的风险因素。

首先是搬迁补偿问题，虽然政府在拆迁土地补偿标准、形式等方面已经做出了明确规定，但是在实施拆迁补偿的过程，为求自身收益的最大化，拆迁户和政府之间往往存在各种博弈。二是房价的不断上涨使得公众对土地储备工作充满质疑。近年来各地房价普遍增长幅度较大，不少人觉得，房屋价格高速增长的重要原因是由于政府对土地供应的垄断，抬高了土地单价。其实土地价格的增长受其他许多因素的制约，其中拆迁补偿费用支出的大幅增加等就是其中的重要原因。而房屋价格的增长是由于地价、房屋质量、观念、利率、建筑成本、社会需求等诸多方面因素所共同影响的。拆迁工作中的各种矛盾常成为社会不稳定因素，拖长项目完工时间。

4. 经营风险

事实上，各土地储备中心并非具备独立决策能力的企业。

首先，从性质上看，土地储备机构既是政府土地管理部门下设的部门，又是一个事业编制单位，法人代表往往由政府行政官员兼任。在这样的情形下，土地储备机构的决策不会仅仅从自身经营考虑，土地储备机构在收购范围的选择、收购时间和价格的确定、土地出让的时间方面都没有完全的自主权，必须经土地管理部门或土地储备管理委员会批准审核后方可实施，存在政府干预的风险。如有的政府指令收购的土地收购成本较高、土地拍卖收入不足以弥补成本；有的政府要求土地储备机构收购不具备开发条件的土地。

其次，从财务管理体制上看，土地储备机构并没有独立的财务支配权。目前土地储备机构基本实行财务收支两条线管理，土地储备机构利用政府的拨入、银行贷款等方式取得的资金对土地进行收购、整理、出让，但出让所得收入必须直接上缴财政专户，经土地管理部门批准后，财政部门根据所审核的土地储备机构的项目成本报表，核拨相关成本费用给土地储备机构。依据上述模式，就造成了土地储备机构对借款资金投入后所取得的收入没有支配权。因此如土地拍卖收入实现后，财政不及时将土地储备成本返还土地储备中心，土地储备中心就不能凭借土地出让收入按期归还银行到期贷款。

5. 资金风险

在实际操作环节，各地方政府往往通过土地储备机构来经营土地，以获得城区建设和发展所需的资金。所以土地储备担负着为各级地方政府提供城市建设与发展资金的重任，因此难免会存在资金风险。

在具体项目上，由于拆迁成本的增加，导致土地储备的成本在不断增长。首先，为保持社会和谐稳定并向上涨的房价看齐，各地的拆迁补偿标准水涨船高；第二，“钉子户”频出常使拆迁时间大幅延长，需要注入的资金随之增加，现在不少地区拆迁的难度颇大。另外，其他难以预见的费用支出也呈现上涨态势。储备土地成本的增长，在很大程度上降低了预期效益。

而土地储备中心担负的政府职能和工作决定了政府对经济效益的要求须服从城市的统筹发展。为了满足总体战略发展的要求，往往要对一些经济效益不好的土地政府也进行土地储备，如果在储备库里的储备用地不能顺利出让，导致土地的积压，会给土地储备部门的管理财务带来很大的资金压力。

目前土地储备机构基本上采取资本金由财政拨款注入、运作资金通过银行贷款的方式。由于财政紧张、拨款意愿不强、土地储备项目投入巨大等因素，土地储备机构主要依靠负债经营，银行贷款往往占土地储备机构资金来源的大部，导致绝大部分风险由银行承担。虽然大部分地方规定土地储备机构可以从土地出让收入或土地出让收益中提取一定比例的资金作为自有资金的补充用于自我发展，但该部分资金有一个逐渐积累的过程，并且在实际工作中出现自有资金的补充速度远远赶不上土地储备机构资金需求扩大速度的情况。另外，在土地市场不景气的情况下，政府为加强对土地市场的宏观调控，仅将少量的土地推出市场，政府获得的土地出让收入有限，对土地储备机构自由资金的补充更是杯水车薪。因此土地储备机构的自身实力仍然有限，风险抵御能力依旧不足，相当多的风险还由银行承担。

五、行业评审技术指引

(1) 手续要齐备。**因为土地储备中的拆迁工作可能引发较多的社会问题，所以土地储备项目的运作一定要做到合法合规。**一般在发放贷款前必须取得的要件批文包括但不限于：①立项文件，一般是地区发展和改革委员会签发的项目备案通知书或是对项目可行性研究报告的批复；②建设用地规划文件，如规划部门出具的建设项目选址意见书、建设项目规划设计要点、建设用地规划许可证；③收储计划，拟开发土地应列入当地的土地储备计划；④拆迁许可文件，一般是拆迁方案批准通知书和拆迁公告；⑤在土地招拍挂之前，必须取得环境预审报告；⑥拟开发土地应列入土地部门出具的当年的土地上市目录（以地级市为例，国土部门一般会在年初根据各区上报的上市需求，整理出一年的土地上市目录，但每个季度会根据土地实际整理进度对目录进行调整，所以该目录只有一定的参考价值）。

此外，应要求土地储备贷款的借款人出示融资规模卡，测算总贷款规模是否在核定的年度可融资规模内。

(2) 关注区域整体经济环境，对项目所在区域的整体整体规划和房地产价格走势，要做到心中有数。由于土储贷款的还款来源就是土地出让收入，因此项目区域房地产市场的景气度对项目风险有重要影响。房地产市场越火爆，土地市场也会越活跃，土地储备工作才会高效运转，否则土地储备工作就空有虚表。所以商业银行在发放贷款前，要对项目所在地房地产市场进行调研。**当地房地产的限购政策、近期周边的房地产价格波动情况、新房和二手房的成交量等都是关注重点。**

由于土地储备项目和城市整体经营密切相关，因此，项目所在地性质是否契合周边整体规划决定了其未来能否顺利出让。如果拟开发用地是居民用地，那么要重点关注：①附近楼盘的销售情况；②交通的便利度；③周边的学区情况；④医疗配套情况。如果是商业用地，要重点关

注：①本地域的人口密集度；②本地域是静态消费区（在具体的一定的时间段里，才会有一定消费客群和较大消费量产生的消费区域）还是动态消费区（在规定的营业时间里，不分固定时间段，都会有大量的流动消费客群和消费量的消费区域）；③附近居民的购买力等因素；**调研拟出让土地规划是否合理，以判断开发商未来是否有兴趣拿地，能否及时按计划收回贷款。**

（3）审慎评估拆迁进度表。要关注拆迁项目所在地民情，以及当地政府的拆迁力度和工作手段。同时根据拆迁成本，估算借款方申报的贷款额度是否合理。一般而言，拆迁居民区的难度较之厂矿企业小，财政实力较强的地区由于补贴措施到位，拆迁工作往往比较顺利。**对银行而言，特别要考察拆迁工作的总体签约率。**如果拆迁工作久拖不决，特别是“钉子户”常会带来示范效应和舆情风险，会导致整个项目建设进度拖后，影响银行贷款的及时归还。

一个具体评估方法是在贷款评审前实地调研拆迁情况，看拆迁是否已经开始（因土储贷款配套的自有资金一般已先期投入到拆迁工作中），进展是否顺利，有无“钉子户”出现。调阅居民委员会公布的居民动迁意向表，看有多少居民户已经签约、领取了安置房房票等。**一般认为，与85%以上该地域原有业主签订了拆迁补偿安置协议、且已签订拆迁补偿安置协议的建筑面积达到总拆迁建筑面积的85%以上时，商业银行介入土储项目是相对安全的。**

（4）**关注项目周边同类型土地的历史成交价格。**这是测算土储项目风险高低的重要手段。通过历史成交价格测算项目总体收益，在扣除刚性计提后与项目建设成本对比，并进行压力测试，简单估算土储项目利润率。**一般地，对土地整理项目，住宅性质用地利润评估大于15%，商业用地大于20%的可积极介入。**

（5）对资金回笼管理要有严格要求。在土地储备贷款管理上为预防或降低风险，不仅要加强资金使用的监管，而且要积极关注项目进展情况，加强土地出让收入回笼后的监管，必要时要直接介入土地储备机构或土地管理部门向市场供地这一环节。在储备贷款支持地块出让后，严格监控出让金收取进度及流向，要明确约定财政返还土地储备机构的出让收入必须优先偿还银行贷款，特别是对土管及财政出让金收入专户未在贷款行开设的，必须要求储备机构及时向财政部门申请返还开发成本并回笼到银行账户，尽可能做到出让一宗，回收一笔，确保贷款的有效回收。

第二部分 案例分析

一、授信申报情况

授信申报日：2014 年 6 月

申请人：BK 城市开发有限公司

申请事由：XP 片区土地整理项目

授信申请方案：项目贷款 35 000 万元，期限 5 年，第 3 年还本 12 000 万元，第 4 年还本 12 000 万元，到期结清。

（一）申请人基本情况

BK 城市开发有限公司于 2013 年成立，位于长三角地区 LS 市（县级市），公司实收资本 28 000 万元，股东为 LS 市国有资产经营有限公司，占股 100%。实际控制人为 LS 市人民政府。

申请人主营业务为：受市政府委托开展国有土地资产投资开发，土地前期开发和整理，国有资产经营，农民宅基地的置换、整理、开发、转让及农业规划区内其他建设用地的收购和转让，新型城镇化项目投资、开发、建设和运营，新农村建设、开发和运营。

申请人有一家子公司——BK 保障房开发有限公司。该企业成立于 2013 年，申请人全额控股，注册资本为 3 000 万元。该企业截至 2013 年 12 月暂无负债和销售，也没有在建项目和银行借款。

（二）申请人在建项目

目前申请人主要实施的项目有：

（1）LS 市 TE 镇万顷良田建设工程项目。项目总投资为 8.5 亿元，已向金融机构融资 5.8 亿元，至 2019 年还清。

（2）LS 市 MP 片区土地整理项目。项目总投资约 3.2 亿元，已向金融机构融资 2.5 亿元。分期还款，至 2016 年还清。

（三）申请人财务情况及科目明细解释

2013 年及近期财务数据简表如表 14-1 所示。

表 14-1　2013 年及近期财务数据简表　（单位：万元）

序号	项　　目	2013 年	2014 年 5 月
1	总资产	140 072	255 748
1.1	流动资产	60 126	132 882

（续）

序号	项　　目	2013 年	2014 年 5 月
	其中：货币资金	26 035	38 680
	应收账款	-	-
	预付账款	-	-
	其他应收款	790	523
	存货	33 300	93 679
1.2	长期股权投资	3 000	3 000
1.3	固定资产净值	1 130	1 131
1.4	在建工程	75 457	118 709
1.5	长期待摊费用	359	26
1.6	其他非流动资产	-	-
2	负债总额	83 300	99 300
2.1	流动负债	43 300	16 300
	其中：短期借款	-	-
	应付票据	5 000	16 000
	应付账款	-	-
	预收账款	-	-
	其他应付款	38 300	300
2.2	非流动负债	40 000	83 000
	其中：长期借款	40 000	83 000
	应付债券	-	-
3	所有者权益	56 772	156 448
	其中：实收资本	28 000	28 000
	资本公积	25 730	25 730
	盈余公积	304	304
	未分配利润	2 737	102 413
4	营业收入	-	-
	营业成本	-	-
	营业税金及附加	-	-
	销售费用	-	-
	管理费用	178	246
	财务费用	57	78
5	营业利润	-232	-324

（续）

序号	项　目	2013 年	2014 年 5 月
6	营业外收入	3 274	1
7	补贴收入	0	100 000
8	利润总额	3 041	99 676
	所得税费用	–	–
9	净利润	3 041	99 676
10	经营活动现金流入量	3 272	–
11	经营活动现金净流量	–30 192	–
12	投资活动现金净流量	–74 956	–
13	筹资活动现金净流量	131 183	–
14	现金净流量	26 035	–

1. 资产负债重点项目分析

（1）货币资金：2013 年及近期申请人的货币资金分别为 2.7 亿元、3.9 亿元。期末，货币资金主要为银行存款 2.3 亿元，另有其他货币资金 1.6 亿元，为在其他银行开立银票的保证金。

（2）其他应收款：申请人近期其他应收款项变大不大。主要为关联企业的拆借资金。

（3）存货：申请人名下存货主要是未开发或正在开发中的土地，部分土地已抵押给其他金融机构进行项目贷款融资。

（4）长期股权投资：2013 年末和 2014 年 5 月申请人长期股权投资 3 000 万元。为下属子公司 BK 保障房开发有限公司。

（5）固定资产：主要包括房屋建筑物、运输设备、电子设备、办公家具等，目前在正常使用。

（6）在建工程：申请人在建工程主要为企业所实施工程项目量及进度。如表 14–2 所示为 2013 年末主要在建工程明细表，表 14–3 所示为 2014 年 5 月末主要在建工程明细表。

表 14–2　2013 年末主要在建工程明细表　（单位：万元）

名　称	余额（万元）	已完成投资比例	工程进度	预计完工时间
TE 镇万顷良田工程	68 002	77%	77%	2015 年 6 月
MP 片区土地整理工程	7 000	35%	40%	2014 年末

表 14-3　2014 年 5 月末主要在建工程明细表（单位：万元）

名　　称	余额（万元）	已完成投资比例	工程进度	预计完工时间
万顷良田工程	80 000	100%	98%	2015 年 6 月
MP 片区土地整理工程	30 000	100%	95%	2014 年末
XP 片区城镇化工程	6 999	14%	15%	2015 年 12 月

（7）其他应付账款：申请人 2013 年末其他应付账款余额较大，为市政府下属融资平台公司给申请人的借款和项目预付资金，至 2014 年 5 月已基本还清，2014 年 5 月，申请人其他应付款项为预收土地保证金。

（8）实收资本：申请人 2013 年末和 2014 年 5 月实收资本余额相同，资本公积为 2013 年市财政追加投资，在 2013 年年末做财务审计时，会计师事务所已要求后续放入实收资本科目。

（9）未分配利润：该科目是主要是市财政补贴款，用于后续购买土地和项目建设资本金等。

2. 收入和现金流量分析

当前申请人没有项目完成结算，也未形成销售收入。

（四）项目基本情况

1. 项目由来

根据《LS 市国民经济和社会发展第十二个五年规划纲要》要求，2015 年 LS 市城镇化率要达到 65% 以上。随着 LS 城城镇化进程的加速，LS 市 XP 片区已被划为城市规划区，目前该片区内存有大片房屋密度大、建筑低矮破旧、房屋质量差、环境脏乱差、治安和消防隐患大、基础设施配套不齐全的区域，居住着较贫困的居民，已成为“城中村”。为提升城市品质，LS 市制订了 XP 片区城镇化规划。本项目的实施对推动 LS 市城镇化建设、提高 LS 市居民的生活水平和环境质量都有着重要意义。

2009 年，省人民政府出具了《关于批准 LS 市 2009 年度第 2 批次城镇建设用地的通知》；LS 市农用地专用方案、补充耕地方案及征收土地方案等获得批准（批复中包括 LS 村农用地转城镇建设用地）。

2. 项目所在地

申请人向银行申请项目授信，用于土地开发和整理。土地位置位于 LS 市老城区，交通位置优越，附近有高端酒店、本市最好的小学及本市最大的民营医院。

3. 项目规模

项目区占地面积为 230.6 亩，拆迁涉及总户数 286 户，居民总人口约

800人。项目区建设内容包括片区的拆迁、土地平整，其中拆迁建筑面积为65 454 m^2。土地平整上市后新增建设用地约168.52亩。

4. 项目实施内容

XP片区改造范围内的居民全部搬迁；原有的建筑物拆除，地块范围内各种地上、地下管线需在地块周边保留性切断，将地块范围内各种管线均全部拆除，待下一步地块内建设项目时重新引入，统一布置；建筑垃圾的清运等；农用土地的征收；进行场地平整，达到场清地平，场地封闭。

5. 工程方案

XP片区城镇化建设改造范围内地面附着物建筑总面积为65 454 m^2。项目施工会将地面所有建筑全部清除，并对地下管线、障碍物等全部清理，并将地块内所有建筑垃圾全部清运。对该片区内所有农用土地进行征收。对城镇化改造片区地块内进行场地平整，对平整后的整个地块进行洒水湿润处理，使地块表面无浮土。

6. 拆迁安置方案

XP片区城镇化改造整治项目采用节约集约用地、集中安置原则。原则上“拆一还一，集中安置”，由拆迁人为被拆迁人提供某小区商品房作为安置房房源，以均价5 500元/m^2进行安置。房屋拆迁根据被拆迁房屋重置成新价、装饰装潢、附着物补偿、各种相关补助补贴和奖励费给予补偿。若被拆迁人提出自行解决住房的，需书面申请并做出书面承诺，经所在村、镇建房办和国土所审核，报镇政府审批后，按均价5 500元/m^2进行补偿。

7. 项目建设期限及计划完工时间

本项目建设期为两年，于2014年1月开始筹建；现已完成项目区的拆迁前期调查，2014年5月开始项目区的评估、拆迁工作。2014年8月前将全部完成拆迁；土地平整预计在2014年9月开始，计划于2015年12月全部完成。

根据前期入户调查，目前该项目已有286户业主与征收办签订了拆迁调查表，全部同意拆迁，占比100%；且签署的拆迁调查表中愿意拆迁的建筑面积已达65 454 m^2，占总拆迁建筑面积的100%。

8. 目前项目建设进度及资金投入情况

目前该项目立项报批手续已基本完成。本项目总投资约为52 083万元。本项目资金来源：向本行申请银行贷款35 000万元，其余自筹。该项目资本金部分已缴存LS市房屋征收管理部门，目前已投入资金7 000万元，剩余自筹资金已到账，已在货币资金科目中反映，优先使用企业自筹资金。目前正在落实相关贷款资金，待资金全部到位后即可做出征收决定，进行拆迁征收。

9. 项目合规性批复

（1）2013 年 12 月，获得市政府出具的本项目的专题会议纪要。

（2）2013 年 12 月，市发展改革和经济信息化委员会出具了本项目建议书的批复，明确申请人为项目实施主体，总投资 5.2 亿元，项目收入在扣除部分刚性计提后将返还申请人。

（3）2014 年 1 月，市规划局出具了《建设用地规划许可证》，明确用地性质为商住用地，用地面积为 230.6 亩，1.0≤容积率≤3.0，30%≤绿化率≤45%，10%≤建筑密度≤28%，日照间距系数≥1.38，高层按日照分析大寒日 >3 小时。

（4）2014 年 1 月 20 日，《LS 市 BK 片区城镇化建设改造项目区拆迁补偿安置实施方案》获批。

（5）2014 年 2 月，市环境保护局文件出具了环境影响报告，同意项目实施。

（6）2014 年 2 月，市发展改革和经济信息化委员会出具了项目可行性研究报告的批复，同意项目实施。

（7）2014 年 3 月，市住房和城乡建设局出具了本项目公告和拆迁方案。

（8）2014 年 3 月，市土地储备中心出具了有关本项目用地列入 2014 年土地收储计划的说明。

（9）2014 年 3 月，市国土资源局出具了本项目区内的土地分批挂牌上市的计划和说明。具体分年度土地上市情况表为：2016 年计划出让 70 亩、2017 年计划出让 70 亩、2018 年计划出让完毕。

（五）项目投融资概算

1. 总投资概算

该项目概算总投资 52 083 万元，其中建设投资 47 859 万元，建设期利息 4 224 万元。

总投资由拆迁补偿费、工程费用、预备费、利息估算四部分组成。

房屋拆迁补偿：BK 片区城镇化建设改造项目总占地面积 230.6 亩，涉及 286 户，其中住宅 286 户。拆除房屋总建筑面积 65 454 m^2。住宅补偿标准为 5 500 元/m^2，房屋补偿费用合计 36 000 万元。

其他费用：包括搬迁补助费、临时安置费、拆迁移位补助、误工补助、物业补助、奖励、产权产籍确认费、评估费、公证费、土地检测费，其他费用合计为 8 365 万元。

综上，项目拆迁补偿费合计为 44 365 万元。

工程费用：本项目合计平整场地 230.6 亩，工程费用估算为 785 万元。

预备费：项目基本预备费为项目拆迁补偿费用及配套建设工程费用之和的 6% 计列，计 2 709 万元。

利息估算：项目拟向银行申请贷款 35 000 万元，贷款利率按 7.68% 计算，项目建设期为两年，建设期利息合计 4 224 万元，运营期为 3 年，第三年归还 12 000 万元，第四年归还 12 000 万元，第五年还清剩余 11 000 万元，运营期借款利息合计为 4 627 万元。

2. 项目筹资计划

经评估估算，本项目估算投资总额为 52 083 万元，企业自筹金额占比 33%，银行贷款占比 67%。

（六）项目市场前景

LS 市经济发达，多年以来一直入选全国百强县。根据统计资料，2013 年全市财政总收入 140 亿元，地方财政一般预算收入 60 亿元，城镇居民人均可支配收入 3.3 万元。

根据全市城市总体发展规划，到 2020 年，市人口将达到 90.5 万人，城市化水平达到 68%，按全省目前城市人均住房面积计算，到 2020 年，全市住宅总需求为 2 211.8 万 m^2，项目还款期内住宅需求约为 200 万 m^2，如果平均容积率按 1.5 测算，此期间需要住宅用地约 2 000 亩。

2011 年，全市商业用房竣工面积 56.094 万 m^2，2012 年同比增长 14%，2013 年同比增长 64%。按照上述发展趋势推测，全市未来几年商业用房施工面积每年均将超过 100 万 m^2，如果一般繁华地段商业用地容积率按 3 测算，每年对土地需求将达到 33 万 m^2（约 495 亩）。

根据以上分析，全市住宅、商业用地需求超过 4 400 亩。

（七）还款来源

根据市国土局发布的数字，2011 至 2013 年，LS 市全市商住土地出让总数为 1 400 亩、1 200 亩和 1 100 亩，均价为 200 万元/亩、250 万元/亩、300 万元/亩。

贷款偿还第一来源为项目宗地的土地出让收入，该地块规划为住宅居住开发用地，保守估计 3 年后项目地块出让单价将超过 350 万元/亩，出让地块为 230.6 亩，则出让价格为 80 710 万元。土地出让收入扣除各项规费后，根据市政府政策将返还申请人，用于归还银行贷款本息。估算项目可用于偿还借款本息的资金合计 69 203 万元。出让收入可以覆盖项目总投资。

（八）担保情况

本次申请提供了银行可接受的抵押物。

二、风险评估

（一）申请人及行业优势分析

（1）项目所在地虽为县级市，但是财政实力较好，土地交易比较活跃，近年来呈现上涨态势；房地产价格稳中有升，据现场调查，项目用地附近有恒大地产建设的楼盘，销售情况良好。

（2）总体看，申请人于 2013 年 5 月刚建立，资产构成较为简单，主要以流动资产、长期股权投资和在建工程为主。申请人受市政府委托从事环境整治区改造、城镇化改造、定销房建设等多种投资，受政府支持力度较大。

（3）从项目来看，本次土地整理属于城镇化改造范畴，建设内容为国家支持的方向。项目合规性批复基本取得，手续合规。

（4）本项目资本金需求为 1.7 亿元。项目资本金比例 33%，满足《国务院关于固定资产投资项目试行资本金制度的通知》规定的要求。根据公司 2014 年 5 月报表，公司所有者权益剔除长期股权投资、固定资产、存货、在手项目自筹资金后，公司可用于本项目资本金额度约为 2.4 亿元。

（5）从总投资分析，本项目投资主要用于支付拆迁费用，按照政府相关要求，改造地块通过招拍挂上市出让，土地出让收入封闭运作，在扣除相关规费后返还公司，还款路径明晰。

（6）从项目位置分析，项目所在地为老城区，周边环境成熟，交通便利，且医疗、教育资源充分；规划为商住用途基本合理，销售前景较好。

（7）本项目拆迁成本按均价 5 500 元/m^2测算，经现场调查，符合当地行情；且拆迁签约率达到 100%，从理论上来讲，土地整理项目风险最大的部分已经完成；还款能力估算中，项目土地销售价格按 350 万元/亩计算，高于本市历史成交均价，但补充调查显示，附近有类似土地刚以此价出让。总体而言，投融资和还款能力评估比较符合实际情况。

（8）据总体方案，本项目总投资约为 5.2 亿元，土地出让收入在扣除各项规费后，申请人可获得 6.9 亿元，能覆盖全部投资，总体盈利能力较高，如果地价有小幅下浮，出让收入覆盖贷款本息亦是大概率事件。

（二）行业风险分析

（1）观察全市近年土地成交量，虽然维持一定的规模，但呈现下降趋势。无疑中国房地产建设高峰的结束对当地房地产交易市场有不良影响，未来土地市场景气度存在不确定性。

（2）本项目所在地为县级市，地块预计成交价格较大，能否顺利出让存在一定的不确定性。

（3）虽然拆迁签约率已达100%，但考虑到拆迁工作的复杂性，拆迁成本依旧存在不确定性，在拆迁全部完成之前，都要密切关注拆迁进度，如果出现延迟应迅速了解原因，并应准备应急预案。

（4）公司有较多项目在建，信贷资金须关注资金流向，防止挪用至其他项目。

（5）银行要关注土地上市情况，同时与财政部门、土地部门签订多方协议，确保土地出让收入不外流，及时归集到申请人在银行开设的专户，优先用于归还贷款。

三、评审结论

总体而言，本项目风险可控，授信申请方案可行。

第十五章　医药制造行业风险研究和授信评审案例

关键词：创新、国际化、资源性

第一部分　行业分析

一、综述

医药产业是关系一个国家国计民生的基础性产业和最具发展潜力的战略性新兴产业，是所谓的“永远的朝阳行业”。人们对医药和医疗服务的需求是具有刚性的，尤其是在经济发展良好的社会里，随着居民收入水平的提高，人们对医药的需求只会增加。人口数量决定了医药市场的规模，中国作为世界上人口最多的国家，人口老龄化问题的日益凸显及城市化进程的加速，未来中国医药市场空间无限。

1950—1978 年，我国处于计划经济时代，实行的是极低质量的“全民医保”，转型为市场经济后，医疗机构开始走向市场化，也进入了“医疗亏损、以药养医”的时代。随着社区医疗、新农合及基础建设与医疗行业的持续投入，2009 年新医改得以正式出台，极大地促进了医疗卫生保障体系的建立。在我国老龄化及医疗改革的背景下，医药行业有巨大的刚性需求的支撑，而新医改为中国医药行业的发展营造了前所未有的良好发展环境。自 2008 年以来，医药行业成长迅速，全行业收入与利润年增幅基本都在 15% 以上。

资料显示，“十一五”和“十二五”期间，国家出资 156 亿元成立了重大新药创制科技重大专项。专项资金调动了千亿元左右的社会资金投入，大大提升了我国医药行业的创新能力和研发水平。我国近年来新药药品注册临床数目显著增大，1.1类新药临床研究数目2013年有167个，在2014年达到了225个，自主开发创新药物的能力大幅提升。与此同时，依托我国中药技术浓厚的优势，从中药中发掘创新药物，也有利于我国新药的创新。

但尽管如此，目前我国整体的医药产业中，化学药物依旧占据主导地位，其中仿制药占95%，这些都是利润率比较低的品种。在技术先进的发达国家，生物技术药物占比高，例如抗体药物、疫苗、核酸等，美国的生物技术药物占全球的58%以上，欧盟占22%。生物制药已经成为创新药物的重要来源。我国医药行业规模较大，但主要还是以非专利药生产和消费为主，而制药技术落后，没有掌握核心技术，科技含量低，行业还没有形成相应的标准，在国际市场中的竞争力较低，企业规模较小，多数产品大同小异；经过多年的扩张，低水平的供给已经超过相应市场的需求，市场供需趋于平衡，主要表现在药品总体产量自2012年起开始下降。GMP改造过后，生产能力过剩的局面更为严重；在这种情况下继续靠低水平扩张，恶性降价已难有出路。

近年来，尽管在消费端市场开放与需求扩大的拉动下，医药行业取得了高速发展，但长期以来，作为供给端的医药产业本身的发展多半时间徘徊于政府直接计划指令性管理与相对自然无序发展之间，行业运行中不时囿于计划经济指令管理的束缚，又饱受同质化低水平无序竞争的市场周期性煎熬，成为严重阻碍行业发展的掣肘，极大地压制了医药企业尤其是更容易受制于僵化体制与机制的国有企业，严重阻碍了其生产效率的提升与成长速度的提高。我国医药行业一直处于多、小、散、乱的现状，多数药企仍然挣扎在生存线上，只看中短期业绩，而不注重长远发展，导致国内低端医药制造同质化竞争非常严重。其表现一是医药制造业企业数目较大，**据不完全统计，我国医药企业在6 000家以上，其中亏损企业多年以来均超过500家/年；二是同一种药品或产品有成百上千家企业生产与经营，竞争异常激烈。**由于同质化竞争激烈，行业整体营销方式落后，价格战大面积存在，低价无序竞争让一部分企业越卖越亏，进而影响行业整体的发展。

目前在中国医药市场上，同质化低水平竞争日趋激烈，难以避免地倒逼医药生物行业寻找新的突破点并探索新的发展空间。行业增长驱动力由下游需求拉动回归到供给端，供给端的转型升级与创新再造，将成为行业发展的必然选择与重生机遇，从而成为再塑行业发展新阶段的合乎逻辑的新常态。

注：我国对新药的分类

（1）一类：未在国内外上市销售的药品。

① 通过合成或者半合成的方法制得的原料药及其制剂。

② 从天然物质中提取或者通过发酵提取的新的有效单体及其制剂。

③ 用拆分或者合成等方法制得的已知药物中的光学异构体及其制剂。

④ 由已上市销售的多组份药物制备为较少组份的药物。

⑤ 新的复方制剂。

⑥ 已在国内上市销售的制剂增加国内外均未批准的新适应症。

（2）二类：改变给药途径且尚未在国内外上市销售的制剂。

（3）三类：已在国外上市销售但尚未在国内上市销售的药品。

① 已在国外上市销售的制剂及其原料药，和/或改变该制剂的剂型，但不改变给药途径的制剂。

② 已在国外上市销售的复方制剂，和/或改变该制剂的剂型，但不改变给药途径的制剂。

③ 改变给药途径并已在国外上市销售的制剂。

④ 国内上市销售的制剂增加已在国外批准的新适应症。

（4）四类：改变已上市销售盐类药物的酸根、碱基（或者金属元素），但不改变其药理作用的原料药及其制剂。

（5）五类：改变国内已上市销售药品的剂型，但不改变给药途径的制剂。

（6）六类：已有国家药品标准的原料药或者制剂。

二、产业链分析和行业特征

医药行业主要由医药生产、医药商业和医疗服务 3 个环节组成。**医药生产环节包括化学制药、生物制药和中药三大类药品生产企业。**药品通过医药商业企业进行销售，主要包括两大销售渠道，一是零售渠道，二是医院渠道，其中医院渠道占医药销售比例 3/4 以上。

目前中国的医药行业受制于扭曲的产业链结构，医院处于双向垄断的地位。医院作为卖方时，患者完全处于弱势群体的地位，他们根据医生所开处方购买相应药物，患者没有讨价还价的余地；而医院作为买方时，上游的医药生产企业和医药商业企业处于充分竞争的市场，不具有垄断优势，而 80% 的药品通过医院渠道进行销售，具有极强的议价能力。如图 15-2 所示。

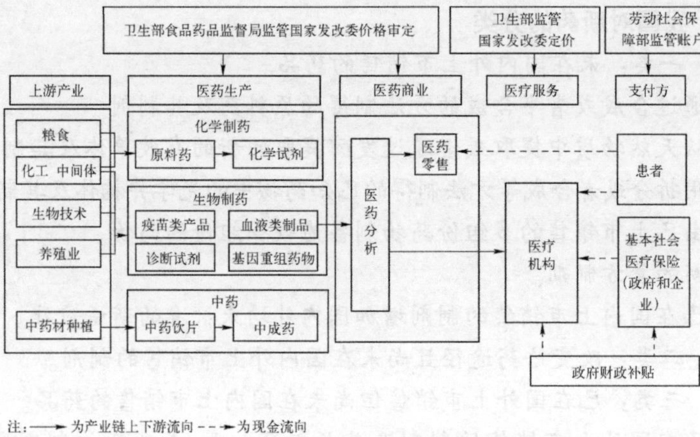

图 15-1 医药行业产业链

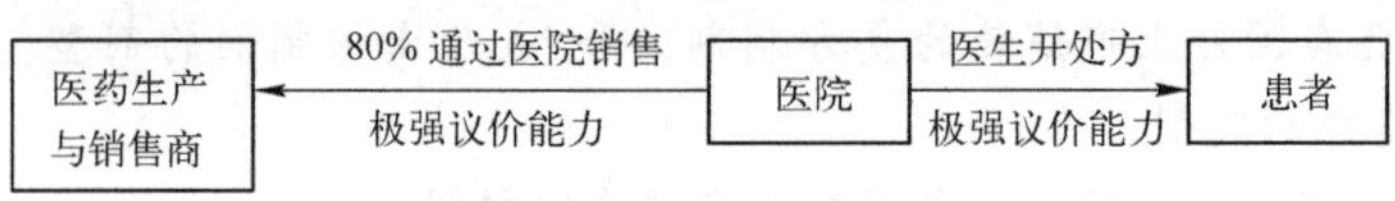

图 15-2 医院双向垄断分析

总体而言，**医药产业是一个高投入、高风险、高技术、高回报、相对垄断的产业。**所谓高投入，是因为医药产品的早期研发需要巨额资金的投入，尤其是**新药的研发，在国际上关于新药研发有“三个 10”的说法，平均每种新药研发时间超过 10 年，研发投入超过 10 亿美元，而研发成功率却只有不到 10%**。国际上著名的制药企业每年都投入大量的资金在新药研发上，R&D 投入（研发投入）在销售额中所占的比例均超过了 10%。2012 年我国规模以上工业企业的 R&D 经费投入强度为 0.77%，而医药制造业达到了 1.63%。医药行业风险较高，主要体现在新药的研发风险及上市以后的各种风险方面。新药的专利是具有时效性，这种垄断是暂时的，一旦专利到期，就会出现各种各样的仿制药，新药的竞争优势将会迅速下降。另一方面，药物由于其作用于人体的特殊性，如在上市后发现药物具有严重的副作用，将很快被市场淘汰，遭遇灭顶之灾。医药产业的高技术由于直接关系到人类的生命健康，其科技成果的转化比率较高，因此，医药行业是一个综合性的跨学科的高技术产业。药品是实行专利保护的，一种新药研发出来之后会在专利期内享有市场独占权，一旦获准上市，取得技术垄断，便会以高昂的价格出现，从而给企业带来丰厚的回报，有时候一个制药企业的拳头产品的销售额可以占整个公司销售额的将近一半。医药产业的销售利润率总体高于工业的平均水平，也高于高技术产业的其他行业。最后，医药产业是一个相对垄断的行业。**从世界范围来看，医药行业是集中程度最高的行业之一，**世界上各个国家都对药品的生产、管理、销售和进口等采取非常严格的法律加以规范和管理，没有达到资格认证的药品和企业很难进入药品市场。在我国的医药产业政策中，也对市场准入做出了相关规定，对某些医药产品的生产和经营设立了特许制度，如精神药品、麻醉药品、毒性药品、放射性药品、计划生育药品等只能由国家统一生产，并由国家特许定点依法经营，同时还对外资的进入做了限制。而医药产业的高技术、高风险、高投入的特点也是一般企业无法承受的，也加大了新企业进入的难度。相对垄断从本质上说，是指全球医药市场主要被以研究开发为基础的几大制药公司所垄断，而且这种垄断还有进一步加强的趋势，**如今，全球前25家制药企业的市场份额，已经占到了全球市场份额的60%以上。**

三、各子行业分析

我国医药生产行业包含3大板块：一是化学制药行业，包括化学原料药、化学制剂（俗称西药）子行业，二是生物医药行业，含血液制品、疫苗、诊断制剂、基因药物等；三是中药产业，含中药饮片和中成药子行业。

1. 化学制药行业

化学制药指的是利用原料药或中间体，通过化学方法合成、加工、处理并制成制剂的过程，是世界制药产业份额最大的子行业。

（1）化学原料药。

化学原料药是指用于生产各种化学制剂的原料药物，是制剂中的有效成分，由化学合成、植物提取或生物技术所制备的各种用来作为药用的粉末、结晶、浸膏等，但病人无法直接服用的物质。广义的化学原料药还包括前体化合物、中间体等制药上游产品。**目前我国是最大的原料药出口国。**

化学原料药品种主要包括抗生素类（如青霉素工业盐）、维生素类、解热镇痛类（如阿司匹林、扑热息痛）三大类。另外，还有少数激素类、杀虫类原料药，如地塞米松、阿维菌素、皂素等。

一般将化学原料药行业划分成大宗原料药和特色原料药两个子行业。

① 大宗原料药指青霉素、维生素、激素等大吨位、不涉及专利问题的传统化学原料药，主要用于普药的大批量生产。大宗原料药的特点是规模大、贸易渠道多、应用范围广；生产工艺、技术水平都雷同，因此竞争激烈，利润微薄，生产成本是企业竞争的主要手段。总的来说处于产业链上

端，技术壁垒低，具有“高耗能、高耗资源、高污染、低附加值”的特点。

② 特色原料药指为非专利药企业及时提供专利刚过期产品的化学原料药。特色原料药有一定的技术含量，进入壁垒高，所以可获得较高的利润。专利药失去专利保护后，将会有多个企业涌入原来的垄断性市场进行生产，供应这类产品的原料药具有专用性，市场容量比大宗原料药小，而且需求变化很快，需要不断地跟随研发以为仿制药企业提供低成本原料药，以配合仿制药企业在专利药专利过期的第一时间抢注产品、树立品牌和抢占市场份额。

化学原料药行业企业研发投入低，增长模式靠规模扩张实现。

化学原料药行业作为生产化学制剂的上游产业，其营销费用总体水平较低，受医院渠道潜规则影响较小，但由于渠道被医院垄断，下游化学制剂行业打通销售渠道需要大量的支出，化学制剂行业往往会通过压低化学原料药的毛利来转移压力。

化学原料药的上游产业主要为粮食、化工产品等，下游产业为化学制剂行业，大宗原料药主要用于生产通用名药物，特色原料药主要生产仿创药和专利药。中国化学制剂行业创新型企业不多，大宗原料药的需求较大。

（2）化学制剂。

化学制剂主要是指药品的活性成分是化学合成药物，按药品是否获取专利保护进行分类，可将化学制剂分为专利药和非专利药两种。

① 专利药是指生产厂商申请专利保护，从而在专利期内享受市场独占性的药物，专利药的生产和销售被制药商垄断。价格也完全由制药商决定。专利保护期一般为 17 ~20 年，从申请专利到研究开发投入市场需经历 10 年左右的时间，故一个新药实际受保护期一般不会超过 10 年。一般药物的市场存在期要比其专利保护期长得多。

② 非专利药是指药物专利持有者之外的企业因专利过期，或者是合法取得专利持有者的专利授权而生产出的药品。非专利药都是没有商品名的，只标注药品通用名，医生对非专利药开处方也只写通用名，因此也被称为“通用名药物”。一般仿制药均为非专利药。2004 年，FDA 出台法规规定，首个获准的非专利药均享有《药品价格竞争与专利期补偿法》规定的 180 日的市场独占期，这期间不批准其他同样的非专利药上市。这一规定意味着授权式非专利药同样可以率先上市，占领市场先机。

非专利药一般已经销售多年，疗效确切，加之投入少，研制周期短，风险小，受到很多厂商的青睐。如果率先上市，也能迅速夺取市场，获取高额利润。低价的非专利药上市，将对专利药带来极大的冲击，也能给消费者带来实惠。如图 15–3 所示为药品在产业链中的位置及产品附加值。

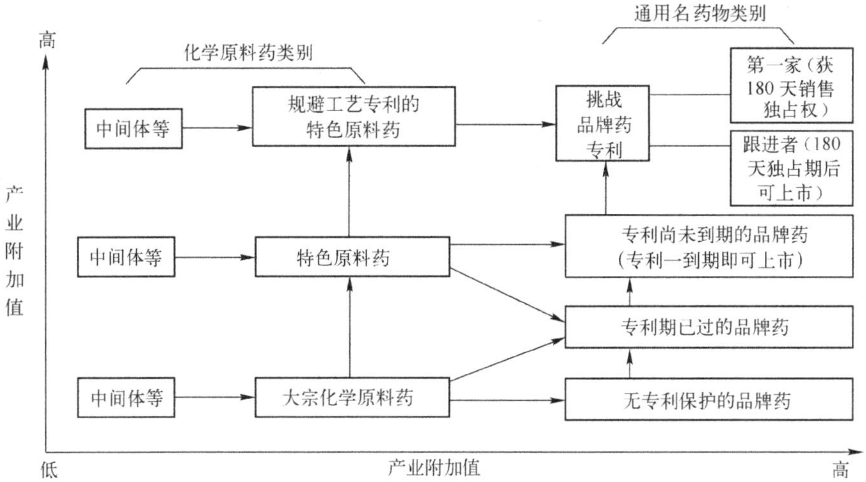

图 15–3　产业链位置/产品附加值

化学制剂生产商分为专利药生产企业和非专利药生产企业，其盈利模式存在根本性的差异。

专利药生产企业通过加大研发，积极开发新药以增强核心竞争力。其盈利模式是获取以药物专利保护为基础的新药超额垄断利润。研究新药需要投入大量的资本、人工和技术，同时存在极大的风险，研制出来的新药有可能被低成本仿制。如果没有专利保护，原研发厂商根本无法从新药中获取利润，也就没有研发的动力。创新药厂商筛选出大量的药物化学结构，并申请化学结构物专利，这是药品经济价值的源泉。而后又经过对生产工艺、结晶水分、剂型等一系列专利的申请，延长专利药物的生命周期。

对于生产非专利药的企业来说，通常竞争比较激烈，盈利模式主要是抢先仿制刚过专利期的新药，占据市场先入地位，来获得高利润。而对于已经大量生产的非专利药，则通过成本优势来竞争。

制剂行业企业众多，竞争激烈，营销费用高企成为普遍现象。以生产非处方药为主的企业，可通过医药零售渠道销售，规避医院的双重垄断，营销支出较小。以生产处方药为主的企业，销售终端议价能力强，销售费用高。

化学制剂行业的上游产业是化学原料药行业，下游主要为医药流通企业或直接向医院销售，目前处方药的市场份额占 75% 以上，医院渠道具有双向垄断的优势，议价能力极强，对化学制剂行业不利。

对于创新型化学制剂生产企业，研发能力和营销能力是企业制胜的法宝，但目前国内此类化学制剂生产企业很少；而非专利药生产企业来则要通过扩大规模取得成本优势，提高营销能力抢占市场份额，这对体量大的企业比较有利，行业集中度会逐步提高。

2. 生物医药行业

生物制药是指运用微生物学、生物学、医学、生物化学等的研究成果和方法，以生物体、生物组织、细胞、体液等为原料制造的一类用于预防、诊断和治疗的制品。目前，生物制药是医药行业中发展最快的子行业，其增长率持续高于整体制药市场增速，主要原因是化学制药已经发展一段时间，目前研发面临一定瓶颈。

我国的生物医药产业化比国外晚 15 年，直到 1989 年第一个生物技术药物——重组人干扰素被批准上市才打破了生物医药企业的零纪录。我国生物制药子行业占整个医药行业比例较小，但整个行业发展迅速，是与国外制药产业差距最小的一个子行业。生物制品主要分为血液制品、疫苗制品、诊断试剂和基因工程药物。

（1）血液制品。

血液制品指各种人血浆蛋白制品，代表药物有人血白蛋白、丙种球蛋白、凝血因子。血液制品以人血为原料，但人血中用于生产药品的有效成分含量较低，控制血源和提高利用率是企业控制成本的有效方法。**人血资源同样具有稀缺性，采浆站数量影响企业获取资源的能力。**除控制血源外，品种多样化是提升血制品企业利润空间的有效方法。国际主流企业最多可从血液中提取近 30 种免疫球蛋白、凝血因子等产品，血浆综合利用率较高，而我国血制品企业生产工艺还比较靠后，只能提取约 11 种血制品产品，不到国外企业的一半，血浆利用率和生产技术还有待提高。

（2）疫苗。

疫苗是为了预防、控制传染病的发生、流行，用于人体预防接种的疫苗类预防性生物制品。代表药物有乙肝疫苗、流感疫苗、狂犬疫苗等。中国是疫苗生产大国和消费大国。根据 2005 年《疫苗流通和预防接种管理条例》的规定，**疫苗分为第一类疫苗（计划内）和第二类疫苗（计划外）**，第一类疫苗是指政府免费向公民提供，公民应当依照政府的规定受种的疫苗，包括国家免疫规划确定的疫苗，省、自治区、直辖市人民政府在执行国家免疫规划时增加的疫苗，以及县级以上人民政府或者其卫生主管部门组织的应急接种或者群体性预防接种所使用的疫苗，费用由政府承担；第二类疫苗，是指由公民自费并且自愿受种的其他疫苗。

第一类疫苗（包括乙肝疫苗、卡介苗、脊髓灰质炎疫苗、百白破疫苗、麻疹疫苗、白破疫苗、甲肝疫苗、流脑疫苗、乙脑疫苗、麻腮风疫苗、出血热疫苗、炭疽疫苗、钩体疫苗）的主要需求对象是每年约 1 600 万的新生儿童，**人口出生率和接种率是影响第一类疫苗需求的主要动力。**第一类疫苗价格受严格控制，企业利润增长能力有限。第二类疫苗自愿接种，随着近年来大范围突发卫生事件的影响，人们免疫意识逐步提高，且疫苗价格相对监管较少，新疫苗的研制成功能带来巨额利润，对企业利润增长贡献突出。具体如表 15–1 所示，即为计划内与计划外疫苗种类。

表 15–1　疫苗种类及适应范围

类别	疫苗名称	接种剂次	适应范围
第一类	乙肝疫苗	3	乙型肝炎
	卡介苗		结核病
	脊髓灰质炎疫苗	4	脊髓灰质炎
	百白破疫苗	4	百日咳、白喉、破伤风
	麻疹疫苗	1	麻疹
	白破疫苗	1	白喉、破伤风
	甲肝疫苗	1	甲型肝炎
	流脑疫苗	2	流行性脑脊髓膜炎
	乙脑疫苗	4	流行性乙型脑炎
	麻腮风疫苗	1	麻疹、流行性腮腺炎、风疹
	出血热疫苗		流行性出血热
	炭疽疫苗		炭疽
	钩体疫苗		钩端螺旋体病
第二类	HIB 疫苗		b 型流感嗜血杆菌引起的肺炎、脑膜炎、败血症
	水痘疫苗		水痘带状疱疹病毒
	肺炎球菌疫苗		肺炎
	流感疫苗	2	流感
	轮状病毒疫苗	1	轮状病毒感染性胃肠炎
	狂犬病疫苗	5	狂犬病

（3）诊断试剂。

诊断试剂按用途来分，可分为体内诊断试剂和体外诊断试剂两大类。除用于体内诊断的如旧结核菌素、布氏菌素、锡克氏毒素等皮内用的诊断试剂等外，大部分为体外诊断试剂。代表药物有诊断用抗原、诊断用抗体、肿瘤标志物。

（4）基因工程药物。

基因工程药物是先确定对某种疾病有预防和治疗作用的蛋白质，然后将控制该蛋白质合成过程的基因取出来，经过一系列基因操作，最后将该基因放入可以大量生产的受体细胞中去，这些受体细胞包括细菌、酵母菌、动物或动物细胞、植物或植物细胞，在受体细胞不断繁殖的过程中，大规模生产具有预防和治疗这些疾病的蛋白质，以及基因工程药物。目前我国能生产的重组蛋白类药物主要有重组人干扰素、重组人红细胞生成素、重组人粒细胞集落刺激因子、重组人白细胞介素、重组人生长激素等，多数为仿创药，研发能力不足。

3. 中药行业

中药为传统中医的特有药物。**中药包括中药材、中药饮片、中成药，为中药行业的三大支柱。**其中中药材是中药饮片和中成药的原料。中药饮片加工是指对采集的天然或人工种植、养殖的动物和植物中草药进行加工、处理的活动。中成药制造是指直接用于人体疾病防治的传统药物的加工生产，包括用中药传统制作方法制作的各种蜜丸、水丸、冲剂、糖浆、膏药。

注：中药三大支柱的定义

中药材：指在特定自然条件、生态环境的地域内所产的药材，包括植物药类、动物药类和矿物药类。周期性、区域性明显，价格波动较大。

中药饮片：按中医理论经过加工炮制后，可直接用于临床的中药。包括传统中药饮片、中药配方颗粒等。

中成药：以中草药为原料，加工形成丸、散、膏、丹等各种剂型。国家对中成药的监管非常严格。

所谓中药现代化，有传统中药的现代化和开发现代中药两种含义。前者是对传统中药（经验方）采用自动化、机械化的生产工艺；后者是在中医药理论的指导下，依靠现代先进科学技术手段，遵守严格的规范标准，研究出优质、高效、安全、稳定、质量可控、服用方便，并具有现代剂型的新一代中药，符合并达到国际主流市场标准，可在国际上广泛流通。

根据现阶段的产品和制作工艺特征，中药生产企业的大致可分为4类。

（1）传统品牌类。这类公司主导的产品常是其他众多厂家均可生产的普通中药，但老字号在营销和渠道上有优势，享有一定的溢价能力。典型企业为同仁堂。

（2）独占资源类。有些企业继承了独一无二的中药品种资源，比如以云南白药、片仔癀和东阿阿胶等为代表的企业，这些企业的竞争优势来源于对特殊中药品种的垄断性生产与销售，在强有力的同功效竞争产品出现之前，会拥有较高的垄断利润。

（3）特色品种类。以湖南千金药业为代表的妇科千金片为特色品种的中药企业，特点是拥有一两个特色拳头产品。

（4）新技术类。新技术类中药企业主要是对传统中药验方进行现代化创新。代表企业有天士力、益佰制药等。

四、行业评审技术指引

（1）**对药企而言，研发决定成败。**在医药产业中，专利药的附加值最高，因此一旦新药研发成功，获得知识产权的保护，就能为企业带来巨额利润。大型跨国医药巨头控制着绝大部分的专利药，随着现在新药的开发越来越困难，研发决定了企业能否在行业中具有竞争优势，对药企的研发支出情况要积极关注。

如表 15-2 所示为 2013 年各大制药企业研发费用占总收入比例（亿美元）。

表 15-2　2013 年各大制药企业研发费用占总收入比例

（单位：亿美元）

厂家	销售收入	研发投入	占比
诺华	538.56	98.52	18.3%
辉瑞	482.42	66.78	13.8%
罗氏	403.89	99.10	24.5%
强生	281.25	81.83	29.1%
礼来	209.61	55.31	26.4%
葛兰素史克	404.47	65.18	16.1%
安进	186.76	39.29	21.0%
百时美施贵宝	163.85	37.31	22.8%
诺和诺德	152.37	21.78	14.3%

通过比较不同医药子行业，可以发现化学制药研发难度在加大，生物制药的研发能力与国外的差距相比化学制药较小，随着国内生物制药公司规模的增长和资本的积累，研发实力将不断加强。中药行业本身具有较大优势，传统配方为企业节省了大量的研发支出，而且中药在治疗疾病上具有化学制药及生物制药所不具备的优势，随着中药现代化的发展，以及中药标准化的实现，未来中药行业的发展空间将进一步扩大。

（2）要关注药企是否有清晰的主营业务范围。如前所述，医药行业下属不同子行业的行业特征差别很大，受上下游、所处市场影响，其竞争策略大有不同，须在评审时特别注意。

（3）化学制药产业的附加值分布呈现典型的微笑曲线特征，中间体合成/原料药生产环节附加值最低，处于微笑曲线的底端。如图 15-4 所示。

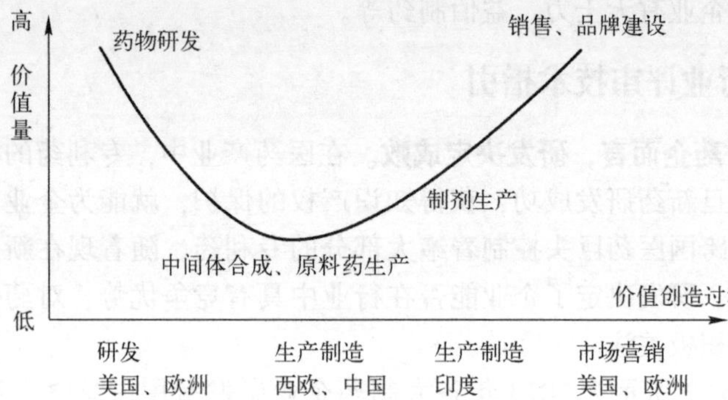

图 15-4　化学制药行业的价值链

目前，中国和西欧是化学原料药的主要产地。随着西欧国家环境保护标准的日趋严格，其未来趋势是逐步停止生产污染较严重的原料药，将其转移到发展中国家。**大宗原料药生产企业如为扩大产能提出项目融资需求，须特别关注其环保达标情况。**

大宗原料药需求量大，应用范围广，能满足购买商需求的企业并不在少数，所以供应商与制药企业之间的联系并不密切。生产企业之间竞争激烈，利润微薄，所以要重点关注其生产规模和贸易渠道。**适度介入产品工艺技术水平高、拥有通过美国 FDA 检查或获得欧盟 COS 证书的化学原料药品种、下游畅通的企业。**

特色原料药生产企业往往销售规模较小，在产业链中基本是跨国制药企业的供应商，贸易渠道相对狭窄，跨国药企对其有较高的控制能力。因此要掌握其和上游企业的合作情况、市场拓展情况。在成本变动的情况下，购买商一般会倾向选择更换供应商，所以对特色原料药生产企业的成本控制水平要加以特别关注。

目前，**国内特色原料药生产企业的升级路径主要是与国外大型药企合作，开发其临床新药的化学原料药，通过前期介入，成为重要专利新药的中间体、原料药供应商。**如企业有良好的合作伙伴且有此愿景，可积极支持。

大型化学原料药生产企业往往有较大的国际贸易量，银行应积极介入，获取相应的收益。

(4) 化学制剂方面，2011—2015年，全球专利到期的药品年销售额约770亿美元。伴随专利药品独占期的结束，全球仿制药销售可望持续获得10%以上的增长速度。除此之外，近些年来，受制于高额的医疗费用支出，欧美发达国家大力推行仿制药替代原研药的举措，希望通过全球采购降低医疗费用支出成本，而我国的原料、设备和劳动力都相对廉价，化学制剂出口具有成本优势。当前中国化学制剂生产主要满足国内需求，出口量很小，而且基本集中于亚洲、非洲等非规范市场。主要原因是欧美发达国家通过严格的准入条件，构筑了强大的市场壁垒。我国生产的制剂想要进入规范市场，必须首先要面对的是cGMP认证（我国目前执行的GMP规范是由WHO制定的适用于发展中国家的GMP规范，偏重对生产硬件比如生产设备的要求，标准比较低，而美国、欧洲和日本等国家执行的国际GMP，动态药品生产管理规范，它的重心在生产软件方面，侧重于对药品生产过程的监控，能为药品生产提供稳定的质量保证）。通过cGMP认证的药企，在出口上会有较大优势。

中国化学制剂主要是仿制药和非专利药，**应了解化学制剂药企仿制药的进度情况，先仿制成功者能先进入市场，在质量评比方面也有优势。**要支持拥有首仿药能力的化学制剂企业向生产Me－too、Me－Better药物的路径发展。**基于目前我国新药研发的基础和实力，Me－too类仿制新药的研发是近期药企研发的主要途径。**

注：Me－too新药与Me－Better新药

Me－too新药：特指具有自己知识产权的药物，其药效和同类突破性的药物相当。这种旨在避开专利药物的产权保护的新药研究，大都以现有的药物为先导物进行研究。研究的要点是找到不受专利保护的相似的化学结构，这种研究有时可能得到比原“突破性”药物活性更好或有药代动力学特色的药物。

Me－Better新药：指运用一些公知、成熟的理论和技术，规避已有的专利保护去发明比母体新药更具治疗优势的新物质，从而形成专利新药。和Me－too类新药相比，由于具有物质专利的保护，其创新程度更好。

Me－too、Me－Better类药物意义的在于打破垄断，惠及更多中国患者。从国外经验看，这也是一个国家从医药大国走向医药强国的必经途径。

(5) 从产业链看，血液产品的上游产业较为特殊，主要是采浆站，血液制品的生产企业一般都有自己的采浆站，要关注采浆成本的变动情况。血制品是国家的战略资源，我国血制品需求在 12 000 吨/年左右，而采浆量约为 6 000 t，除白蛋白及重组凝血因子外，其他品种不进口，严重供不应求。**自 2001 年起，国家不再审批新的血液制品企业（目前全国只有 35 家）**，行业壁垒高，竞争格局良好，银行可积极合作，并参与血液制品企业整合并购项目；**在疫苗产品中，第一类疫苗的需求较为固定。所以生产以上两种产品的药企有较为稳定的收入来源，银行介入风险相对较小。**

我国生物医药产业在规模上与欧美国家存在很大差距，但目前的差距并非决定性的差距，因为全球生物产业尚未形成稳定的竞争格局，而我国生物医药产业具有独特的比较优势，例如人才、生物资源、潜在市场等。**要关注企业的研发重点是否为当前国家重点支持的方向。目前基因组/蛋白质组研究是重点资助方向，干细胞、重大传染病近年来也受到重视。另外，癌症、退行性疾病、心脑血管疾病、糖尿病是我国长期研究的重点领域。**

国内绝大部分生物药，虽然以新药申报，但多为仿制药，但即使如此，对研发能力的要求仍然很高。总体而言，国内生物仿制药研发周期长、生命周期长、回报丰厚。据统计，至 2015 年将有年销售额超过 640 亿美元的重磅炸弹级（指年销售额超过 10 亿美元的药物）生物专利药到期，同时在这些药物专利到期后，仿制药将占领 80% 左右的市场销售额。所以近期国内领先的生物医药企业面临难得的市场机遇。**对于生物医药企业，要特别关注是否有领先布局的新品种研发、获得新品种批文的情况，以及是否具有具备专业化的学术推广能力。**

（6）**中药产业是资源依赖型产业，特别是复方中药对药材资源十分依赖，掌握可持续的原料药资源是中药企业竞争力提升的关键要素。**我国有药用生物资源 12 807 种，其中药用植物 11 146 种、药用动物1 518 种、药用矿物 80 种，在世界上位居前列。中药材主要有人工栽培和野生资源品种两类，前者可以通过种植来增加供应，而后者受自然界自身繁殖速度的限制，无法快速增加供给。随着世界中医药产业的不断发展壮大及对中药材需求的急剧增长，野生中药资源受到严重破坏，中药资源生物多样性锐减，某些常用珍贵药材的物种已灭绝或资源枯竭。评审中药药企风险时，要掌握其所需中药药材价格的波动情况，因为它对成本影响最大。**如果中药厂自身设有药材生产基地，那在成本控制上会有明显的优势。**

当前，仅 40% 左右的中药饮片企业通过了新版 GMP 认证。由于中药饮片行业整体发展迅速，尽管个体体量普遍较小，但银行仍应积极扶持规范的中药饮片企业，关注其业内整合机遇。

当前我国对中成药生产企业的监管极为严格，那些持有机密、独家产品或国家保护药方，属于老字号的中成药品牌，具有明显规模、资源及技术优势的企业，银行可以适度介入。

除了中药材成本外，中药药企的品牌建设和营销能力最为关键。相对而言，传统中药凭借传统配方，研发支出较少，同时传统中药主要通过非处方药市场销售，相关营销支出低于现代中药。要关注中药企业上下游整合情况，这可提高药企的竞争力。

五、行业前瞻

从整体上分析，我国医药行业和世界先进水平差距极为巨大。**过去10年，中国医药产业体量增长迅速，但没有摆脱粗放发展的模式。**至2015年，我国医保覆盖率已超过95%，在医保控费、招标降价的大背景下，医药行业增速开始下行。但医药产业作为永久的朝阳行业，即使增速放缓，但较之其他行业，成长性的比较优势仍较为明显。一方面随着居民生活水平的提高和中国步入老龄化社会，另一方面尽管医疗改革在艰难进行，过程曲折甚至成效不高，但方向是解决居民“看病难、看病贵”的问题，尽量降低药价或增加补贴；总体而言对医药的需求有增无减，药品市场将会继续扩大。

医疗体制改革刺激了药品需求，在庞大的人口基数压力下，为降低用药成本，未来我国很可能走欧洲模式，选择低廉的过期专利药。这种背景可能对生产品牌普药的大型国企更有利。而对于民营企业，则需要在普药生产上对市场进行进一步细分，找到优势的狭缝市场；另一条路径是可以通过仿制创新实现产业升级，加强研发以获取竞争优势，通过新药的成功为企业带来巨额利润，使企业在恶劣的竞争环境中生存下来。

医药产业产品复杂，从细分子行业看，从原料到制造，景气度区别较大。化学原料药行业由于本身进入壁垒低，附加值不高，价格上涨的空间有限，前景一般。化学制剂行业和生物制药行业，创新是发展的终极目标，不过对中国药企来说，新药研发需要循序渐进的过程，**当前的机会还是集中在高壁垒仿制药领域和通过cGMP认证积极打入国外市场。**相对而言，在生物制药行业，我国和国外差距较小，前景可期。随着中药现代化技术的发展，中药相对于化学制剂所体现的优点逐渐被人们所熟知，对中药需求持续上升，中成药的产量近年增速还在迅速加大，未来对中药的需求将有增无减，**尤其是中药饮片，是医药制造业中为最景气的细分行业。**

实现医药产业的跨越式增长很可能依赖于行内的整合和并购。以印度为例，并购在印度医药企业发展壮大中起了重要作用。20世纪90年代至21世纪初，印度企业Ranbaxy、Sunp harm、Dr. Reddy' S通过收购欧美仿制药企业，收获了先进的人才、技术和管理经验，最终完成了制剂出口的国际化进程，成为国际上的有力竞争者。通过企业并购，国内上市公司可以快速学到先进的管理、技术理念，相对于内生增长，可以迅速实现国际化。通过海外公司并购实现国际化是未来中国药企的一种选择。

目前中国药企相对发达国家甚至是印度的同行都难以望其项背。考虑到未来中国医药需求扩张和政府投入增加具有较大的确定性，**医药行业广大的上升空间是明确的，但发展方向和模式还有待观察。**

第二部分 案例分析

一、授信申报情况

授信申报日：2014年4月

申请人：YH药业股份有限公司

申请事由：补充流动资金

授信申请方案：流动资金贷款8 000万元（归还后续贷），授信期限1年

（一）申请人基本情况

申请人位于淮海经济区，于1996年成立，当前注册资本4.2亿元，自然人控股，主营中药的研发生产。厂区位于某地级市经济技术开发区内。

企业属于国家重点高新技术企业，全国制药工业百强企业，拥有博士后科研工作站及国家级企业技术中心。2013年底，公司产品有94种药品进入国家医保目录；43种药品进入国家基本药物目录；公司拥有中药独家品种37种、中药保护品种8种。这为公司产品的快速发展提供了良好基础。

企业研发能力突出，近年每年研发投入均达到了10%以上。其下属现代中药研究院拥有一支由270名科研人员组成的研究队伍，专业领域包括天然药物化学、药物化学、中药学、药剂学、药物分析和生物工程等药学或相关专业，具有较丰富的新药研制、申报和中试放大研究经验。公司研

发路径可分为 3 个阶段，早期进行古方开发或剂型改进获得桂枝茯苓胶囊和天舒胶囊等品种，2001—2010 年通过有效成分提取获得热毒宁注射液等优秀品种，进入 2010 年后，公司研发思路进一步转变和升级，侧重靶点和机理研究，组建复方中药有效成分化合物库，并成功收获银杏二萜内酯葡胺等未来的重点品种。

（二）申请人的生产能力

申请人主导技术特色为“以膜分离、逆流萃取为代表的提取精制技术应用规模化”“以指纹图谱为代表的中药质量控制技术现代化”和“以注射剂、软胶囊为主导的中药新剂型系列化”。企业的现代中药生产基地占地 126 亩、建筑面积 5.8 万 m^2，中药材提取生产线具有年处理生药材 10 000 t 的能力；拥有通过国家 GMP 验证的制剂车间，配套完善的备料中心、质量检测中心、动力中心、智能管理中心；设有硬胶囊、软胶囊、小容量注射剂、冻干粉针剂等 13 条生产线，具备年生产硬胶囊 12 亿粒、软胶囊 3.4 亿粒、口服液 1 亿支、小容量注射剂 5 亿支、冻干粉针剂 600 万支、片剂 15 亿片、颗粒剂 1 000 t 的能力。

根据国家食品及药品监督管理局公开信息查询，企业部分产品类型通过了 GMP 认证，如表 15-3 所示。

表 15-3　通过 GMP 认证的产品类型

证书号	认证范围	认证有效期限
JS20120084	软胶囊剂、硬胶囊剂、片剂、颗粒剂、合剂	2012/12/21—2017/12/20
JS20130105	原料药（香菇多糖、银杏二萜内酯）	2013/1/30—2018/1/29
CN20130143	小容量注射剂（非最终灭菌）	2013/5/15—2018/5/14
JS20130164	丸剂、茶剂、酊剂（内服）、糖浆剂	2013/7/25—2018/7/24
CN20130297	冻干粉针剂	2013/10/15—2018/10/14
CN20130476	小容量注射剂（含非最终灭菌）	2013/12/11—2018/12/10

（三）主要产品情况

企业目前产品线包括抗感染、妇科、骨科、心血管 4 大领域。抗感染线主要产品为热毒宁注射液、金振口服液；妇科线主要产品是桂枝茯苓胶囊和散结镇痛胶囊；心血管线产品有银杏内酯注射液和通塞脉片；骨科线重点产品是复方南星止痛膏、腰痹通胶囊和抗骨增生胶囊。

从产品看，申请人最主要产品为热毒宁注射液、桂枝茯苓胶囊、散结镇痛胶囊、腰痹通胶囊等。公司 2009 年之前的主打产品为妇科药桂枝茯苓胶囊，随后推出热毒宁注射液并快速增长，2013 年数据显示热毒宁销售规模已经突破10亿元。热毒宁注射液是目前公司的拳头产品，占销售收入的50%左右，该药是申请人自行研发的中成药抗感染注射液，主要用于外感风热所致的感冒、咳嗽，症见高热、微恶风寒、头痛身痛、上呼吸道感染等症状。目前清热解毒类中药注射剂市场中，热毒宁注射液市场占有率居前。2009年入选医保，现已经入选江苏、广东、新疆基药目录。桂枝茯苓胶囊是现在第二大产品，2013年占公司营收比达到10%左右。

2013年公司获得淫羊藿总黄酮原料及胶囊、龙血通络原料及胶囊两项新药证书；完成芪桂痛风片等3项新药临床研究申请。公司近期重点新药是2012年底获批的银杏二萜内酯葡胺注射液，2013年完成生产和上市准备。此药具有活血通络之功效，临床用于脑梗死（中风病中经络痰瘀阻络证）的治疗，症见半身不遂、口舌歪斜、言语謇涩、肢体麻木等。

（四）上下游情况

申请人在全国29个省市建立了34个销售分公司、226个中心办事处，与全国165家医药商业公司建立了长期稳定的业务关系，产品覆盖近7 000家县级以上医疗单位。公司拥有自营出口权，部分产品出口。申请人不断推进OTC产品的销售，完善销售模式。在结算方式方面，下游客户以实质代销为主，按月或按季结算。上游供应商主要有中药材饮片、药材供销公司等。

申请人关联企业有中药材基地，现有种植面积6 000亩，并投资准备将总种植面积扩大到10 000亩，预计完成后将优质金银花药材年产量提高到50万kg，同时带动周边农户种植年产金银花药材100万kg以上，满足企业热毒宁注射液原料供应需求。种植基地还与国内知名的中药种植方面的科研院所合作，开展金银花规范化种植、基地GAP认证、金银花基因库及重要功能基因挖掘研究，在种质资源、种植技术、基因改良等方面实现技术突破。

（五）申请人财务情况及科目明细说明

如表15-4所示为近3年及当期财务数据简表。

表15-4　近3年及当期财务数据简表　　（单位：万元）

序号	项　目	2011年	2012年	2013年	2014年3月
1	总资产	258 141	312 486	343 219	354 222
1.1	流动资产	159 511	183 284	174 769	180 537
	其中：货币资金	20 171	34 420	29 169	26 123
	应收票据	43 011	53 096	40 313	36 717

（续）

序号	项　　目	2011 年	2012 年	2013 年	2014 年 3 月
	应收账款	65 145	76 192	82 763	94 582
	预付账款	19 778	3 974	3 481	4 259
	其他应收款	4 845	6 562	7 321	7 751
	存货	6 461	9 039	11 722	11 104
1.2	长期投资	400	399	398	398
1.3	固定资产净值	56 067	72 906	110 152	108 447
1.4	在建工程	23 689	25 122	22 885	28 742
2	负债总额	110 658	147 423	149 765	153 487
2.1	流动负债	95 530	127 100	130 989	132 846
	其中：短期借款	46 642	63 035	65 500	65 500
	应付票据	12 000	9 950	6 428	9 248
	预收款项	2 897	2 889	7 484	6 564
2.2	长期借款	14 800	19 500	16 700	18 700
3	所有者权益	143 587	161 117	187 896	195 122
	其中：实收资本	42 325	41 565	41 565	41 565
4	营业收入	153 778	190 337	223 030	59 042
5	营业利润	18 224	24 288	30 607	8 312
6	投资收益	78	3	72	0
7	利润总额	21 380	27 450	34 658	8 575
8	净利润	18 251	23 967	29 702	7 225
9	经营活动现金流入量	137 415	208 681	273 023	59 520
10	经营活动现金净流量	9 019	21 211	38 811	7 874
11	投资活动现金净流量	−29 717	−22 407	−30 980	−10 618
12	筹资活动现金净流量	24 733	16 240	−13 202	−175

1. 财务报表明细情况（2013 年年底）

（1）货币资金：期末货币资金余额为 2.6 亿元，大部分是银行存款。

（2）应收票据：期末余额较年初减少 1.3 亿元，主要原因是报告期公司收到的银行承兑汇票减少。

（3）应收账款：余额较年初增长 8.62%，主要系报告期公司销售收入增加所致。账龄1年以内的占95%。

(4) 存货：申请人存货账面余额为1.17亿元，较年初增幅为29.68%，主要是公司根据新产品银杏二萜内酯注射液的订单情况，相应地增加了部分库存。存货构成：原材料占35%，库存商品占20%，在产品占43%，其他是周转材料。

(5) 固定资产：申请人固定资产余额为11亿元，较年初增幅为51.09%，主要系公司研发楼及生产厂房竣工转入固定资产所致。

(6) 在建工程：申请人在建工程余额为3.2亿元，比期初有所增加，主要系公司项目投入增加所致。其中智能化植物提取物精制项目余额为1.24亿元，散结镇痛胶囊产业化项目余额为5 700万元。

(7) 无形资产：申请人年末余额为1.82亿元，较年初增幅为42.33%；主要系公司本期研发支出资本化及土地使用权增加所致。其中新药证书净值为5 724万元，土地使用权为1.12亿元。

(8) 短期借款：主要是银行给予申请人的融资，信用贷款比例达70%。

(9) 预收款项：报告期公司预收账款较上年末增长159.06%，主要系公司预收新产品银杏二萜内酯货款所致。

(10) 根据申请人提供的报表，2011—2013年公司主营业务收入分别为15.38亿元、19.03亿元、22.3亿元；净利润分别为1.83亿元、2.40亿元和2.97亿元，2012和2013年销售收入增长率分别为23.77%和17.18%；净利润增长率分别为26.75%和25.21%；销售收入和净利润均保持快速增长。

2. 现金流量分析

自2010年以来，申请人经营活动现金净流量都有较多的盈余，主要是由于公司大品种战略取得实质性进展，桂枝茯苓胶囊和热毒宁注射液销售规模扩大；投资活动现金净流量为负是由于公司项目投入资金较多。2013年现金净流量为负，主要是由于公司为了节约财务成本，相应地减少了部分借款。

3. 重点财务指标情况

近3年申请人资产负债率低、流动比、速动比较高，短期偿债能力、长期偿债能力强。如表15-5所示。

近3年申请人应收账款和存货周转率波动不大，资产运营能力平稳。如表15-6所示。

表 15-5　近 3 年申请人资产负债率、流动比率、速动比率

项 目 名 称	2011 年	2012 年	2013 年
资产负债率	42.87%	47.18%	43.64%
流动比率	166.97%	144.20%	133.42%
速动比率	160.21%	137.09%	124.47%

表 15-6　近 3 年申请人存货周转率、应收账款周转率、总资产周转率

项 目 名 称	2011 年	2012 年	2013 年
存货周转率（次）	5.86	6.09	5.44
应收账款周转率（次）	2.77	2.69	2.81
总资产周转率（次）	0.67	0.67	0.68

申请人销售净利率近 3 年均超过 12%，企业盈利能力稳定。如表 15-7 所示。

表 15-7　近 3 年申请人销售净利率和净资产收益率

项 目 名 称	2010 年	2011 年	2012 年
销售净利率	12.32%	12.62%	13.48%
净资产收益率	13.94%	15.37%	16.77%

（六）借款用途

申请人在本行已有 8 000 万元流动资金贷款额度。企业近年来大力开展商业分销渠道建设，代理销售申请人产品的医药公司数量增加较多，销售规模不断扩大，申请人一线品种桂枝茯苓胶囊、热毒宁注射液等销售收入大幅增长，新产品银杏内酯注射液已获批上市，有望成为公司第二个年销售过 10 亿元的品种。因此，申请人需要维持流动资金贷款额度，满足原材料采购的需要。申请人将以回笼现金来偿还贷款。

（七）担保情况

本次授信采用信用方式。

二、风险评估

（一）申请人行业优势分析

（1）申请人通过国家 GMP 验证，生产手续合规；可生产多种列入国家医保目录和国家基本药物目录的药物。

（2）医药行业的竞争归根结底是产品的竞争。申请人注重研发创新，

收入增长的核心驱动力来自于持续的研发投入带来产品的不断推陈出新。公司不断推出具有竞争力的新品，将强化自身的行业竞争地位。

(3) 申请人是中药行业领先企业，产品在治疗疾病上具有化学制剂及生物制药所不具备的优势。

清热解毒中成药最近 5 年保持了快速增长。2005 年，SARS 病毒后，近年来流感疫情在国内不断出现，2009 年甲型 H1N1 流感大爆发，2010 年手足口病，2012 年的 H5N1、流行性感冒爆发，2013 年又有 H7N9 流行。在治疗流感用药上，西药品种单一，且疫苗研制也无法及时跟上。传统中医药对于流感治疗起到了很大的帮助作用，尤其是中药注射剂型疗效明显。其次，从 2011 年下半年开始到 2012 年，国家开始限制抗生素使用，清热解毒中成药接管了抗生素退出的巨大市场。以上有助于公司热毒宁产品快速做大。截至申报日热毒宁只进入了 3 个省的基本药物增补目录，后续发展空间还很大。

据外部报告，至 2013 年年底，市场只有成都百裕制药和申请人两家有银杏内酯注射液批文。银杏叶提取物在国内心脑血管用药占比很高，而心脑血管领域一向是重磅品种的摇篮，有助于企业利用先发优势快速做大。

(4) 申请人产品线丰富，新药储备比较多，发展战略明晰：短期依靠热毒宁支撑业绩，中期口服制剂有望受益于新进国家基药目录，长期要看新品种银杏内酯注射液的贡献收益，以及淫羊藿总黄酮胶囊、龙血通络胶囊等产品陆续获批上市。

(5) 申请人注重控制中药材资源，利用关联企业控制上游中药材，设有药材生产基地，解决了主导产品的原料供应问题，有效降低了产品成本。

(6) 从财务上来看，企业有较强的盈利能力，2013 年年末和 2014 年 1 季度申请人经营性现金净流量超过净利润，说明公司经营质量优异；银行贷款大部分是信用方式，融资能力较强，有一定的资金调度能力。

(二) 行业风险分析

(1) 受医保控费影响，未来药品价格下降是主旋律。2012—2013 年，化学药平均降价约 17%；如果主要产品价格降幅较大，会对申请人收入利润带来比较明显的影响。

(2) 公司妇科和骨科产品都是成熟老品种，未来发展潜力有限，主要来自基药市场。

(3) 新产品的推广是一个渐进的过程，都必须要经过四期安全性临床验证、自费推广阶段、进入各省的地方医保目录后进入国家医保目录，进而实现销售放量，这个过程一般需要 3 年以上的时间；故申请人的新产品能否带来较大的收益还存在一定的不确定性。

（4）申请人品牌建设相对平淡，市场营销能力一般，主要产品地域销售尚不平衡，医院覆盖率较低；同时也要注意反商业贿赂对企业销售力度的影响。销售平台和渠道有待后续整合。

三、评审结论

企业在国内是少有的研发型药企，研发路径明晰，近年每年研发投入均达到了10%以上；随着新药的不断推出，申请人收入保持增长，盈利能力良好，是银行可以积极介入的对象。

第十六章　光伏发电行业风险研究和项目评审案例

关键词： 光照条件、度电补贴、总装机成本

第一部分　行业分析

一、综述

能源是人类赖以生存和生活的基本条件，是经济和社会发展的重要动力。在各种可再生能源中，太阳能是最重要的基础能源。太阳能光伏资源的丰富程度一般按照全年日照总时数和总辐射量表示。地球上太阳能资源的分布与各地的地理状况、纬度、气候条件和海拔高度等因素相关。就全球而言，日照总时数或是全年总辐射量最大的地区包括美国西南部、中国西藏、中东、澳大利亚、非洲等地。**我国拥有十分丰富的太阳能资源，** 1971—2008 年的近 40 年，太阳年总辐射量平均在 1 050 ~ 2 450 千瓦时/m^2；大于 1 050 千瓦时/m^2的地区占国土面积的 96% 以上。

注：我国的太阳能资源状况

太阳能资源量主要取决于太阳高度角和大气透明度系数（或日照百分比），太阳高度角的大小主要由当地的纬度和时令决定，而大气透明度则主要取决于当地的云量及空气的清洁程度。

按年太阳总辐射量空间分布，我国可以划分为 4 个区域。4 个区域的太阳能资源量及其分布如表 16-1 所示和图 16-1 所示。

表 16-1　我国 4 个区域的太阳能资源量及其分布

名称	符号	年均千瓦时/m²	占国土面积	地　区
极丰富带	Ⅰ	≥1 750	17.4%	西藏大部、新疆南部，以及青海、甘肃和内蒙古的西部
很丰富带	Ⅱ	1 400～1 750	42.7%	新疆大部、青海和甘肃东部、宁夏、陕西、山西、河北、山东东北部、内蒙古东部、东北西南部、云南、四川北部
丰富带	Ⅲ	1 050～1 400	36.3%	吉林、黑龙江、辽宁、安徽、江西、陕西南部、内蒙古东北部、河南、湖南、广东、山东、江苏、浙江、湖北、福建、广西、海南东部、贵州、四川、西藏东南角、台湾
一般带	Ⅳ	<1 050	3.6%	重庆、四川中部、贵州北部、湖南西北部

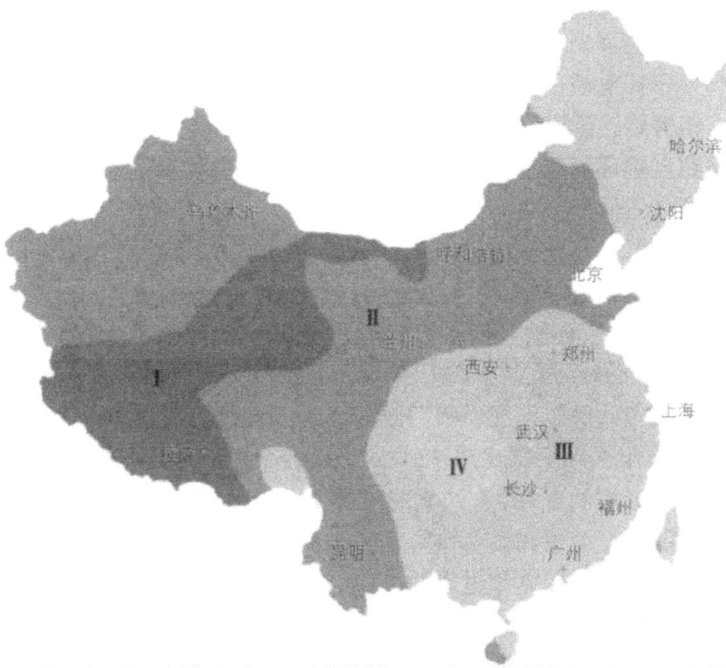

图 16-1　我国 4 个区域的太阳能资源量及其分布

现阶段人类已知最有效的太阳能利用技术是光伏发电，即利用太阳能光伏电池的光伏效应将太阳能转换为电能。其终端应用主要是并网光伏电站，根据建设规模、电网接入模式等又分为集中式光伏电站和分布式光伏电站。

1. 集中式光伏电站（工业用）

集中式光伏电站，一般是建立在光照条件好、有充足土地资源的地区。由发电单元部分及输变电单元部分组成，其中太阳能电池组件方阵及逆变器构成发电单元部分。太阳能光伏电池组件通过光伏效应产生直流电，经过并网逆变器将直流电转换成交流电，再进行升压后接入高压输电网络远距离供电。集中式光伏电站将发出的电力销售给当地电网公司，由电网公司负责输配电力，电站通过销售电力实现盈利。

2. 分布式光伏电站（商用或者民用）

分布式发电是指位于用户所在地附近的，所生产的电力除由用户自用和就近利用外，多余电力送入当地配电网的发电设施、发电系统或有电力输出的多联供系统。和集中式光伏电站的电力并入高压输电网不同，分布式光伏电站生产的电力并入低压配电网，多与建筑物结合或者在建筑物上铺设太阳能电池板，一般用于工业园区、公共设施、商业设施和住宅建筑等领域。分布式电站主要是自发自用，节省高峰时间的用电电价，并将多余的电力销售给当地电网来实现盈利。

考虑到自然环境和中国自身的投资特点，国内目前还是以大型集中式电站为主。

中国光伏电站产业从20世纪末开始起步，先后经历了小规模工程示范阶段、电站招标和金太阳示范工程阶段、度电补贴阶段。在“九五”至“十一五”期间，我国就开展了多项城市并网光伏发电和大型荒漠并网电站的工程示范。2009年，为了进一步加大减排力度，同时为了帮助两头在外的国内光伏产业健康发展，我国政府出台了具有历史意义的国内光伏补贴计划。2009年7月，财政部、科技部及国家能源局共同签发了《关于实施金太阳示范工程的通知》，决定综合财政补助、科技支持和市场拉动方式，同时补助建设单位和设备供应商。金太阳示范工程快速开启了我国的光伏应用市场，取得了立竿见影的效果。但金太阳示范工程政策采用的是“事前补贴”方式，项目通过评审后就给补贴，因此出现了骗取国家补贴、难以监管等消极问题，因此**从2013年开始，国家发改委等部门原则上不再进行新增金太阳示范工程项目的审批。**

2011年7月，国家发改委下发《关于完善太阳能光伏发电上网电价政策的通知》（以下简称《通知》），对非招标太阳能光伏发电项目实行全国统一的标杆上网电价。至此，我国的光伏发电产业逐渐从“事前补贴”的金太阳示范工程过渡到“事后补贴”的度电补贴政策。《通知》中明确规定，2011年7月1日以前核准建设的太阳能光伏发电项目，如果上网电价还未核定，且2011年12月31日之前并网发电，上网电价统一核定为1.15元/度（含税），这成为光伏电站装机量大增的引爆点。**在我国，主流的火力发电厂通常15~30年可以收回投资，而在光伏行业技术不断进步且国家给予补贴的背景下，光伏电站的回收期可控制在10年左右，具有较好的投资价值。**由此，我国光伏发电由起步阶段进入到了规模化发展的新阶段。

二、光伏发电较之传统发电产业的优劣

1. 光伏发电的主要优点

稳定：虽然在某一时间段天气会有所变化，但从年平均光照来看，确定地域的太阳能资源基本是稳定的。在光伏电站建设前期调查中，通常会使用权威机构，比如美国NASA测定的太阳能辐射量作为参数来确认电站的发电量。此外，目前大厂商出产的光伏组件都可以做到在20~25年的使用周期内保持稳定的年转换效率，所以在光伏电站运营期间内，发电量基本稳定。

不消耗燃料：光伏系统不消耗任何燃料，所以减少了光伏发电系统对燃料的购买、运输和储存费用。

运维费用低：光伏发电系统运维费用比常规发电系统低得多，这主要得益于光伏发电系统仅需要很少的维护和周期性地检查工作量。

安全：光伏系统不使用任何易燃易爆的原材料，经过合理、科学地设计和适当安装，光伏发电系统的安全性能很高。

可靠：由于光伏发电系统安全稳定，即便是在比较恶劣的气候和环境下也能正常工作，所以在很多对供电可靠性要求较高的场所均采用了光伏系统。

噪声污染小：由于光伏发电系统极少涉及机械部件，所以几乎没有噪声污染。

高海拔性能：在温度可控的环境下，太阳能光伏发电系统随着日照资源的增强，输出功率将增加，因此在高海拔地区使用光伏发电非常有利。

安装简便：太阳能发电系统安装灵活方便，可以根据客户电力的需求变动光伏发电系统的规模。

2. 光伏发电的缺点

总体效率偏低：当前太阳电池能量转换效率偏低，加之系统传输损耗等，使光伏发电系统的总体效率不高。

初始投资成本高：由于太阳能电池生产成本高，使光伏发电系统初始投资较大。如果是独立运行的光伏发电系统，还要使用蓄电池储能，进一

步增加了系统建设费用和运行成本。

技术要求较高：光伏发电系统使用了很多人们不熟悉的新技术，因此用户在使用光伏发电系统前都必须经过技术培训。

总体而言，我国现阶段光伏发电系统刚刚进入普及、推广和应用门槛。目前光伏电站建设成本较高，盈利依赖电价补贴，而制约光伏发电的技术主要是电网接入。**光伏发电具有随机性、波动性的特征，大规模的并网可能对电网电压、频率及相位有影响，因此电网企业对于新能源发电仍然有不少保留态度。**

注：并网光伏发电系统的构成

并网光伏发电系统的组成部分一般包括太阳能电池组件、汇流箱和逆变器。如图 16-2 所示。

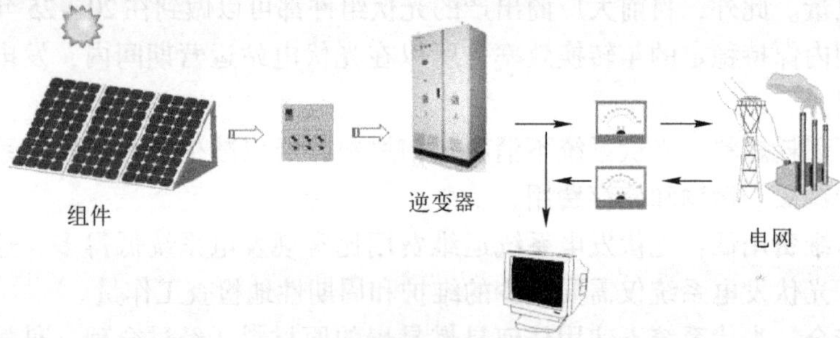

图 16-2 并网发电系统示意图

(1) 太阳能电池组件：光伏组件是光伏系统最重要的部分，占光伏电站投资成本的1/2 以上。它的作用是将太阳能直接转换成电能，太阳能电池组件的转化率，即太阳能转换成电能的比率是其十分重要的参数。

(2) 汇流箱：在太阳能光伏发电系统中，为了尽量减小光伏方阵和与其连接的逆变器之间的连接电缆和接点的数量，需要使用汇流箱。在使用时将型号、个数的相同太阳能电池串联起来，组成一个组串，组串个数根据逆变器的参数而定，然后再将多个组串并联接入光伏汇流防雷箱的铜牌，在汇流箱内电流由多点汇聚至一点。

(3) 逆变器：逆变器是将太阳能电池方阵发出的直流电转换成所需频率的交流电的一种设备，由于太阳能电池组件和发出的是直流电，当用于交流负载或者并网时，需将直流电变为交流电。

三、行业政策

国家发改委于2013 年 8 月 26 日发布了《国家发展改革委关于发挥

价格杠杆作用促进光伏产业健康发展的通知》，根据各地太阳能资源条件和建设成本，将全国分为Ⅰ、Ⅱ、Ⅲ等3类太阳能资源区，分别执行0.90元/千瓦时（含税，下同）、0.95元/千瓦时和1.00元/千瓦时。具体见表16-2所示。

表16-2　全国3类太阳能资源区

资源区	光伏电站标杆上网电价	包括地区
Ⅰ类	0.90元/千瓦时	宁夏，青海海西，甘肃嘉峪关、武威、张掖、酒泉、敦煌、金昌，新疆哈密、塔城、阿勒泰、克拉玛依，内蒙古除赤峰、通辽、兴安盟、呼伦贝尔以外的地区
Ⅱ类	0.95元/千瓦时	北京，天津，黑龙江，吉林，辽宁，四川，云南，内蒙古赤峰、通辽、兴安盟、呼伦贝尔，河北承德、张家口、唐山、秦皇岛，山西大同、朔州、忻州，陕西榆林、延安，青海、甘肃、新疆除Ⅰ类外的其他地区
Ⅲ类	1.00元/千瓦时	除Ⅰ类、Ⅱ类资源区以外的其他地区

为保护电站运营商与建设商的利益，《通知》规定**上网电价及补贴的执行期限原则上为20年。**

在国家给予支持的同时，各省也根据自身情况，给予光伏电站一定的省内补贴。比如江苏省给予2015年并网发电的电站20年0.2元/千瓦时的补贴，河北省给予2014年并网发电的电站3年0.3元/千瓦时的补贴。

但总体而言，上网标杆电价随光伏电站的发展规模将会逐步降低。2015年12月22日，国家发改委出台了《关于完善陆上风电光伏发电上网标杆电价政策的通知》，明确从2016年1月1日后备案并纳入年度规模管理的光伏发电项目，或2016年以前备案但在2016年6月30日仍未全部投运的光伏发电项目，将执行2016年上网标杆电价。**2016年光伏发电上网标杆电价较以往有所下降，Ⅰ类、Ⅱ类和Ⅲ类地区分别是0.80元/千瓦时、0.88元/千瓦时和0.98元/千瓦时。**

在用地上，《国务院关于促进光伏产业健康发展的若干意见》中提出，在土地规划、计划安排时予以适度倾斜，重点使用未利用土地（戈壁荒滩）建设光伏发电项目。不涉及转用的，可不占用土地年度计划指标。为降低光伏工程的前期性投入成本，可积极探索采用国有未利用土地租赁的供地方式。用地审批手续依法办理完成后（前提是光伏发电项目使用未利用土地），供地方式允许采取划拨方式，完善光伏发电项目建设管理并简化程序。

四、行业评审技术指引

(1) 项目建设须手续齐备，取得业内俗称的“路条”。在2013年底光伏电站项目由核准制改为备案制之前，建设光伏电站有大小路条之分，备案制之后则没有“小路条”概念，只有“大路条”。“小路条”一般是指当地省发改委签发的允许开展前期工作的复函，而“大路条”内容包括项目可行性研究报告、项目立项批复文件、用地批复、环境评价、矿产压覆报告、建设工程规划许可证、施工许可证、国网公司电网接入许可等。**其中以发改委（能源局）的项目核准文件和国网的并网许可最为重要。**在2014年，国家能源局连续下发过《关于进一步加强光伏电站建设与运行管理工作的通知》和《关于开展新建电源项目投资开发秩序专项监管工作的通知》，明确要求禁止买卖项目备案文件及相关权益，已办理备案手续的光伏电站项目，如果投资主体发生重大变化，应当重新备案；坚决制止新建电源项目投资开发的投机行为（主要指的就是“路条”倒卖，即一些并不具备光伏电站建设能力的企业通过和当地政府的关系取得相关路条，再转手倒卖给有建设能力的企业，获取灰色收益）。因此审核光伏电站建设项目时，要特别关注项目的备案要件是否全部取得，投资主体是否合规。

(2) 光伏电站站址的选择对发电成本有非常重要的影响。首先是光照条件。光伏电站的发电量与其所在地太阳能资源情况密切相关，在同类资源区相同装机规模的项目，所在地光照时间较长的在收益上会有优势（**光伏电站电费收入可按装机量×电价×光照利用小时数进行简单估算**）。如果电站建设地附近有大型化工企业排放污染气体影响空气透明度、有采石场或水泥厂等粉尘污染，都会使得组件接受到的光照总量下降，降低电站的发电量和售电收入。此外，地面光伏电站选址最好就近接入电网，在当地电力净输出地区，光伏电站应做到及时并网和高效利用，如果因电网传输能力有限导致“弃光限电”（目前在西部地区时有发生），会造成电站收益不达预期。由于并网光伏电站送出线路的建设者为当地电网公司，要了解电站送出工程是否纳入当地电网建设规划中，确保送出工程与电站主体工程的建设进度同步。

距离城镇较近的光伏电站场址，应评估当地经济发展对项目的影响，尽量远离城镇、产业规划区域，避免因城镇面积增大向四周扩张，导致电站搬迁的风险。

(3) **关注发电系统设备的选择，特别是电池组件、并网逆变器、汇流箱。**太阳能电池应根据光伏行业的发展趋势和技术成熟度，以及运行可靠度，结合电站本身的自然环境、交通运输、施工条件的状况，选择成本低、产量大、具有发展潜力的太阳能电池组件。而逆变器是并网光伏发电系统很重要的部分，其主要功能是把来自光伏电池方阵的直流电变换为与电网相同电压和频率的交流电，是整个光伏系统最不稳定的设备，应通过YUV认证、金太阳认证等，要关注选型时是否选用了大功率（比较成熟的逆变器产品单台容量最大已可做到1000千瓦）、性能可靠的产品，以减少系统损耗；市场上认同度高的逆变器品牌有正泰、阳光电源、颐和新能源、南京冠亚电源、山亿新能源等。汇流箱应选择智能汇流箱，配备组件串级电流、电压监测功能，因为光伏电站组件多、占地广、人员少，监控设备的作用比较明显。比较知名的汇流箱生产商有阳光电源、特变电工、颐和新能源等。光伏系统的整体转换效率应在78%以上。

（4）了解组件的安装方式。对于普通的多晶硅光伏组件，常用的布置方式是按当地的最佳倾角，采用固定式安装。这种布置方式的优点是支架系统简单、安装方便、布置紧凑、节约场地；缺点是不能对太阳能资源充分利用，当光伏发电系统整体造价较高时，不能充分发挥其经济效益。而逐日跟踪式太阳能光伏发电系统可克服固定式安装的部分缺点。逐日跟踪式系统根据组件阵列面旋转轴的数量又分为单轴和双轴跟踪，双轴跟踪式支架的传动机构最为复杂，跟踪精度要求很高，安装要求也最高。逐日跟踪式光伏发电系统虽然能提高组件对太阳能资源的利用效率，但是需要增加机械跟踪设备、感光仪器等，会增加单位工程造价，同时因要留出遮光阴影区域，占地面积会扩大。另一方面，由于风载影响，对土建基础的承载要求很高。根据国际、国内光伏电站的运行经验，在太阳电池性能等同的条件下，一般方阵平单轴安装方式的发电量约是固定式安装方式的1.1~1.2倍，成本约为1.05~1.2倍；方阵双轴跟踪安装方式的发电量约是固定式安装方式的1.3~1.4倍，成本约为1.15~1.35倍。

光伏组件的安装，考虑其经济性和安全性，目前技术最为成熟、成本相对低、应用最广泛的方式为固定式安装。**在进行项目评估时，要综合考虑电站的可靠性和经济性，判断组件的安装方式是否符合实际情况。**

（5）考察电价补贴资金的到位情况。**虽然从理论上来讲，我国Ⅰ、Ⅱ类资源区更适合建设光伏电站，投资回收期也更短，但事实上并非如此，最重要的问题就是目前太阳能光伏发电还没有实行平价上网的政策，要依靠电价补贴才能盈利。在实际执行中，国家部分的补贴要滞后3~6个月，而各省补贴能否及时兑现也和当地财政实力息息相关。**我国Ⅰ、Ⅱ地区普遍经济不发达，一直存在拖欠补贴资金现象，影响了投资方的收益。所以在设计还款方案时，要充分考虑这一因素，确保还贷时点和项目现金流相匹配。

(6) 在具体项目评估上，按照目前（2015 年）的条件，在 III 类资源区建设一个中型光伏电站，其自有资金内部收益率应在 12% 左右，资金静态回收期应控制在 8 年左右。另一种方式是考察总装机成本。受益于占装机总成本半数的光伏组件价格的下跌，近年来电站装机成本已显著下降。一般认为，当前光伏电站的总装机成本应控制在 10 元/瓦以内，成本在 8 元/瓦左右的光伏电站，即有较好的投资价值。

五、行业趋势展望

尽管 1839 年人类就发现了光伏效应，但光伏行业整体起步时间较晚，大规模的生产应用在 2004 年以后才开始，受制于光伏转换效率（现时量产晶硅电池的转换效率基本不超过 20%），目前光伏发电的成本约 0.15 美元/度，与火电 0.05 ~ 0.09 美元/度的成本相比没有竞争优势。较高的发电成本限制了光伏的经济性，投资光伏在很大程度上依赖于政府补贴（我国集中式光伏电站根据光照条件补贴分为 3 类地区，分布式光伏发电项目按照发电量给予 0.42 元/度的电价补贴），因此光伏电站的发展在很大程度上受限于政府对光伏的补贴意愿、补贴能力与补贴程度。但随着光伏技术的不断进步，光伏发电的度电成本将逐年降低；未来光伏与火电的成本差价将逐步抹平。根据我国资源综合利用协会发布的《中国光伏发电平价上网路线图》，到 2020 年前后，光伏就将实现发电侧的平价上网，届时可以不依赖于政府补贴，成为具备竞争力的能源。国际能源总署预计，至 2050 年光伏装机将占全球发电装机的 27%，成为第一大电力来源。

全球光伏装机容量从 1999 年的首次突破 1 GW 发展到 2014 年底的 177 GW，而我国已连续 3 年新增装机排名第一，累计装机量接近 30 GW，已超越德国成为新的光伏霸主。放眼未来，我国是引领全球光伏发展的绝对龙头。

光伏电站在国内的盈利模式类似于商业地产，建设期一次性投入，后续通过售电实现每年稳定的现金流回报。受益于国家给予的度电补贴和光伏产品价格的不断下降，当前光伏电站的内部收益率在 10% ~ 15%，相较于现时的传统产业，这个回报率是非常诱人的。光伏电站已成为光伏产业链中利润最厚的一个环节。

在电站建设环节，目前还处于“跑马圈地”的扩张阶段，对于建设方来说，抢在电价补贴下调前累积尽可能多的光伏装机是关键。光伏电站属于资本密集型产业，进入壁垒比较高，企业不但需要有雄厚的资金实力，还需要有项目取得能力（“路条”获取等），因此大型国企的竞争优势比较突出。但民营企业依靠自身灵活多变的机制、强大的执行力，以及通过上市公司融资平台，同样能够在竞争中跻身前列。

由于日照资源、土地租金等因素，我国之前建设的大型光伏地面电站主要集中在新疆、甘肃等省区。然而这些地区对于光伏电力的就地消纳能力不足，电力必须经高压输电线路传输至东南部，由于电网传输能力有限，弃光限电现象时常出现。而东部地区用电需求量大，但闲置土地较少，用地成本也较高，理论上应充分挖掘屋顶资源，大力发展分布式发电。然而在现实中，分布式遇到了一系列阻力，包括屋顶的产权归属问题、电费回收困难、融资难度偏大等；所以近期新建电站仍将以大型集中式电站为主。分布式光伏电站发展的高潮预计要等到西北部地面电站的饱和与光伏平价上网条件的达成之后。

在国内光伏电站大规模上马之前，我国光伏制造业处于“两头在外”的不利局面，光伏电站建设的提速增加了国内对于光伏电池组件的需求，也可降低美国及欧盟对中国光伏产品“双反”的影响。未来，国内光伏电站的快速发展将继续带动整个光伏制造产业的回暖。总体来看，光伏发电行业近期前景偏正面。

第二部分　案例分析

一、授信申报情况

授信申报日：2015 年 8 月

申请人：ZY 新能源发电有限公司

申请事由：项目融资

授信申请方案：基本建设贷款为 18 000 万元，用于建设 30 MW 地面光伏电站；贷款期限为 9 年，第 1 年为宽限期，后 8 年等额还款

（一）申请人基本情况

申请人于 2015 年 1 月份成立，注册地位于江苏省 ZY 地级市，当前注册资本为 5 000 万元，ZY 市国源建设投资有限公司控股，实际控制人为 ZY 市人民政府。公司为新设立的项目公司，经营范围为集中式光伏发电和淡水产品养殖销售，建设项目为 ZY 市 HK 县河畔光伏发电工程。

（二）所在地自然状况

HK 县境地处北亚热带边缘，季风气候明显；冬季盛行偏北风，夏季盛行东南风，年平均降水量为973.3 mm，年平均气温为14.4℃，无霜期为209天，呈现出温和湿润、雨水丰沛、日照充足、热量资源优越、霜期较短、雨热同季、冬冷夏热、四季分明的特征。

HK 县属我国第 III 类太阳能资源区域，年平均太阳辐射量为1 420千瓦时/m^2（参考 NASA 数据换算），具备利用太阳能发电、实施光伏发电工程的条件。

（三）项目基本情况

1. 项目由来

ZY 市隶属江苏省，江苏省是电力大省，但煤炭资源有限；同时江苏省又是光伏制造大省，因此积极开展光伏发电，既可以带动光伏制造业的有效需求，又可以调整能源结构，实现地区电力可持续发展。

此次建设30 MW 光伏电站，不仅可以持续开发当地的太阳能资源，电力还可以支援当地工农业生产需求和电网的电力外送；对节约能源、推动地区的经济建设，具有非常重要的意义。

本项目建设地点位于 ZY 市 HK 县 GH 村鱼塘上，占地面积为1 200亩，为渔光互补项目。

2. 项目实施内容

本工程建设规模为30 MWp，工程包括光伏发电系统，以及相应的配套并网设施，预留远景规模的并网设施空间。

本工程包括光伏发电系统、35 kV 中压配电系统、110 kV 主变及1回110 kV 线路出线。在本工程中，110 kV 配电装置、综合楼、门卫室，以及其余生活设施、配套并网设施等均预留远景扩建容量。

工程共装设30 MWp 光伏组件，电池组件选用250 Wp 多晶硅电池组件，数量共计121 000块；逆变器选用630 kW 光伏并网逆变器，共计44台；采用固定式安装，电池方阵的固定倾角为30°。本工程最终以110 kV 电压等级接入电网。

3. 项目合规性批复和度电补贴政策

（1）2015年1月，ZY 市发改委同意 ZY 市国源建设投资有限公司提交的控股建设 HK 县渔光互补光伏发电站的申请。

（2）2015年1月，HK 县发改委给予本项目备案的批复，并明确该项目已纳入2015年国家新增光伏电站建设规模指标，其中15 MW 同时被纳入省补规模指标。

（3）2015 年 1 月，江苏省电力设计院出具了本项目可行性研究报告。

（4）2015 年 3 月，HK 县环境保护局核发了本项目的环评，从环保角度分析，该项目可行。

（5）2015 年 4 月，省电力公司 ZY 供电公司出具《HK 县河畔集中式光伏项目（30 兆瓦）接入系统可行性研究和电能质量报告评审意见》，同意项目所发电量接入电网。

（6）2012 年 6 月，省发展改革委省物价局省能源局《关于继续扶持光伏发电政策意见的通知》中明确指出，"实施新一轮光伏发电项目扶持政策，执行期限为 2012 年至 2015 年，对在此期间新投产的非国家财政补贴光伏发电项目，实行地面、屋顶、建筑一体化，每千瓦时上网电价分别确定为 2012 年 1.3 元、2013 年 1.25 元、2014 年 1.2 元和 2015 年 1.15 元。"

（四）可研报告摘要

1. 总投资估算

本项目总投资为 2.5 亿元，含建设期利息 540 万元，明细如表 16-3 所示。

表 16-3　项目总投资估算表

编号	工程或费用名称	投资额	确认理由或依据
一	工程费用	22 307.06	/
1	主要生产项目	21 780.43	/
1.1	发电场工程	1 654.49	国家政策及市场估价
1.2	升压变电站工程	943.37	国家政策及市场估价
1.3	房屋建筑工程	440.92	建筑工程区域市场估价
1.4	发电设备及安装工程	17 908.07	政府定价及市场估价
1.5	控制保护设备及安装工程	321.74	政府定价及市场估价
1.6	其他设备及安装工程	511.84	政府定价及市场估价
2	辅助生产项目	/	
3	公用工程	526.63	/
3.1	交通工程	456.63	道路施工区域市场价格估算
3.2	其他工程	70.00	供电、供水、通信、土地平整市场均价
二	其他费用	2 228.42	/
1	形成固定资产	/	/
2	形成无形资产	200.00	区域土地均价
3	形成递延资产	2 028.42	/

（续）

编号	工程或费用名称	投资额	确认理由或依据
三	基本预备费	490.71	/
1	不可预见费	490.71	按总投2%估算
2	价差费	/	/
四	利用原有固定资产价值	/	/
	静态总投资（一+二+三+四）	25 026.19	/
	建设期利息	540.00	以年利率6%计算结合施工进度
	动态总投资	25 566.19	/

具体细化可知，本工程总投资中工程费用占大部分，其中又以发电设备及安装工程为主。

本项目的资金来源于两个方面：①申请银行贷款18 000万元，②其余部分自筹，除申请人注册资金外，不足部分由股东调集资金投入。

2. 项目效益及偿债能力评估

总收入预测如表16-4所示。

表16-4　总收入预测

项　　目	合计	建设期	运　营　期							
		第一年	第二年	第三年	第四年	第五年	第六年	第七年	第八年	第九年
上网电量（百万千瓦时）	287 273	0	36 927	36 631	36 338	36 048	35 759	35 473	35 189	34 908
电价（不含增值税）(元/kWh)		/	0.918 8	0.918 8	0.918 8	0.918 8	0.918 8	0.918 8	0.918 8	0.918 8
电价（含增值税）(元/kWh)		/	1.075	1.075	1.075	1.075	1.075	1.075	1.075	1.075
电费收入	30 882	0	3 970	3 938	3 906	3 875	3 844	3 813	3 783	3 753
塘口租赁收入	768	0	96	96	96	96	96	96	96	96
营业收入	31 650	0	4 066	4 034	4 002	3 971	3 940	3 909	3 879	3 849

本项目发电量中15 MW享受省补价格1.15元/千瓦时，另15 MW只享受国家电价补贴1元/千瓦时，测算出30 MW均价为1.075元/千瓦时。

本项目总装机容量30.25 MW，峰值小时数测算为1 544小时，综合效率取80%，多晶硅电池组件1年总衰减比例为1%，10年总衰减为8%，可测算首年发电量L1 = 30.25 MW × 1544 h × 80%；以后每年衰减；电费收入 = 上网电量 × 上网电价。

本项目为“渔光互补”光伏发电项目，该项目占地1 200亩，公司正式运营后将出租用于淡水养殖，按当地行情预计800元/亩，即每年可获租赁收入96万元，作为补充还贷来源。

本项目损益测算如表16-5所示。

表16-5　项目损益测算

序号	项　　目	建设期	运　营　期							
		第一年	第二年	第三年	第四年	第五年	第六年	第七年	第八年	第九年
1	营业收入	0	4 066	4 034	4 002	3 971	3 940	3 909	3 879	3 849
	增值税	0	0	0	0	0	0	346	528	524
	营业税金及附加	0	0	0	0	0	0	35	53	52
	经营成本	0	494	491	488	484	595	592	588	585
2	EBITDA	0	3 572	3 543	3 514	3 487	3 345	2 937	2 710	2 688
	折旧	0	1 374	1 374	1 374	1 374	1 374	1 374	1 374	1 374
	摊销	0	410	410	410	410	410	4	4	4
3	EBIT	0	1 788	1 759	1 730	1 703	1 561	1 559	1 332	1 310
	利息支出	0	1 044	900	756	612	468	330	210	90
4	利润总额	0	744	859	974	1 091	1 093	1 229	1 122	1 220
	所得税	0	0	0	0	136	137	154	281	305
5	净利润	0	744	859	974	955	956	1 075	842	915

按国家一般税收政策，电力工程交纳的税金包括增值税、城市维护建设税、教育费附加、企业所得税。税费按国家标准测算。

经营成本主要包括材料费及其他费用、修理费、保险费、土地租金、管理费用、人力费用、折旧费用和待摊费用。总体而言，光伏发电项目一旦建成，经营成本较低。

本项目现金流量测算如表16-6所示。

表16-6　项目现金流量测算

序号	项　　目	建设期	运　营　期							
		第一年	第二年	第三年	第四年	第五年	第六年	第七年	第八年	第九年
1	现金流入	0	4 066	4 034	4 002	3 971	3 940	3 909	3 879	3 849
2	现金流出	/	554	491	488	620	732	1 126	1 449	1 466
2.1	建设投资	/	0	0	0	0	0	0	0	0
2.2	流动资金	/	60	0	0	0	0	0	0	0
2.3	经营成本	0	494	491	488	484	595	592	588	585
2.4	增值税	0	0	0	0	0	0	346	528	524

（续）

序号	项　目	建设期	运　营　期							
		第一年	第二年	第三年	第四年	第五年	第六年	第七年	第八年	第九年
2.5	营业税金及附加	0	0	0	0	0	0	35	53	52
2.6	所得税	0	0	0	0	136	137	154	281	305
3	项目自由现金流（项目 FCF）	0	3 512	3 543	3 514	3 351	3 208	2 783	2 430	2 383
4	项目 FCF 累计	0	3 512	7 054	10 569	13 920	17 128	19 911	22 341	24 724

该项目测算期间（贷款期间）的经营收入合计为 31 650 万元，总支出为 21 781 万元（经营成本合计 4 317 万元，折旧与摊销合计 13 054 万元，利息支出总共 4 410 万元）；利润总额合计 8 332 万元，净利润合计 7 320 万元；经营性现金流入总计 31 650 万元，经营现金净流入合计 24 784 万元；还本息合计 22 410 万元；综合收益可以覆盖贷款本息。

根据采集的数据进行计算，该项目运营期 25 年，前 20 年含税综合电价 1.075 元/千瓦时，后 5 年为 0.431 元/千瓦时；在此情况下，自有资金内部收益率为 24.04%，自有资金财务净现值为 5 930.68 万元（基准收益率 Ic = 8%）；相应全部投资内部收益率为 10.03%（税后），全部投资财务净现值为 5 213.75 万元（基准收益率 Ic = 7%）。全部投资回收期（税后）为 8.97 年。总投资收益率、资本金净利润率分别为 6.04% 和 16.43%；本方案在财务上可行。

（五）当前建设情况

申请人自有资金陆续投入，工程建设进展顺利，预计 2016 年初完工。

（六）担保情况

本项目由 ZY 市最大的政府平台公司担保，并提供足值资产抵押。

二、风险评估

（一）申请人及行业优势分析

（1）申贷主体有政府背景，有较强的项目获取能力；在项目要件上，最重要的发改委备案批复和入网许可已经获得。

（2）项目所在地年平均太阳辐射量为 1 420 千瓦时/m^2，在第 III 类太阳能资源区中属高水平，在太阳能资源总量上具备一定的优势。

（3）项目建设地位于江苏省，江苏省为用电大省，电网建设水平较高，“弃光限电”的可能性低；电站建设在水面上，今后因城镇、产业规划导致搬迁的风险较小。

（4）本项目有一半装机量被纳入省补规模指标，总体售电价格较高，且江苏省财政实力雄厚，对度电补贴资金到位有一定把握。

（5）江苏为光伏制造强省，光伏产业链各环节的重点品牌基本都在江苏省设有生产基地，本套光伏发电系统主要部件可在省内就地采购；采用固定倾角安装模式，结构简单，在后期维护上有一定优势。

（6）本项目装机容量为30兆瓦，总投资为2.5亿元，单位造价在8.5元/瓦以内，投资回收期在9年以内，单位成本和回收期均属于业内正常水平。

（二）行业风险分析

（1）截至贷款申报日，一些项目建设合规性要件，如建设工程规划许可证、施工许可证尚未取得；且项目自筹资金还未全部到位。

（2）随着我国风电、光伏装机容量的进一步增加，可再生能源补贴将面临缺口，加上复杂的发放手续，使得国补和省补资金都有不能及时到位的现象，导致运营主体在某个时点现金流紧张，所以在规划还款方案时，须留有余地。

（3）项目必须及时完工，才能享受到较高的上网标杆电价（2016年6月后度电补贴将下调），否则项目的预期收益要下调。

（三）评审结论

本项目是一个典型的建设在III类资源区的中型集中式光伏电站，有一半装机量被纳入省补规模指标，在售电价格上有一定的优势；项目运营主体有政府背景，最重要的是已经获得发改委批文、电网接入许可；单位造价、投资回收期、内部收益率等指标均处于较好水平；在政策、财务等方面的风险较小，且基本可控，银行可以给予支持，但在贷款发放前还须取得一些合规性要件，自有资金也应筹集完毕并全部投入使用。此外，要关注省补资金的到位情况（历史上有过拖欠），并和还款期相匹配，项目并网发电后应落实收费权质押担保，及时归集电费收入和度电补贴资金用于还贷。